消防监督与管理

谷奕舡 ○ 编著

企业管理出版社
ENTERPRISE MANAGEMENT PUBLISHING HOUSE

图书在版编目（CIP）数据

消防监督与管理 / 谷奕舡编著. -- 北京 ：企业管理出版社，2024. 9. -- ISBN 978-7-5164-3096-5

Ⅰ. D631.6

中国国家版本馆 CIP 数据核字第 2024EU5565 号

书　　名：	消防监督与管理
书　　号：	ISBN 978-7-5164-3096-5
作　　者：	谷奕舡
选题策划：	周灵均
责任编辑：	张　羿　周灵均
出版发行：	企业管理出版社
经　　销：	新华书店
地　　址：	北京市海淀区紫竹院南路17号　　邮　　编：100048
网　　址：	http://www.emph.cn　　电子信箱：2508978735@qq.com
电　　话：	编辑部 （010）68456991　　发行部 （010）68417763
印　　刷：	北京厚诚则铭印刷科技有限公司
版　　次：	2024年9月第1版
印　　次：	2024年9月第1次印刷
开　　本：	710mm×1000mm　　1/16
印　　张：	15
字　　数：	180千字
定　　价：	75.00元

版权所有　翻印必究·印装有误　负责调换

PREFACE 前言

随着我国经济与科技的迅速发展，新型建筑材料的种类越来越多，有效保证了人们的工作与生活需求，但是建筑物存在的火灾隐患也威胁到人们的生命财产安全，对我国经济建设与社会发展造成影响。近些年国内多地建筑出现的严重火灾事故已经为人们敲响了警钟，使我们认识到，只有不断提高火灾预防意识与能力，从源头上消除火灾隐患，加大监督管理力度，全面做好消防工作，才能维护人民群众的生命财产安全，维护社会稳定。

消防安全事故的发生多是由于缺乏消防安全意识，忽视消防监督工作的必要性与重要性，特别是部分物业服务企业消防管理流于形式，履行消防职责不到位导致的。加强消防监督管理，可定期对管辖区域进行消防安全检查，特别是对重点企业及公共场所的消防设施、消防通道等关键区域的火灾隐患进行核查监督，及时发现问题，整改消除隐患；针对辖区内企业单位定期做好消防知识宣传工作，提升其消防安全责任及火灾防范意识，为更好地展开消防安全监督管理工作奠定坚实的基础。

本书全面、系统地介绍了消防监督管理的基本理论、基本知识和基本方法，主要内容包括消防监督管理概论、消防监督检查的内容与程序、典型场所消防监督检查要点、消防产品质量监督与管理、科技赋能消防监督管理、消防监督技术装备、消防宣传教育。本书力求正确地阐述消防救援机构消防监督管理工作现有的业务内容，突出专业特色，并注意体现内容的科学性和系统性。

书中难免存在不足之处，恳请广大读者批评指正。

谷奕舡

2024年5月

CONTENTS 目录

第一章　消防监督管理概论 ···1

第一节　消防监督管理的含义及特征 ···3

第二节　消防监督管理的原则及方法 ···11

第三节　消防监督程序的内容及作用 ···28

第二章　消防监督检查的内容与程序 ···39

第一节　消防监督检查的含义及特征 ···41

第二节　消防监督检查的内容 ···51

第三节　消防监督检查的程序 ···68

第三章　典型场所消防监督检查要点 ···83

第一节　居民住宅区 ···85

第二节　小型公众聚集场所　⋯94
第三节　小型生产加工及仓储场所　⋯121
第四节　小型加油站　⋯132

第四章　消防产品质量监督与管理　⋯141

第一节　消防产品质量监督与管理概述　⋯143
第二节　消防产品市场准入制度　⋯153
第三节　消防产品质量监督检查　⋯161

第五章　科技赋能消防监督管理　⋯169

第一节　物联网技术在消防监督管理中的应用　⋯171
第二节　大数据技术在消防监督管理中的应用　⋯183
第三节　智慧消防在消防监督管理中的应用　⋯191

第六章　消防监督技术装备　⋯201

第一节　消防监督技术装备的种类　⋯203
第二节　消防监督技术装备的配备　⋯206

第七章　消防宣传教育　…209

第一节　消防宣传教育概述　…211
第二节　消防宣传教育的内容　…215
第三节　消防宣传教育的形式　…220

参考文献　…229

1

第一章
消防监督管理概论

第一节　消防监督管理的含义及特征

一、消防监督管理的含义和特征

消防救援队伍作为应急救援的主力军、国家队，承担着防范化解重大安全风险、应对处置各类灾害事故的重要职责。随着2019年4月《中华人民共和国消防法》（以下简称《消防法》）的修订，消防设计审查验收职能移交住建部门，消防监督管理工作的重点逐渐转移至如何防范化解重大消防安全风险、为经济社会高质量发展提供安全保障上来。

（一）消防监督管理的含义

消防监督管理，是指消防监督管理主体依法对公民、法人和其他组织遵守消防法律法规和消防技术标准的情况进行监督、检查、指导，并督促其履行消防安全义务的行为。

（二）消防监督管理的特征

消防监督管理是政府社会性监管的重要组成部分，或者说是政府公共行政的组成部分。消防监督管理既有权力行为，也有非权力行为。消防监督管理活动中大部分是执法行为，即权力行为，通常又称为"监督执法"；而消防监督管理活动中的非权力行为，主要是指消防行政指导、消防宣传教育等。实施消防监督管理的主体是享有消防监督管理权的组织，既包括公安机关及消防救援机构，也包括地方县级以上各级人民政府、政府有关部门以及法律授权的其他组织。消防监督管理的依据是消防法律、法规、规章及消防技术标准。

二、消防监督管理的内容

根据《消防法》的相关规定，消防监督管理主要包括建设工程消防监督管理、消防监督检查、消防产品质量监督管理、火灾事故调查与火灾统计管理、社会消防技术服务监督管理、消防违法行为查处与督促火灾隐患整改、城乡消防规划与建设管理以及消防宣传教育与培训等内容。

（一）建设工程消防监督管理

建设工程消防监督管理，是指按照国家工程建设消防技术标准依法对需要进行消防设计的新建、扩建、改建（含室内外装修、建筑保温和用途变更）等大型人员密集场所和特殊建设工程实施消防设计审核、消防验收，对其他建设工程实施消防设计备案、抽查以及竣工验收消防备案、抽查的监管活动。建设工程消防监督管理是消防监督工作的重要组成部分，也是消防工作的基础性工作，可以有效杜绝建筑防火设计缺陷，从源头上消除先天性火灾隐患。

（二）消防监督检查

消防监督检查，是指消防监督检查主体依法对公民、法人或者其他组织遵守消防法律、法规、规章的情况进行检查、了解，并督促其履行义务的执法行为。消防监督检查是政府对社会单位消防安全实施管控的主要手段。多年的实践证明，这一监管手段对于维护社会的公共消防安全以及减少火灾的发生效果明显。

（三）消防产品质量监督管理

消防产品质量监督管理，是指以工商行政管理部门、产品质量监督部门、消防救援机构等为主体的公共行政部门，依法对消防产品的生产、销售、使用等各个环节实施监督和管理的活动。由于消防产品自身安全性和有效性与社会经济建设及人民群众的生命财产安全息息相关，其质量直接关系到在火灾预防和火灾控制中能否有效地发挥作用，所以消防产品质量也是纳入消防监督管理的重要内容之一。

（四）火灾事故调查与火灾统计管理

火灾事故调查，是指火灾发生后，对火灾发生发展过程进行全面调查，查明火灾原因、认定火灾责任、总结火灾教训、提出火灾防控措施的过程。火灾统计管理，是指通过火灾基本信息的汇总和统计分析，研判消防安全形势，进而为开展消防工作提供决策依据的活动。

（五）社会消防技术服务监督管理

社会消防技术服务监督管理，是指对社会消防技术服务机构及其从业人员进行的监督管理，具体内容包括对消防技术服务机构实施资质许可管理，以及对社会消防技术服务活动进行监督管理。社会消防技术服务机构是随着我国市场经济发展、行政审批制度改革以及政府职能的转变而产生的消防中介组织，为保证其合法、规范、有序运营，《消防法》赋予消防救援机构对其进行监督管理的法定职责。

（六）消防违法行为查处与督促火灾隐患整改

消防违法行为查处与督促火灾隐患整改，是指在实施消防监督管理过程中，针对发现的违反消防法律法规的行为和火灾隐患，通过责令改正违法行为、行政处罚、行政强制和其他手段纠正违法行为、消除火灾隐患，督促全社会的公民、法人和其他组织遵守消防法律法规，从而达到预防火灾发生、减少火灾危害，保护人民群众生命财产安全，维护公共安全的目的。

（七）城乡消防规划与建设管理

城乡消防规划与建设管理，是指依照消防法规和公共政策，根据城乡总体规划确定的发展目标、性质、规模及空间发展形态，按照功能分区、各类用地分布状况、基础设施配置情况及地域特点，在分析城乡火灾事故现状和发展趋势的基础上，对城乡火灾风险做出综合评估，确定城乡消防安全总体目标，对城乡消防安全布局、公共消防基础设施及消防装备建设等进行科学合理的规划，提出总体建设标准与实施措施，并予以落实和维护管理的过程。城乡消防规划与建设管理对建立和完善城乡消防安全体系，提高城乡抗御火灾以及处置各种灾害事故的整体能力具有十分重要的作用。

（八）消防宣传教育与培训

消防宣传教育，是指消防宣传教育主体以提高公民消防法治观念、消防安全意识和消防安全素质为目的，运用各种宣传教育形式，面向全社会普及消防法律法规和安全知识，提高全社会消防安全素质的行为。消防安全培训是对培训对象进行消防法律法规和专业知识培训，使其掌握从事本岗位工作必备的消防知识和技能。消防宣传教育与培训不仅是消防工作的重要组成部分，也是消防监督管理的主要内容之一。广泛开展消防宣传教育与培训对于强化全民消防意识，提高职工消防安全素质，增强全社会抗御火灾的能力，最大限度地防止和减少火灾危害，确保人民群众的生命财产安全，保障和改善民生，促进社会和谐稳定具有十分重要的意义。

三、消防监督管理主体

消防监督管理主体，是指享有消防监督管理权，能以自己的名义从事消防监督管理活动，并能独立承担由此产生的法律责任的组织。根据国家有关法律法规的规定，消防监督管理的主体包括以下八类。

（一）人民政府

消防工作是人民政府提供社会管理和公共服务的重要内容，是社会稳定、经济发展的重要保障，人民政府应当履行消防工作的领导责任。《消防法》第3条规定："国务院领导全国的消防工作。地方各级人民政府负责本行政区域内的消防工作。"《消防法》第52条规定："地方各级人民政府应当落实消防工作责任制，对本级人民政府有关部门履行消防安全职责的情况进行监督检查。"《消防法》第55条规定："消防救援机构在消防监督检查中发现城乡消防安全布局、公共消防设施不符合消防安全要求，或者发现本地区存在影响公共安全的重大火灾隐患的，应当由应急管理部门书面报告本级人民政府。接到报告的人民政府应当及时核实情况，组织或者责成有关部门、单位采取措施，予以整改。"

（二）公安机关

消防改制后，原属于消防救援机构负责办理的消防责任事故罪和失火罪划归公安机关办理，另《消防法》条款中有关的行政拘留处罚由县级以上公安机关依照《中华人民共和国治安管理处罚法》（以下简称《治安管理处罚法》）的有关规定做出，这有助于提高案件处理的效率和公正性，同时也体现了机构改革后职责划分的优化。

（三）消防救援机构

《消防法》第 4 条规定："县级以上地方人民政府应急管理部门对本行政区域内的消防工作实施监督管理，并由本级人民政府消防救援机构负责实施。"《消防法》第 53 条规定："消防救援机构应当对机关、团体、企业、事业等单位遵守消防法律法规的情况依法进行监督检查。"

（四）住建部门

建设工程消防设计审查、验收以及消防验收备案职能从消防救援部门转移到住建部门，由住建部门办理相关业务。相应的违法行为，住建部门按照《消防法》第58条相关规定进行处罚。

（五）公安派出所

消防救援机构虽不再隶属于公安机关，但《消防法》相关的条款表述没有改变。《消防法》第53条规定："公安派出所可以负责日常消防监督检查、开展消防宣传教育。"公安派出所协助消防救援机构在社区层面实施消防安全管理和教育，提高公众的消防安全意识和自救能力。

（六）乡镇街道消防监督管理机构

各地乡镇街道消防监督管理机构名称不一，有应急消防管理站、消防监管工作站、消防工作站、消防所等，是基层末端的消防监督检查力量，在公安派出所消防监督管理职能严重弱化的情况下，这支队伍快速成长。根据《中华人民共和国行政处罚法》（以下简称《行政处罚法》）、《关于深化乡镇（街道）综合行政执法改革的实施意见》有关规定，可以对消防安全违法行为开展授权执法、委托执法。

（七）法律授权的其他有关主管部门

《消防法》第4条规定："军事设施的消防工作，由其主管单位监督管理，消防救援机构协助；矿井地下部分、核电厂、海上石油天然气设施的消防工作，由其主管单位监督管理。"这表明，上述单位、场所的主管部门在特定领域享有消防监督管理权。

（八）政府有关部门

《消防法》第4条第二款规定："县级以上人民政府其他有关部门在各自的职责范围内，依照本法和其他相关法律法规的规定做好消防工作。"《消防法》第25条规定："产品质量监督部门、工商行政管理部门、消防救援机构应当按照各自职责加强对消防产品质量的监督检查。"这表明，政府有关职能部门在一定范围内实施消防监督管理权，具有消防监督管理主体资格。

四、消防监督管理相对人

消防监督管理相对人，是指在消防监督管理活动中与消防监督管理主体相对应的处于被监督管理地位的公民、法人和其他组织。按照《消防法》的相关规定，消防监督管理相对人包括以下两类。

（一）个人

消防监督管理工作中所称的"个人"，既包括我国公民，也包括在我国境内的外国人。

1. 我国公民

我国公民是指具有我国国籍并根据我国法律规定享有权利、承担义务的自然人。公民在消防行政法律关系中是十分重要的相对人，《消防法》中对公民应享有的权利和应承担的义务均有明确规定。

2. 外国人

外国人是指在我国境内的外国人，包括外国公民和无国籍人士。《中华人民共和国宪法》（以下简称《宪法》）第32条规定："中华人民共和国保护在中国境内的外国人的合法权利和利益，在中国境内的外国人必须遵守中华人民共和国的法律。"作为消防监督管理相对人的外国人与我国公民在消防监督管理活动中的法律地位是平等的。

（二）单位

"单位"是个笼统的说法，具体指机关、团体、企业、事业单位。

1. 机关

机关是指国家依法设立的代表国家依法行使立法、行政、审判、检查和军事等权力的组织。

2. 团体

团体是指由公民自愿组成，为实现会员共同意愿，按照其章程开展活动的非营利性组织。

3. 企业

企业是指从事商品生产和经营活动，并以盈利为目的的经济组织。

4. 事业单位

事业单位是指为了社会公益目的，由国家举办或者由其他组织利用国有资产举办的，从事教育、科技、文化、卫生等活动的社会服务性组织。

第二节　消防监督管理的原则及方法

一、消防监督管理的原则

消防监督管理的原则是贯穿于全部消防监督管理活动之中，调整和决定消防监督管理主体全部行为，判断消防监督管理行为是否正确、合理的基本法则和标准。它与消防工作的原则不同，消防工作的原则是包括政府在内的社会所有成员开展消防工作的指南，而消防监督管理的原则是规范消防监督管理主体的消防监督管理行为的法则或标准。

（一）依法监督原则

依法监督原则是指消防监督管理活动必须有法律法规的规定，超越法定权限的行为无效。依法监督是消防监督管理的首要原则，是消防行政执法的核心。消防监督管理权是行政权的重要组成部分，行政受制于法，从属于法。其内容主要涉及以下三个方面。

1. 监督职权法定

消防监督管理权必须基于法律的授予才能存在。其包括三个方面的含义：首先，从对消防监督管理权来源的要求上看，职权法定要求消防监督管理权的取得和存在必须有法律法规依据，没有法律法规依据的权力实际上就是非法权力。其次，从对消防监督管理权行使的要求来看，职权法定要求消防监督管理主体只能行使由法律法规确定的职权，而且行使权力的程序必须是符合法律要求的。最后，监督职权法定还要求消防监督管理主体必须在法定权限之内做出监督管理行为，不得越权。一切越权行为都不具有法律效力。

2. 监督内容法定

消防监督管理的内容法定，即消防监督执法行为的内容必须是法律、法规和规章的规定，无法律、法规和规章规定的内容为不合法内容，尤其是行政许可、行政处罚、行政强制的有关内容，必须是法律规定的内容，不得擅自增减。

3. 监督程序法定

消防监督程序法定，即消防监督管理主体做出任何监督执法行为，在程序上都必须符合法律法规的规定，既不能随意增加程序，也不得随意省略程序。在法律没有明确规定程序的情况下，消防监督管理主体自行采用的程序也必须遵循贯彻法律的一般原则和精神。

监督职权法定、监督内容法定和监督程序法定构成了依法监督原则完整而丰富的内涵，三者是缺一不可的。

（二）独立监督原则

独立监督是指消防监督管理主体在实施监督管理中独立行使监督管理权力，只对法律法规负责，而不受其他机关的干扰和控制。其内容主要包括以下两个方面。

1. 消防监督管理部门不受其他政府部门的非法干扰与控制

消防监督管理主体的监督管理权是法律法规赋予的，必须依法行使。其他部门，尤其是政府及其有关部门不得随意干扰消防监督管理主体的消防监督管理活动；同时，消防安全是对经济、社会发展的有力保障，消防监督管理要为经济建设服务。消防监督管理主体独立行使监督管理权，并不是说其可以享有法外特权，不接受政府的监督管理。

2. 消防监督管理部门不受利益集团的制约与控制

消防监督管理主体不能用公权力去换取利益，擅自接受社会单位的赞助，更不能主动拉赞助，不能参股创办公司、企业，不能插手消防产品的生产销售、消防设备安装以及消防工程施工企业的招投标，否则将受到利益集团的控制，成为利益集团的工具。这一点是对消防监督管理主体的特别要求。

（三）公平公正原则

"公平"是对行政相对人而言的，公平最重要的价值是保障法律面前人人平等和机会均等，避免歧视对待。"公正"是对行政机关而言的，它维护正义和中立，防止徇私舞弊。消防监督管理主体实施监督管理，应当公平、公正，平等对待消防监督管理相对人，不偏私、不歧视。消防监督管理主体行使裁量权应当符合法律目的，排除不相关因素的干扰，所采取的措施和手段应当必要、适当，避免采用过度损害相对人权益的方式。其内容主要包括以下三个方面。

1. 平等对待

平等对待是宪法原则中的"平等原则"在消防监督管理中的具体化，是消防监督管理主体针对多个相对人实施监督管理行为时应遵循的规则。其具体包括三种情形：一是同等对待规则。要求消防监督管理主体在同时面对多个相对人时做到一视同仁，反对歧视；在先后面对多个相对人时应当前后一致，反对反复无常。二是区别对待规则。要求消防监督管理主体在实施监督行为时认真区别各相对人的具体情况。三是比例对待规则。要求消防监督管理主体按不同情况的比重来设定相对人的权利与义务。在同一案件和法律事实中，这种比例往往与各相对人所起作用的大小、情节的轻重相一致。

2. 正当裁量

从裁量过程进行考量，主要考察在行政裁量决定做出过程中有没有追求不适当的目的，有没有考虑不相关的因素，是否考虑了相关因素，等等。正当裁量的具体要求如下：一是目的适当。任何法律的制定都是基于一定的社会需要，为了达到某种社会目的，法律授予消防监督管理主体某种权力或规定某种行政行为的具体内容，均是为了实现该项立法目的，消防监督管理主体运用权力时必须符合法律目的。法律赋予消防监督管理主体裁量权正是为了实现该立法目的。如果执法背离法律目的而追求部门利益或个人利益，显然不能做出正当裁量，属于不合理执法。二是合理考虑相关因素。合理考虑相关因素是指在做出行政裁量决定时，该考虑的因素必须考虑，如果不考虑，就会造成执法不合理。例如，对行政处罚案件，要考虑是否有法律规定从轻、减轻处罚的情节，如果有而没有考虑，显然是不合理的。对于不该考虑的因素就不能考虑，如果考虑了，也是不合理的。例如，执法人员与某相对人是同学或朋友关系，在做出行政裁量决定时，如果考虑此关系就属于考虑了不该考虑的因素。

3. 比例原则

比例原则是指消防监督管理主体实施监督管理时，应当全面权衡有关公共利益与个人利益，采取对公民权益造成的限制或者损害尽可能小的行政措施，并且使监督措施造成的损害与所追求的监督目的相适应。比例原则可进一步划分为以下三项子原则。

（1）适当性原则。

适当性原则又称"妥当性原则"，是指消防监督管理主体所采用的措施必须能够实现监督管理目的或至少有助于监督管理目的达成，并且是正确的手段。也就是说，在目的与手段的关系上，必须是适当的。该原则体现了目的导向。不适当的情况主要有以下四种：一是手段对目的来说存在不足,即采取的手段无法实现目的;二是手段所追求的目的超出了法定目的;三是对相对人施加的手段是法律上不可能或事实上不可能的;四是违反法律规定,所采取的手段是法律禁止的。

(2)必要性原则。

必要性原则又称"最少侵害原则"或"不可替代性原则",是指在前述适当性原则已获肯定后,在能达成法律目的的诸方式中,应选择对公民权利侵害最小的方式。这里实际包含两层意思:其一,存在多个能够实现法律目的的行为方式,否则必要性原则将没有适用的余地;其二,是在能够实现法律目的的诸方式中,选择对公民权利侵害最轻的一种。例如,在消防监督检查实践中,对于存在重大火灾隐患逾期不整改的情况,根据《消防法》的有关规定:电器产品、燃气系统不符合消防技术标准的,责令限期改正;逾期不改正的,责令停止使用,可以并处罚款。如果仅责令停止使用就能达到目的,就没有必要再处罚款,否则,就违反了必要性原则。

(3)狭义比例原则。

狭义比例原则又称"相称性原则""均衡原则"或"禁止过度原则",即消防监督管理主体所采取的措施与其所达到的目的必须成比例或相称。它要求消防监督管理措施对公民造成的损害不得远远大于给社会带来的利益,即消防监督管理的投入与产出应当成比例,杜绝执法成本投入过大,而效益不佳的监督管理行为。

在比例原则中,适当性原则要求手段有助于目的的实现;必要性原则要求实现目的的手段是最小侵害;而狭义比例原则是通过对手段负面影响的考量,要求目的本身必须适当,不过分。总而言之,比例原则的这三项子原则分别从目的取向、法律后果、价值取向上规范了行政权力与其行使权力之间的比例关系。三者相互联系,不可或缺,构成了比例原则完整而丰富的内涵,也是公平公正原则的重要内容。

（四）公开透明原则

公开透明原则是指消防监督管理主体在实施监督管理时，除涉及国家秘密、商业秘密或者个人隐私外，应当一律向消防监督管理相对人和社会公开。通过公开，保障消防监督管理相对人的参与权和知情权；同时，通过公开，社会单位和公民可以监督消防监督管理主体的行为。公开透明是现代法治政府的必然要求。其内容主要包括以下三个方面。

1. 监督管理依据公开

监督管理依据公开就是指消防监督管理主体行使消防监督管理权的依据必须公开，未经公布的，不得作为监督管理的依据。

2. 监督管理程序公开

监督管理程序公开就是要求消防监督管理主体将整个监督管理过程向全社会公开，把监督管理行为放在阳光之下，尤其是做出影响消防监督管理相对人权益的决定时，应当让消防监督管理相对人了解监督管理过程。

3. 行政决定公开

消防监督管理主体做出对消防监督管理相对人的合法权益有影响的行政决定，必须及时以法定形式向消防监督管理相对人公开，从而使消防监督管理相对人获得行政救济的机会。对于应当公开的行政决定如果没有公开，该行政决定就不能产生法律效力，不具有法律执行力。

公开相关信息是消防监督管理主体的义务和责任；但是，如果涉及国家安全、个人隐私或商业秘密，则应该成为公开透明原则的例外。当然，哪些属于例外必须有法律的明确规定，不能由消防监督管理主体自己确定。

（五）高效便民原则

消防监督管理主体开展监督管理活动，应当遵守法定时限，积极履行法定职责，提高办事效率，提供优质服务，方便公民、法人和其他组织。这是服务型政府的必然要求。其内容主要包括以下三个方面。

（1）消防监督管理主体在办理各种监督管理业务时，要严格按法定的时限要求及时处理，不拖延。

（2）消防监督管理主体在日常消防监督管理中，要尽可能地为消防监督管理相对人提供便利，不得设置障碍，不得随意增加条件或随意提高标准。

（3）消防监督管理主体要努力利用现代科学技术手段提高执法效率，积极利用、推行电子政务，实施网上审批，等等。

（六）权责统一原则

消防监督管理主体依法履行消防安全监督管理职责，由法律法规赋予其相应的执法手段（或权力）是完全必要的，如果没有这些权力与手段，很难实现其对社会的有效管理；但是，权力和责任应当是对等的，如果只有权力而没有责任，权力就可能被滥用或产生权力恣意现象。因此，消防监督管理主体违法或者不当行使职权，应当依法承担法律责任，以实现权力和责任的统一。其内容主要包括以下三个方面。

（1）消防监督管理权力的配置应当切实满足消防监督管理主体履行法定职责的需要；否则，消防监督管理主体就难以完成日益繁杂的消防监督管理活动，不能有效地保障公共消防安全。

（2）法律在为消防监督管理主体配置权力的同时，必须设定相应的责任，而且职权越大，责任越大，如果消防监督管理主体有违法行为，其法律后果将更加严重，追究责任的法律制裁也更加严厉，以实现权力与责任的统一。如果只配置权力，不设定责任，势必导致权力滥用，使公民的权利得不到保障。

（3）建立实现责任的法律制度，违法行使职权必须受到追究。权责统一不仅要求有权者必须有法定的责任，而且要有实现这些责任的法律制度。一旦消防监督管理主体的活动违反法律规定，责任即从法律规定转化为实际状态。诸如行政诉讼制度、行政复议制度、行政赔偿制度及执法过错追究制度，都是实现权责统一必要的法律制度。

二、消防监督管理方法

消防监督管理方法，是消防监督管理主体及其工作人员在实施监督管理过程中采用的措施、办法、技术、手段的总称。

（一）传统的消防监督管理方法

1. 行政方法

行政方法是指依靠行政机构和领导者的权威，通过行政组织系统，采用命令、指示、规定、指令性计划及制定规章制度等行政手段，对管理对象产生影响并进行控制的管理方法。行政方法以权威和服从为基本原则。

行政方法的具体方式是行政命令。行政命令泛指政府及其有关部门的一切决定或措施。行政命令通常分为两种：一种是对社会不确定的相对人普遍适用的抽象性的行政命令，另一种是对具体相对人适用的具体性行政命令。行政命令一般表现为决定、通告、通知等。我国开展的火灾隐患专项治理，即属于行政方法。

2. 法律方法

法律方法是指消防监督管理主体依照法定职权和程序，将国家法律法规在具体的消防行政事务中加以实施,以达到依法行政的目的,具有权威性、强制性、规范性、稳定性等特点。

消防监督管理中的法律方法主要包括消防行政许可、消防监督检查、消防行政处罚、消防行政强制措施等。

3. 经济方法

经济方法是指国家行政机关根据客观经济规律,运用物质利益原则,利用各种不同的经济杠杆来调节多方的经济利益关系或激发社会成员的积极性的一种管理方法。

消防监督管理中运用经济方法,可以达成两个目的:一是通过经济杠杆调节和影响社会组织的活动,改变组织要素的组合方式,提高组织的工作效率,促进社会经济的发展和公共消防安全;二是利用经济杠杆影响社会公民和行政人员的思想与行为,促使其改进工作,提高效率。其具体运用主要体现在以下四个方面。

(1) 减免税收制度。

税收制度可以体现国家的政策导向,对于国家鼓励的事项可以减免税收,而对于国家限制的事项可以加重税收。在消防监督管理中,政府可以通过税收政策鼓励或者引导企业积极履行消防安全职责,并为企业的发展直接或间接提供一定的物质支持。

(2) 完善消防行政补偿制度。

消防行政补偿制度是指消防行政主体在行使职权过程中因合法行为给相对人的合法权益造成损害,或者公民个人协助消防行政主体执行公务或灭火而使个人利益遭受损害时,由消防行政主体依法对相对人给予相应的利益补偿的制度。从法律上讲,消防行政补偿是社会公共负担平均分担的一种体现,不能让没有义务的人承担公共义务,也不能让个人或少数人承担应当由大多数人承担的义务;否则,就会造成不公平。从管理上讲,消防行政补偿也是消防监督管理的一种经济手段,利用得好，可以鼓励社会成员积极参与消防工作。

（3）建立消防基金制度。

重大火灾隐患久拖不改已经成为制约消防监督管理的"瓶颈"，其中资金不足又是制约隐患整改的客观因素。因而，建立消防基金制度可以有效解决这一难题。消防基金可以通过以下手段筹集：一是由政府财政提供一部分。如果存在重大火灾隐患的单位是关乎国计民生的企业，自身无力解决消防隐患，又不能关停，政府可以提供一定的资金支持。二是消防行政处罚的罚款。可以把消防罚款用于支持那些确实无力整改而又关系国计民生的企业。

（4）充分发挥保险机制。

保险作为一种市场化的风险转移机制、社会互助机制和社会管理机制，与消防工作关系十分密切。充分利用保险，可以有效促进消防工作的开展，并成为消防监督管理的重要手段。因此，国家鼓励、引导公众聚集场所以及生产、储存、运输、销售易燃易爆危险品的企业投保火灾公众责任保险，鼓励保险公司承保火灾公众责任保险。

4. 引导性方法

引导性方法是一种以人为中心的人本主义管理方法，它通过利用非强制手段使社会成员自觉自愿地从事政府所鼓励的工作或活动。其中包括行政指导方法和行为激励方法。

（1）行政指导方法。

行政指导是消防监督管理主体为实现消防管理目标，在其职权或事项范围内，以建议、辅导、劝告、引导、指示、协助、示范、鼓励、发布官方信息等手段或方式，使消防监督管理相对人接受管理并付诸实施（包括作为和不作为）的行政活动。行政指导是一种非强制性行政管理手段，其功能主要表现在提高行政效率，弥补消防法律体系的不足，发挥协调平衡作用，提高消防监督管理相对人的地位，增进行政民主，等等。消防宣传教育方法是最常见的行政指导方法，对于提高公民消防安全素质有着重要意义。

（2）行为激励方法。

行为激励方法属于行为科学的方法，它是通过有目的地设置一定的条件和刺激，将人们的行为动机激发出来，使其产生某种特定的行为反应。行为激励的实质在于激发人的动力，其目的在于使人产生某种行为以实现行政工作预定的目标。

（二）现代的消防监督管理方法

现代的消防监督管理方法，是以完善和发展中国特色社会主义制度，推进国家治理体系和治理能力现代化的总目标为依据，将消防安全建设纳入社会综合治理，把建立消防安全治理体系以及实现治理能力现代化作为消防工作的一项重要工作来抓。

1. 建立消防安全治理法律制度体系

建立消防安全治理法律制度体系以及实现治理能力现代化，要更新消防安全治理理念，深入改革治理体制，丰富完善治理体系，努力提高治理能力，形成办事依法、遇事找法、解决问题用法、化解矛盾靠法的良好法治环境，在法治轨道上推动各项工作。

（1）建立国家消防安全治理法律制度。

健全形成以《消防法》为基本法律，与消防行政法规、规章及消防技术规范标准以及地方性消防法规、规章及地方消防标准相配套的具有中国特色的消防法律法规体系，对政府领导职责、相关部门监管职责、单位主体责任、公民参与责任进一步明确细化，坚持主体履职到位，追责到人；按照市场经济运行规律，明确界定社会消防组织和消防执业人员在社会消防治理中的职能作用、服务范围及其承担的责任，保障规范运行和健康发展；将建设工程消防质量终身负责制纳入消防法规；明确消防救援机构的监督管理责任以及追责、免责的具体规定，既要让消防监督执法人员明确自身工作责任，又要保障其相关权益。

（2）加强地方消防立法。

我国地域特点分明，经济发展不平衡，地方可以结合本地火灾防控实际需要，在其法定权限内制定地方性法规和地方消防技术标准。

（3）修改完善法规要形成制度。

建立火灾事故消防技术调查制度以及公正的第三方消防技术调查机构；发生火灾后，要及时启动消防技术调查，总结火灾教训，及时修改完善法律法规和消防技术标准，保障火灾防控工作的需要。

2. 建立消防安全治理标准规范体系

国家可以鼓励非官方机构参与制定法律法规和消防技术标准，鼓励地方结合实际补充创新国家标准。要实现消防治理规范化，应当建立以下四个方面的标准规范。

（1）完善消防安全准入技术标准规范。

各类建筑、场所在投入使用前要设置火灾防范和灭火设施应当遵循的准则，抓好消防安全源头关。主要建立各类工程建设消防设计、施工、监理标准，消防验收技术标准；新材料、新工艺、新设备使用消防技术标准；消防技术论证、性能化评估标准；易燃易爆企业、人员密集场所投入使用前消防安全检查标准；等等。

（2）建立消防安全操作规程。

各消防安全责任主体在实施消防安全管理过程中应当建立明确的消防安全操作规程，主要是各级政府、职能部门消防安全责任制落实标准，各类社会单位消防安全操作规程运行标准，各类社会消防中介组织开展消防技术服务的操作规程，等等。

（3）建立消防安全评价标准。

对各消防安全责任主体在消防安全治理进程中是否达到消防安全

治理标准规范的要求，应当进行定性与定量的评价，以便切实、及时地调整和纠正消防安全治理过程中存在的问题，保障消防安全治理工作的连续有序运行。其中主要包括各级政府、职能部门消防安全责任落实情况评价标准，城市、区域消防安全评估标准，各类社会单位消防安全评估标准，大型活动消防安全评估标准，等等。

（4）建立消防监督管理标准。

政府及其有关监督管理部门、公安机关及消防救援机构实施监督管理职责，在法律法规规定程序的基础上，应当建立消防监督管理准则，明确监督管理的范围边界和工作标准，保障消防监督管理的规范运行。主要建立建设工程消防监督管理标准、消防监督检查标准、消防行政审批标准、火灾事故调查标准、消防宣传教育培训标准等。

3. 建立社会消防安全治理体系

社会消防安全治理体系是社会公共安全和国家防灾体系的一个重要组成部分，事关国计民生，地位举足轻重。创造性地开展好消防工作，建立同经济发展水平相适应的社会消防安全治理体系是当务之急。

（1）社区、村庄实行消防安全网格化管理。

消防安全网格化管理就是以乡镇、街道为单元，将其划分成大、中、小三级网格。街道、乡镇为大网格，成立由主要领导负责，安全生产监督管理局（以下简称安监办）、社会治安综合治理办公室（以下简称综治办）、工商行政管理所（以下简称工商所）、公安派出所参加的防火安全委员会，对辖区进行消防监督管理；以社区和行政村为中网格，由居民委员会和村民委员会负责，落实辖区内的消防工作，并组织开展经常性的消防检查和宣传；以居民楼院、村组、生产经营单位为小网格，由社区组织、村民小组负责，组成群众性自治组织，进行自我宣传、自我检查、自我管理，构建横向到边、纵向到底、责任明确、监管到位的全覆盖的消防管理网络，实现社会面消防安全"有人抓、有人管""无盲区、全覆盖"的工作局面。

（2）消防安全重点单位实行户籍化管理。

重点单位消防安全户籍化管理，是通过互联网信息系统，为每个消防安全重点单位设置专用账号，建立消防安全户籍化管理档案。建立消防安全重点单位户籍化管理档案，可以通过系统的自动统计分析功能反映出工作的薄弱环节和问题；可以将其消防工作定期向当地消防救援机构报告备案；消防救援机构也可以对相关单位消防安全实行动态监管，定期统计分析本地区单位消防安全管理情况，有针对性地开展消防监督检查，提高消防监督工作的效能。

（3）建立智慧消防。

建立智慧消防可以通过"智慧城市"管理平台，运用互联网、云计算、物联网等技术实现对城市消防供水、消防通信、消防车通道、消防装备等公共消防基础设施，火灾高危单位、消防安全重点部位、消防安全设施等进行可视图像和感应式报警动态管理，及时发布火灾预警信息，提示采取相应措施，提高城市消防安全防控综合能力。

（4）建立完善公民参与社会消防管理的激励机制，让参与社会消防管理的公民得到社会的尊重和政府的奖励。

建立"96119"火灾隐患举报投诉电话，实行火灾隐患有奖举报，广泛发动公民发现并举报身边的火灾隐患；建立消防志愿者队伍，发动志愿者参与单位、社区、村庄、居民楼院消防宣传和消防巡查；用好、用足国家"119"消防奖，每年对积极参与社会消防管理的社会组织和个人进行表彰奖励，激发全民参与消防工作的积极性。

4. 建立社会消防组织

消防安全工作对于社会的稳定和发展至关重要。作为一项涉及人民群众生命财产安全的重要工作，消防安全工作需要社会各界的共同参与和支持。社会组织作为社会力量的重要组成部分，其参与消防安全工作具有重要的意义。

(1) 培育发展非政府组织的消防中介机构。

推动完善社会消防组织扶持政策，大力培育和发展符合产业导向、参与基层管理的消防技术咨询、消防安全评估论证、消防设施检测维护、建设工程消防设计技术审查和消防竣工技术验收等消防技术服务机构，并通过发展各种协会、产业委员会等行业管理职能，引导消防技术服务机构健康发展。

(2) 培育发展各类行业消防协会。

市场经济体制下的消防安全工作，应当充分发挥市场消防安全自我调节、自我完善、自我管理的作用，促进已有的行业和新兴行业不发生消防安全滞后的问题。主要建立制造业、电力、燃气的生产和供应业，交通运输、仓储业，批发和零售业，租赁和商务服务业，居民服务和其他服务业，卫生、社会保障和社会福利业，公共管理和社会组织，信息产业等方面的行业消防组织，建立消防安全管理规范和自我管理标准。

(3) 建立并完善消防职业资格制度。

社会消防组织参与消防安全治理需要专门的消防技术和管理人员。建立消防安全管理人员资格制度、消防技术服务人员资格制度，鼓励消防管理和操作工种执业人员、注册消防工程师从事建设工程消防设计技术审查、消防设施检测和维护保养、消防安全评估、消防设施技术验收等；扶持成立注册消防工程师等技术人员团体，推动注册消防工程师走上良性发展道路。

5. 探索建立消防监督管理新模式

随着经济建设及科学技术的快速发展，为了更有效地防御并减少火灾所造成的人员伤害及财产损失，确保消防监督与管理模式能够适应新时期的消防安全要求，需要不断创新和改进消防监督管理模式，加大消防监督检查力度，把消防隐患降到最低，以保障人民群众的生命财产安全。

（1）消防安全重点单位实行年检制度。

对消防安全重点单位按照其性质和规模进行科学分类，按照类别制定重点单位消防安全管理标准。消防救援机构实行总队、支队、大队三级消防监督责任制，落实户籍化管理，消防安全重点单位每半年要向消防监督管理部门报告一次工作，消防救援机构每年对消防安全重点单位进行一次综合检查评定并向社会公布，消防安全评定结果不合格的要强化其消防安全主体责任的落实。

（2）一般单位实行动态监督管理制度。

在推动消防安全"网格化"、单位"四个能力"建设常态化的同时，县级消防救援机构应当建立消防管理预警机制，定期分析、评估消防安全形势；对火灾多发、消防安全管理存在问题多的区域和行业系统，及时发出火灾预警信息，提示其加强消防安全管理；适时组织消防监督抽查，督促单位落实火灾防范措施。

（3）深化"双随机、一公开"制度。

面对政府消防监督管理人员专业性不足与消防监督管理对象多样性，以及各种检查频次过多，影响监督管理对象正常的生产经营活动等问题，发布随机确定的抽查单位名单的同时，要多部门联合开展检查，进一次门，查多件事，要实施清单化检查，细化检查内容，减少人为因素干扰。深化"双随机、一公开"制度，保障消防执法公开、公平、公正。

（4）按照结果互认原则优化消防行政审批。

要深化住建部门和消防救援机构协同，住建部门办理的消防审验（备案）项目要告知消防救援机构，对需要办理开业的相关场所要开展联合检查，消防救援机构对住建部门已验收的内容不再查验，同时双方要明确各自的侧重点：住建部门侧重消防技术审查和现场核实，而消防救援机构侧重场所的消防安全责任落实与管理。

（5）建立火灾隐患排查治理体系。

建立火灾隐患排查治理体系，最大限度地降低隐患存量和火灾风险。对带有普遍性、影响全局性的消防安全问题开展全国集中整治行动，并适时进行分层次、分区域、分行业的指导调度。指导火灾多发的地方按照"什么问题突出就整治什么问题，什么地方不放心就整治什么地方"的原则，开展常态化专项整治；同时，要建立火灾隐患排查治理标准、排查治理责任，巩固治理成果的长效管理机制。

6. 建设消防安全文化

消防安全文化是指在社会、组织或个人中形成的关于消防安全的价值观、态度、信念和行为规范。它涵盖了人们对火灾风险的认识、预防火灾的意识、应对火灾的能力以及对消防安全法规的遵守等方面。消防安全文化建设，对于预防火灾、减少火灾损失以及保障人员安全具有至关重要的意义。

（1）推行消防终身化教育。

科学布局集消防宣传、教育、文化于一体的消防博物馆、防灾减灾馆；借力社区学校、培训机构等，将消防安全纳入基础义务教育、社区学校教育、党政干部及公务员培训内容，打造市民消防终身教育体系。

（2）强化职业化培训。

加强对企事业单位从业人员的强制性消防培训，落实持证上岗和职业鉴定制度，提高单位员工消防素质。创新消防培训供给方式，逐步推行并开展由社会组织和机构承担的消防培训。

（3）消防专业教育。

要鼓励各类大学设置消防专业课程，广泛开展消防专业教育，为社会提供大量的消防专业人才。

7. 建立消防信用体系

建立消防安全"黑名单"制度，将社会单位、社会组织、消防技术服务机构及其从业人员不守法、不依法履行消防管理职责、违法生产经营的行为列入"黑名单",纳入国家诚信体系。加强与工业和信息化(以下简称工信)、住建、工商行政管理(以下简称工商)、金融、保险等部门建立信息互通、互认机制,推动工商、安全生产监督管理(以下简称安监)部门在实行行政许可、市场监管时将消防安全不良行为信息作为重要参考;推动住建部门在资质监管、招标投标、工程监管等环节将消防安全不良行为信息作为重要审查条件;推动银行将消防安全不良行为信息纳入征信系统,与单位和个人信用挂钩;推动证券监督管理(以下简称证监)、保险监督管理(以下简称保监)部门在进行上市企业监管,保险产品开发、管理、理赔时参考消防安全不良行为信息。通过市场经济"信用激励、失信惩戒、严重失信淘汰"的运行机制,强化社会单位和从业人员遵守消防法规,履行消防安全职责,减少消防违法行为。

第三节 消防监督程序的内容及作用

一、消防监督程序的概念与特征

消防监督程序是指实施消防监督行为时必须遵守的方式、步骤、空间、时间。从其实质上看,监督程序反映了监督权的运行过程,是监督行为时间和空间表现形式的有机结合。其特征如下。

(一）消防监督程序是消防监督权的运转过程

消防监督程序具有很强的国家权力性。消防监督就是消防行政活动，消防监督权是消防行政权之一，消防监督主体实施消防行政行为，就是基于消防行政权。消防行政权是消防行政行为的效力依据，没有行政权的行政行为，是没有效力的行政行为。因此，消防监督程序就是具体体现消防监督权的实施过程。如果消防监督程序不合理或行使消防监督权时不遵守法定程序，就会侵害消防监督相对人的合法权益。

(二）消防监督程序具有形式性

任何消防监督活动都有反映在时间和空间上的形式。消防监督程序是消防监督行为的时间和空间表现形式。所谓空间形式，是指消防监督过程的表现形式，如口头形式、书面形式、动作形式等。所谓时间形式，是指消防监督行为的先后顺序以及所必须履行的每个环节和每种形式的时间限制。

(三）消防监督程序具有参与性

凡是以民主为旗帜或以民主作为标榜的国家，都不能忽视行政相对人对行政过程的参与。参与是民主的体现，是保护行政相对人权利、实现行政公平公正的必然要求。没有行政相对人的参与就没有真正的民主。消防监督也不例外。

(四）消防监督程序具有法定性

消防监督属于国家行政，必须遵循国家有关行政程序的法律规范，即行政程序的法定性。行政程序的法定性，决定了行政主体和行政相对人在进行法律活动时必须严格遵守法定程序，其行为的步骤和方法受法定程序的制约，违反法定程序将会招致不利的法律后果。尤其是对于消防监督主体来说，依法监督原则要求其在监督活动中既要符合实体法的要求，也必须遵循法定程序，两者不可偏废。

二、消防监督程序的作用

（一）约束行使消防行政权的随意性

依法监督原则不仅要求消防监督主体行使职权时严格遵守实体法的规定，而且要求其严格遵守程序法的规定。只有这样才能规范消防监督主体执法行为的实施，控制消防监督权的运行，防止消防监督主体在监督过程中失职、越权或滥用职权。如果没有程序要求，消防监督主体在行使职权的过程中就会出现随意性，而不按程序执法，没有相应的程序恰恰是产生腐败的重要原因之一。所以，设置合理的程序并严格遵守是防止腐败产生的有效手段。

（二）保证行政相对人的合法权益不受侵害

消防监督的目的在于，预防火灾和减轻火灾危害，保护公民的人身和财产以及公共财产的安全，维护公共安全。虽然实体法也注意到保护消防行政相对人的合法权益，但是为了消防监督的顺利进行，法律赋予了消防监督主体较多的权力，而为消防行政相对人设定了较多的义务，这实际上造成了行政主体与行政相对人之间的权利、义务的不平等。如果没有正当的程序规定，消防行政相对人的合法权益就容易遭受消防行政主体的侵害，而法律规定了消防监督（行政）程序，恰好能弥补这一缺陷。通过设定各种程序，控制、规范消防行政主体的行为，从而保护消防行政相对人的合法权益。

（三）提高行政效率

消防行政程序为消防行政权的运行设定了必要的方式、步骤，并且具有明显的期限限制。方式、步骤不可以简化，否则就会欲速则不达，背离行政目的，甚至造成行政行为无效。期限限制不可突破，否则就会影响行政效率。

三、消防监督程序的种类

（一）按消防业务种类划分

1. 消防监督检查程序

消防监督检查程序是指消防监督检查的方式、方法、内容、步骤、空间和时限。消防监督检查程序由《消防监督检查规定》规定。

2. 建筑工程消防审核、验收及备案程序

建筑工程消防审核、验收及备案程序是指建筑工程消防审核、验收及备案的方式、内容、步骤和时限。根据《建设工程消防设计审查验收管理暂行规定》（住建部令第58号）实施。

3. 火灾调查程序

火灾调查程序是指火灾事故调查处理的方式、内容、步骤和时限。火灾调查程序由《火灾事故调查规定》规定。

4. 消防行政处罚程序

消防行政处罚程序是指消防行政处罚的方式、内容、步骤和时限。消防行政处罚程序由《行政处罚法》和《消防法》规定。

5. 其他消防行政程序

其他消防行政程序包括消防行政复议程序和消防行政强制程序等。

（二）按消防监督行为与相对人的关系划分

按消防监督行为与相对人的关系不同，消防监督程序可划分为内部程序和外部程序。内部程序是消防监督主体的内部工作程序，从行政法治要求来看，也应当由法律规范规定，消防监督主体必须遵守，但目前主要由消防监督主体自己规定。内部程序主要包括内部审核审批和决定程序。外部程序是影响相对人权利、义务的行政行为程序，如行政处罚的调查、告知、听证程序，火灾调查中的调查、取证程序，等等。

四、消防监督程序的基本原则

消防监督程序主要包括以下基本原则。

（一）程序法定原则

程序法定原则是指消防监督活动的主要程序必须由法律规范加以规定，消防监督主体在实施消防监督时必须严格遵守，不得违反法定程序。程序法定原则是依法监督原则在消防监督程序上的具体化。程序法定原则的具体内容如下。

（1）消防监督活动的主要程序必须由法律规范加以规定。这里所说的主要程序是指涉及相对人权利、义务的事项的程序，如消防行政许可事项的程序、消防行政处罚的程序以及制定行政法规、规章的程序等，必须由法律规范加以规定，不能由消防监督主体自己制定。

（2）消防监督主体实施消防监督活动时必须按照消防法律规范所规定的方式、步骤进行，不得违反，也不得擅自改变。

（3）任何违反法定程序的消防行政行为都是违法行为，依法应予撤销。

（4）违反法定程序的消防监督主体，应承担相应的法律责任，给相对人造成损失的，还应负赔偿责任。

（二）相对人参与原则

相对人参与是相对人管理国家事务的重要保证，是民主的基本要求。相对人参与原则的基本内涵是：消防行政主体在进行行政决策、制定规范性文件、制订行政计划以及做出具体行政决定时，应尽可能地听取和尊重相对人的意见，要给利害关系人发表意见和建议的机会，并赋予利害关系人申请发布、修改或者废除某项规章的权利以及申辩的权利。对于具体的消防行政行为，在做出决定之前，应给予相对人申辩、听证的权利。

为了保证这一原则的贯彻落实，通常以信息公开制度、听证制度、告知制度、咨询制度等制度做保障。

（三）程序公正、公平原则

程序公正、公平原则是指消防监督主体在消防监督活动中，在程序上平等对待所有相对人，避免和排除可能不平等或不公正的因素。无论相对人是个人还是单位，无论是国家机关还是企业或事业单位，无论是国有企业还是私有企业，也无论是中国企业还是外资企业，统统一样对待。保证程序公正、公平原则实现的制度主要有申辩制度、回避制度、职能分离制度等。

（四）公开原则

公开原则是指消防监督过程的每个阶段和步骤都应以相对人和社会公众看得见的方式进行；尤其是涉及相对人权利、义务的监督事项，如消防行政许可、消防行政处罚等，必须公开实施。就消防监督权的整个运行过程而言，要公开的内容包括事前公开有关依据，如许可的条件、收费标准、处罚依据等；事中公开决定过程，允许其申辩、陈述或举行听证等；事后公开决定结论，如是否许可、处罚决定等。信息公开制度、听证制度是保障行政公开原则的主要程序制度。

（五）效率原则

效率原则是指消防监督执法程序的制定与执行应当以有利于提高行政执法效率为目标。过分地追求公正、公平而不讲效率，不利于公共利益的实现，也不利于社会的发展与进步，但效率不能以损害相对人的权益为代价。时效制度、简易程序、紧急处置制度以及行政处罚在复议、诉讼期间不停止执行制度都是在体现效率原则。

五、消防监督程序的基本制度

消防监督程序的基本制度是指在消防监督程序中相对独立、对整个消防监督程序具有重要影响的规则体系。消防监督程序的基本制度具有较强的规范性、明确性和可操作性。违反这些制度会直接导致法律后果。消防监督程序的基本制度与消防监督程序的基本原则不同，基本原则并非法律规范，而基本制度是具体法律规范条款。

我国的消防监督程序的基本制度尚不完善，根据上述程序原则的要求和有关行政法的规定，已有的和应当建立的消防监督程序的基本制度主要包括以下几项。

（一）信息公开制度

信息公开又称"情报公开"，是指凡是涉及消防监督相对人权利、义务的行政信息资料，除法律规定必须保密的以外，消防监督管理主体应依法向社会公开，任何相对人均可依法查阅或复制。其主要内容包括法律依据、适用范围、信息公开的形式、申请获得信息的程序、信息公开的例外、行政救济制度等。

（二）职能分离制度

1. 完全职能分离

完全职能分离是指行政案件的调查、审查与裁决，或者决定与执行，分别由两个完全独立的机关来行使。例如，行政处罚罚款的罚缴分离制度，行政强制的执行由人民法院执行，等等。这种程序制度在我国还有待进一步完善。

2. 内部职能分离

内部职能分离是指在同一行政主体内部，对某些相互联系的职能加以分离，由不同的部门或人员分别行使，从而防止权力过分集中，既有利于防止腐败的发生，也有利于行政决定的公正、准确，如建筑工程消防监督管理中的审验分离制度，行政处罚的调查与审核分离制度，等等。

（三）回避制度

回避制度是国际上普遍采用的一项法律原则。我国的《行政处罚法》《中华人民共和国行政许可法》（以下简称《行政许可法》）和《公安机关办理行政案件程序规定》对回避制度有明确规定。消防法规中只有《火灾事故调查规定》中有关于回避的规定。回避制度是指在消防监督活动中，在处理具体案件时，与案件、事件有利害关系的消防监督人员应当回避，不得参与案件的处理。有利害关系是指消防监督人员是当事人的近亲属或仇敌；或者虽然不是当事人的近亲属或仇敌，但与本案有其他关系足以影响案件的公正处理。如果消防监督人员与当事人有直接利害关系，就可能出现偏袒行为，或者产生先入为主的观念，不能实事求是地秉公执法，无法公正地处理案件。如果消防监督人员与当事人有利害关系而不回避，仍然参加案件的调查、处理，即使该消防监督人员素质较高，能够排除个人私利的干扰，实事求是、秉公执法，确实做到全面、客观、公正，从实体法的角度来看，是无可非议的；但若以程序法的原理分析，也会因其欠缺公正的"外观"，而难以消除当事人及一般公民对该消防监督人员的怀疑，从而影响调查证据和处理结果的权威性。实行回避制度，对于防止消防监督人员碍于亲情困扰而不能公正地处理案件以及消除当事人的思想疑虑，使消防监督人员取信于民，提高公安消防机构的威信，都具有十分重要的意义。

（四）告知制度

告知制度是指消防监督主体在监督过程中将有关情况告诉相对人的制度。法律上通常会规定需要告知的内容、时间和形式等。告知的内容通常包括以下几个方面。

1. 相对人的权利

相对人的权利内容包括申辩的权利、听证的权利、救济的权利及救济的途径等。

2. 行政决定的内容以及所做决定的依据

这项内容实际上是说明理由，所以，说明理由不是一项单独的程序制度。

3. 其他应当告知的事项

其他应当告知的事项主要是指当事人不知道，但有可能影响其权利的事项。例如：在消防监督检查中发现的火灾隐患，除责令其限期改正外，还要告知其不改正应承担的法律责任；火灾扑救后要告知受灾户有申请调查火灾原因、核查火灾损失的权利；等等。

（五）听证制度

听证制度是指消防监督主体在做出有关行政决定之前有听取相对人的陈述、申辩、质证的程序。实行听证制度有利于实现公平、公正，是法治国家的重要特征。

（六）表明身份制度

表明身份是指消防监督人员在消防监督检查中应向相对人出示证件，以证明自己有行政执法权和资格的程序制度，是现代行政执法共同的要求；尤其是依职权行为，必须表明身份。《消防监督检查规定》对此做了明确规定。

表明身份制度的意义在于，它体现了执法程序的公开原则，通过执法人员公开身份，一方面可以防止假冒、诈骗，另一方面可以防止执法主体越权或滥用职权。

（七）时效制度

时效制度是指消防监督行为必须遵循法定的时间限制，否则应承担相应的法律责任的制度。它是消防监督效率原则所要求的一项基本制度，如《消防监督检查规定》《建筑工程消防设计审查验收管理暂行规定》和《火灾事故调查规定》中都做了相应的规定。

（八）合议制度

合议制度是指在消防监督管理中，对一些重要的行政决定应当由行政组织的有关人员集体讨论做出，不能由少数领导或个别执法人员说了算，防止出现偏差的一项制度。例如，确定重大火灾隐患，确定较大数额的罚款处罚，做出停产停业处罚，等等。

（九）传唤制度

传唤制度是指消防监督过程中，为实现某一行政目的，消防监督主体要求相对人在指定的时间内前往指定的地点接受询问（或讯问）的一种程序制度。《消防监督检查规定》和《火灾事故调查规定》中都规定了这一制度。传唤制度也是效率原则所要求的。

2

第二章

消防监督检查的内容与程序

第一节　消防监督检查的含义及特征

消防监督检查是我国消防监督制度的主要组成部分，是消防救援机构和相关实施主体依法对机关、团体、企业、事业单位遵守消防法律法规的情况进行的行政执法行为。其目的是确保各单位贯彻执行消防法规，落实消防安全责任制和各项消防安全措施，及时纠正和消除火灾隐患，以保障人民群众的生命财产安全。旨在提高社会公共安全意识，促进经济发展和社会稳定。

一、消防监督检查的含义及特征

消防监督检查是实施消防监督管理的一种具体行政行为，是特定的行政主体根据法律法规的授权而实施的消防行政执法行为，具有与其他消防安全检查不同的性质和特征。

（一）消防监督检查的含义

消防监督检查也称"消防行政监督检查"，有广义和狭义之分。

广义上的消防监督检查，泛指政府或者有关部门对监督对象遵守消防法律法规，履行消防安全职责的情况进行的监督检查，既包括政府部门对机关、团体、企业、事业等单位遵守消防法律法规情况的检查，也包括政府对所属各部门，以及上级部门对下级部门履行消防安全职责情况的检查，还包括公安机关消防机构及公安派出所依法对单位和公民遵守消防法律法规的情况进行的监督检查，并做出能够影响其权益的消防执法行为。

狭义上的消防监督检查，是指消防救援机构及乡镇街道相关消防监督管理机构依法对单位和公民遵守消防法律法规的情况进行检查、了解，并做出能够影响其权益的消防行政执法行为。

（二）消防监督检查的特征

1. 消防监督检查的主体是消防救援机构及乡镇街道消防监督管理机构

《消防法》第53条规定："消防救援机构应当对机关、团体、企业、事业等单位遵守消防法律法规的情况依法进行监督检查。公安派出所可以负责日常消防监督检查，开展消防宣传教育，具体办法由国务院公安部门规定。"虽然消防救援机构及公安派出所是消防监督检查的法定主体，但消防脱离公安后，大量的消防监督检查任务主要由乡镇街道相关消防监督管理机构承担；同时，根据我国消防监督检查的分级监督制度，直辖市、市（地区、州、盟）、县（市辖区、县级市、旗）消防救援机构重点对辖区内的消防安全重点单位具体实施消防监督检查，其他非消防安全重点单位由乡镇街道消防监督管理机构负责。

2. 消防监督检查的对象是辖区内的单位和个人

单位包括机关、团体、企业、事业单位和个人。个人包括自然人、个体工商户、农村个人承包及个人合伙。其中的自然人是指我国境内的所有自然人，既包括我国公民，也包括在我国境内的外国人和无国籍人。由于自然人参与民事法律关系，又形成了自然人的特殊表现形式——个体工商户、农村个人承包及个人合伙。在消防监督检查中，对各地方消防条例中规定的具有固定场所且达到一定规模的个体工商户等同于《消防法》中的"单位"对待；规模较小的个体工商户，其经营场所通常是所谓的"小场所"，即规模较小的餐饮、购物、住宿、公共娱乐、休闲健身、医疗、教育、生产加工以及易燃易爆危险品销售、储存等场所，可视为《消防法》中的"个人"。

3. 消防监督检查的内容是检查对象的守法情况

《消防法》和《消防监督检查规定》中明确指出，消防监督检查是对单位遵守消防法律法规的情况进行的检查。因此，消防监督检查的内容是检查对象的守法情况，并对确认的违法行为依照法定程序做出处理决定。

4. 消防监督检查行为具有强制性

从性质上讲，消防监督检查是一种行政执法行为，属于国家意志单方面的表示，具有强制性。一方面，对社会进行消防监督检查是《消防法》赋予消防救援机构和公安派出所的法定职权，消防监督检查人员无须征得检查对象的同意，即可依据法定职权实施消防监督检查，任何单位都必须自觉接受消防监督检查，不得拒绝或阻挠；另一方面，对于消防监督检查中所发现的违法行为、火灾隐患，消防救援机构或乡镇街道消防监督管理机构必须以法律文书的形式通知检查对象，检查对象必须按法律文书的要求改正违法行为以及整改火灾隐患。

二、消防监督检查的作用

随着城市化进程的加速，人们对于消防安全的关注日益增加。消防监督检查成为预防和减少火灾、保障人民群众生命财产安全的重要环节，在维护社会消防安全、保障社会稳定等方面发挥着非常重要的作用，具体表现在以下几个方面。

（一）督促消防监督对象落实消防安全责任

实行防火安全责任制是预防火灾的有效措施，社会各单位是其自身的消防安全责任主体，应依法落实各项消防安全制度和措施。消防监督检查的作用之一就是督促单位及公民遵守《消防法》和《机关、团体、企业、事业单位消防安全管理规定》（公安部令第 61 号）等国家消防法律法规，贯彻"预防为主，防消结合"的消防工作方针，履行自身的消防安全职责，落实各项消防安全措施。

（二）纠正违反消防法律法规的行为

随着我国经济建设的不断发展，人们对消防安全的重视程度普遍提高；然而，由于种种原因也经常出现违反消防法律法规的行为和现象，成为火灾事故的诱因。大多数行为人或单位对这些违法、违规行为并不能自行纠正或不愿自行纠正；但通过专门机关专业人员的消防监督检查，可以及时发现、纠正与处理消防违法行为，使公众免受消防违法行为的侵害，充分保障公民的生命和财产安全。

（三）及时发现并消除潜在的火灾隐患

火灾隐患具有隐蔽性，非消防专业人员通常不易发现，但通过消防专业人员的消防监督检查，可以及时发现潜在的火灾隐患，提出火灾隐患的整改措施并督促消防监督对象消除潜在危险，营造良好的消防安全环境。

（四）宣传消防法规，普及消防安全常识，提高全社会的消防安全意识

消防监督检查的过程也是宣传消防法律法规和消防安全知识的过

程。开展消防监督检查有助于强化消防宣传教育效果，在检查中不断督促公众树立消防安全意识。

（五）获取社会消防安全基础资料，为消防决策提供依据和指导

专门机关通过消防监督检查可以准确了解和掌握消防监督对象的消防安全状况，发现社会整体消防安全存在的共性问题或突出问题，为宏观管理与火灾控制指明方向；同时，消防监督检查过程形成的资料可以为国家制定与修订消防法律法规和技术标准提供基础数据。

三、消防监督检查的管辖分工

我国的消防监督检查实行分级管理与属地管理相结合的制度，即按照我国行政区划以及各级消防救援机构或乡镇街道消防监督管理机构的职能确定消防监督检查职责。

根据《消防法》和《消防监督检查规定》以及各地《消防条例》的规定，消防监督检查职责的具体分工如下。

（一）国家消防救援局

国家消防救援局是全国消防工作的业务主管部门，负责对全国消防监督检查工作的监督、检查与业务指导。

（二）省、自治区、直辖市消防救援机构

省、自治区、直辖市消防救援机构，即消防总队，是所属行政区域内最高级别的消防监督机构。其消防监督检查职能主要有以下几项。

（1）组织制定、实施有关消防监督检查的法律法规和政策。

（2）对下级消防救援机构的消防监督检查工作进行监督、检查、指导。

（三）城市（直辖市、副省级市、地级市、县级市及市辖区）、地（州、盟）、县（旗）消防救援机构

城市（直辖市、副省级市、地级市、县级市及市辖区）、地（州、盟）、县（旗）消防救援机构，即消防救援支队和消防大队（局、处）、消防大队（科），是该地区具体实施消防监督检查的机构。其消防监督检查职能主要有以下几项。

（1）具体实施辖区内的消防监督检查工作。

（2）受理本行政区域内的消防安全重点单位申报，并在确定后报本级人民政府和上一级消防救援机构备案。

（3）监督、检查、指导所属下级消防救援机构的消防监督检查工作。

（4）指导辖区乡镇街道消防管理机构的消防监督检查工作，定期对机关工作人员进行消防监督检查业务培训。

（四）乡镇街道消防管理机构

乡镇街道消防管理机构除接受有关部门的监督、检查、指导外，参照原先公安派出所职责分工，负责对所管辖范围内的公民、居民委员会、村民委员会、居民住宅区的物业服务企业和辖区一般单位进行日常消防监督检查。

四、乡镇街道消防管理机构检查的范围

乡镇街道消防管理机构重点对居民住宅区的物业服务企业、居民委员会、村民委员会履行消防安全职责的情况以及上级公安机关确定的单

位实施日常消防监督检查。《治安管理处罚法》规定，公安机关对社会治安进行监督管理，公安派出所作为公安机关的派出机构，对公民的消防安全行为进行监督管理属于其监管职责内容之一。由此可见，公安派出所开展消防监督检查的范围主要包括：上级公安机关确定由公安派出所进行消防检查的单位，辖区内的居民住宅区物业服务企业，居（村）民委员会以及辖区内的公民。

（一）一般社会单位的消防安全职责

依据《消防法》和《机关、团体、企业、事业单位消防安全管理规定》的规定，单位是组成社会的基本单元，也是维护社会整体消防安全义务的主要承担者。只有社会各单位切实履行消防安全职责，落实消防安全管理措施，消防工作才会有坚实的社会基础，火灾危害才能够得到有效的控制。

一般社会单位的消防安全职责包括以下内容。

（1）开展各项消防安全工作，落实逐级消防安全责任制。

（2）制定本单位的消防安全制度、消防安全操作规程。

（3）按照国家标准、行业标准配置消防设施、器材，设置消防安全标识，并定期组织检验、维修，确保其完好有效。

（4）确保疏散通道、安全出口、消防车道畅通，保证防火防烟分区、防火间距符合消防技术标准的要求。

（5）定期组织防火检查，及时消除火灾隐患。

（6）开展经常性消防安全宣传教育并组织员工参加消防安全培训。

（7）制定灭火和应急疏散预案，组织进行有针对性的消防演练。

（二）居（村）民委员会

居民委员会、村民委员会是分别根据《中华人民共和国城市居民委员会组织法》和《中华人民共和国村民委员会组织法》建立的城镇社区和农村居民自我管理、自我教育、自我服务的基层群众性自治组织。居民委员会接受街道办事处的领导，村民委员会接受乡镇人民政府的领导，负有协助政府和有关部门开展相关工作的职责，成为政府与居民之间沟通的桥梁。消防安全管理是居（村）民委员会的一项重要工作内容，通过成立由居（村）民委员会主任、公安派出所辖区民警、居（村）民小组长组成的防火安全工作领导小组，具体负责指导、协调和部署社区和村庄的消防安全工作，同时确定消防安全管理人具体负责实施消防安全管理工作。其主要消防安全职责包括以下内容。

（1）宣传消防法律法规，普及消防知识，发动公众自觉维护消防安全。

（2）组织制定《防火安全公约》并督促居（村）民遵守。

（3）组织建立志愿消防队，组织灭火演练，扑救初起火灾，保护火灾现场，协助调查火灾原因。

（4）定期对辖区内的单位和居民住宅区的用火用电、疏散通道、防火间距、消防设施器材等进行消防安全检查，督促并协助辖区单位、居民住户开展消防安全自检自查，及时发现并消除火灾隐患。

（三）居民住宅区的物业服务企业

居民住宅区的物业服务企业是受业主委员会聘请，专业从事社区物业管理的单位。居民住宅区的物业管理单位一般成立消防安全小组，由物业服务企业法人和社区内部分单位的消防安全责任人等组成，并设专（兼）职消防安全管理人员具体负责实施消防安全管理工作。《消防法》第18条第2款明确规定："住宅区的物业服务企业应当对管理区域内的共用消防设施进行维护管理，提供消防安全防范服务。"居民住宅区的物业服务企业的消防安全职责主要包括以下内容。

（1）制定消防安全制度，落实消防安全责任，开展消防安全宣传教育。

（2）开展防火安全检查，消除火灾隐患。

（3）确保疏散通道、安全出口、消防车道畅通。

（4）保障公共消防设施、器材及消防安全标识完好有效。

（四）公民

公民是享受消防安全保障的受益者，也是维护消防安全的践行者，《消防法》明确规定公民应履行以下消防安全义务。

1. 维护消防安全的义务

《消防法》第5条规定："任何单位和个人都有维护消防安全、保护消防设施、预防火灾、报告火警的义务。"

2. 保护消防设施，确保消防车道、疏散通道、安全出口畅通的义务

《消防法》第28条规定："任何单位、个人不得损坏、挪用或者擅自拆除、停用消防设施、器材，不得埋压、圈占、遮挡消火栓或者占用防火间距，不得占用、堵塞、封闭疏散通道、安全出口、消防车道。人员密集场所的门窗不得设置影响逃生和灭火救援的障碍物。"

3. 及时报告火警，无偿为报警提供便利的义务

《消防法》第44条规定："任何人发现火灾都应当立即报警。任何单位、个人都应当无偿为报警提供便利，不得阻拦报警。严禁谎报火警。"

4. 参加有组织的灭火工作的义务

《消防法》第5条规定："任何单位和成年人都有参加有组织的灭火工作的义务。"由于灭火工作具有很大的危险性，而未成年人心智尚未发育完全，不适宜参加灭火行动，因此，参加有组织的灭火工作是成

年人应尽的一项法律义务；但成年人中的孕妇、老年人、病人和有较严重身体缺陷的残疾人，也不宜参加灭火行动。

5. 协助消防行政执法的义务

配合消防行政执法主体执行公务，是公民应尽的法律义务。例如，配合消防行政执法主体调查取证的义务，配合消防监督检查人员行使监督检查的义务，对消防车、消防艇执行任务行使交通特别行驶权时的让行义务，等等。对上述义务，《消防法》均做出了明确规定，如对于配合灭火救援的义务，《消防法》第47条规定："消防车、消防艇前往执行火灾扑救或者应急救援任务，在确保安全的前提下，不受行驶速度、行驶路线、行驶方向和指挥信号的限制，其他车辆、船舶以及行人应当让行，不得穿插超越；收费公路、桥梁免收车辆通行费。交通管理指挥人员应当保证消防车、消防艇迅速通行。"此外，《行政处罚法》也做了相关规定，行政机关在调查或进行检查时，当事人或者有关人应当如实回答询问，并协助调查或者检查，不得阻挠。

6. 特殊岗位人员的消防安全责任

与公共消防安全密切相关岗位的从业人员除遵守以上消防安全义务外，还应履行特殊的消防安全职责。例如，《消防法》第44条第2款规定："人员密集场所发生火灾，该场所的现场工作人员应当立即组织、引导在场人员疏散。"从事消防行业特有工种的人员及从事具有火灾危险作业的人员，如社会各单位的消防安全责任人，消防安全管理人，专（兼）职消防管理人员，消防控制室的值班人员、操作人员，消防安全巡查人员，专职消防队和志愿消防队的队员等，都有参加消防安全专门培训的义务，按法律要求持证上岗并认真履行岗位职责，按照安全操作规程开展工作。例如，《消防法》第21条第2款规定："进行电焊、气焊等具有火灾危险作业的人员和自动消防系统的操作人员，必须持证上岗，并遵守消防安全操作规程。"

第二节　消防监督检查的内容

消防监督检查是对检查对象履行法定消防职责和义务的情况进行检查，检查内容因检查对象的不同而有所区别。

一、对管辖单位进行消防监督检查的内容

对管辖单位按照"双随机、一公开"的形式进行日常消防监督检查。检查内容包括以下五个方面。

（一）建筑物的消防合法性

1. 建筑物的消防合法性

依据《消防法》和《建设工程消防设计审查验收管理暂行规定》的有关规定，除住宅室内装修、村民自建住宅、救灾和其他非人员密集场所的临时性建设工程外，其他新建、扩建、改建（含室内外装修、用途变更）等建设工程都应经过住建部门申报建设工程消防设计和竣工验收的备案、抽查，以保证建设工程符合消防技术规范强制性要求，防止出现建筑物的先天性火灾隐患。

2. 公众聚集场所的消防合法性

依据《消防法》和《消防监督检查规定》的有关规定，包括宾馆、饭店、商场、集贸市场、客运车站候车室、客运码头候船厅、民用机场

航站楼、体育场馆、会堂及公共娱乐场所等在内的公众聚集场所在投入使用、营业前，建设单位或者使用单位应当向场所所在地的县级以上地方人民政府消防救援机构申请消防安全检查，取得《公众聚集场所投入使用、营业前消防安全检查合格意见书》才能投入使用、营业，目的是通过严格的事前消防检查和管理，保证公众聚集场所具备一定的消防安全条件，以减少群死群伤火灾事故的发生。

3．消防合法性的检查内容

消防监督检查人员可以依据消防救援机构和住建部门出具的法律文书或房产权属证明，通过系统查询及实地查看等方式，对消除合法性进行检查，其核查内容以下。

（1）单位的建筑物或场所是否依法通过消防验收或者进行消防竣工验收备案。

（2）依法通过消防验收或者进行消防竣工验收备案的建筑物或场所的使用情况是否与消防验收或者进行消防竣工验收备案时确定的使用性质相符。

（3）公众聚集场所还应检查该场所是否具有消防救援机构出具的《公众聚集场所投入使用、营业前消防安全检查合格证》，以及建筑内部装修在投入使用、营业后有无改变，等等。

（二）消防安全管理情况

依据《消防法》《机关、团体、企业、事业单位消防安全管理规定》及《社会消防安全教育培训规定》等的有关规定，单位应当履行的消防安全管理职责主要包括：制定消防安全制度，开展员工消防安全教育培训，组织防火检查、消除火灾隐患，制定灭火和应急疏散预案并组织演练，等等。

1. 消防安全制度

单位应依据消防法规,结合单位工作实际制定消防安全责任制度、消防安全管理制度及消防安全操作规程等一系列消防安全规章制度。消防监督检查人员应对制度的制定和执行情况进行如下检查。

(1) 是否确定法人单位的法定代表人或者非法人单位的主要负责人作为单位的消防安全责任人,并对本单位的消防安全工作全面负责。

(2) 是否确定各级、各岗位的消防安全责任人。

(3) 是否建立消防安全责任制,明确各部门及岗位的消防安全职责并逐级落实消防安全责任制度。

(4) 是否制定包含消防安全教育、防火检查巡查、安全疏散设施管理、消防(控制室)值班、消防设施器材维护管理、火灾隐患整改、用火用电安全管理、易燃易爆危险品和场所防火防爆、专职和志愿消防队的组织管理、灭火和应急疏散预案演练、燃气和电气设备的检查与管理以及消防安全工作考评和奖惩等内容的消防安全管理制度。

(5) 日常消防安全管理制度是否落实。

(6) 是否结合单位实际的火灾危险性制定生产、经营、储运、科研等过程中保障消防安全的操作规程。

(7) 单位员工是否遵守岗位的消防安全操作规程。

2. 消防安全教育与培训

单位应当通过多种形式开展经常性的消防安全宣传教育,组织新上岗和进入新岗位的员工参加上岗前的消防安全培训。消防监督检查人员主要检查消防安全教育制度、消防安全操作规程的落实和执行情况,通常包括以下内容。

(1) 是否对员工开展经常性的消防安全宣传教育,是否至少每年组织一次火灾应急疏散演练。

(2) 是否组织新上岗和进入新岗位的员工进行上岗前的消防安全

培训，公众聚集场所是否至少每半年对员工进行一次消防安全培训，培训的内容还应当包括组织、引导在场群众疏散的知识和技能。

（3）消防控制设备操作人员是否经过消防安全专门培训，并持证上岗。

（4）消防安全教育内容的针对性、实用性如何。

（5）员工是否知道本单位（场所）的火灾危险性，是否会报火警，是否会扑救初起火灾，以及是否会火场逃生自救和组织人员疏散。

（6）值班员或专（兼）职消防员是否能及时准确地处置火警。

3. 防火检查与火灾隐患整改

防火检查是单位自行组织的对本单位消防安全状况的检查，目的是及时发现和整改火灾隐患，这是单位在消防安全方面进行自我管理、自我约束的一种主要形式。消防监督检查人员可以通过单位的防火检查记录，了解以下情况。

（1）机关、团体、事业单位是否至少每季度进行一次防火检查，企业单位是否至少每月进行一次防火检查，并填写检查记录。

（2）公众聚集场所在营业期间是否至少每两小时进行一次防火巡查，医院、养老院以及寄宿制的学校、托儿所、幼儿园是否进行夜间防火巡查，并填写巡查记录。

（3）对发现的违反消防安全规定的行为及火灾隐患是否及时纠正、消除，或制定整改方案并落实防护措施。

4. 灭火和应急疏散预案的制定与演练

灭火和应急疏散预案是单位为了落实防消结合原则，应对突发的火灾事故，而预先假定火情制定的组织灭火以及疏散遇险人员、物资的行动方案，以确保火灾时能够临危不乱，有序展开灭火和疏散行动。所以，各单位应结合自身的火灾特点，制定切实可行的灭火和应急疏散预案，并定期进行演练，以不断修订、完善灭火和应急疏散预案。消防监督检查人员应重点检查以下内容。

（1）灭火和应急疏散预案是否已制定并可行。

（2）人员密集场所的灭火和应急疏散预案中是否确定了承担灭火和组织疏散任务的人员。

（3）是否至少每年组织全体员工按照灭火和应急疏散预案进行一次实际操作演练。

（三）建筑防火措施

建筑防火措施主要包括：提高建筑耐火等级，控制火灾荷载，利用防火分隔限定防火（烟）分区，预留防火间距，设置灭火救援和安全疏散设施，等等。公安派出所消防监督检查人员应重点检查疏散通道、安全出口、疏散指示标识、消防应急照明、防火门、防火卷帘及消防车道等建筑防火措施。

1．疏散通道

消防监督检查人员在进行疏散通道检查时，主要检查以下内容。

（1）疏散楼梯和疏散门的设置形式、位置、数量、宽度及疏散距离是否符合规范要求。

（2）疏散通道是否畅通，是否被占用，是否有堆放杂物或安装栅栏等影响疏散的障碍物。

（3）疏散通道是否采用可燃材料装修，两侧有无误导人员安全疏散的反光镜、玻璃等装修材料。

2．安全出口

消防监督检查人员在进行安全出口检查时，主要检查以下内容。

（1）安全出口设置的数量、宽度和距离是否符合规范要求。

（2）安全出口门的设置形式是否为平开门，是否向疏散方向开启。

（3）安全出口是否畅通，有无锁闭、堵塞或封堵情况。

（4）安全出口处是否设置有踏步、台阶、门槛等影响疏散的障碍物。

（5）平时需要控制人员随意出入的疏散门不用任何工具能否从内部开启，并有明显标识和使用提示。

3. 疏散指示标识

消防监督检查人员在进行疏散指示标识检查时，主要检查以下内容。

（1）疏散走道、安全出口、疏散门和大空间室内走道等部位是否设置了疏散指示标识。

（2）疏散指示标识的安装位置是否符合规范要求，指向是否正确，有无遮挡和覆盖，等等。

（3）疏散指示标识的安装距离是否符合规范要求，能否形成视觉连续性。

（4）疏散指示标识产品是否为合格消防产品，有无破损。

（5）按下测试按钮或切断正常供电电源，检查灯光疏散指示标识是否启动。

4. 消防应急照明灯

消防监督检查人员在进行消防应急照明灯检查时，主要检查以下内容。

（1）封闭楼梯间、防烟楼梯间及其前室、消防电梯前室、消防控制室、自动发电机房、消防水泵房和疏散走道等部位是否设置了消防应急照明灯。

（2）消防应急照明灯的安装位置是否为墙面或顶棚处。

（3）消防应急照明灯是否为合格消防产品，有无破损。

（4）消防应急照明灯有无非燃烧材料或玻璃做保护罩。

（5）按下测试按钮或切断正常供电电源，检查应急照明灯是否提供照明。

（6）独立型（自带蓄电池）应急照明灯连续供电时长是否符合规范要求。

5.防火门

消防监督检查人员在进行防火门检查时，主要检查以下内容。

（1）防火门耐火极限是否符合适用场所的要求。

（2）疏散用的防火门是否向疏散方向开启，关闭后能否从任何一侧手动开启。

（3）防火门外观及组件是否完好，有无破损。

（4）用于疏散走道、楼梯间和前室的防火门，能否自行关闭，双扇防火门是否能够顺序关闭。

（5）常闭式防火门是否处于常闭状态，是否张贴了"常闭"提示性标语。

（6）常开式防火门是否能够实现联动，其启闭状态在消防控制室能否正确显示。

6.防火卷帘

消防监督检查人员在进行防火卷帘检查时，主要检查以下内容。

（1）防火卷帘级别是否符合适用场所的要求。

（2）防火卷帘是否完整，与其他建筑构件的连接处是否密封严实。

（3）防火卷帘能否通过自动、手动、联动的方式顺畅启闭。

（4）防火卷帘下方是否有堆放杂物。

7.消防车道

消防监督检查人员在进行消防车道检查时，主要检查以下内容。

（1）消防车道设置情况，包括数量、形式、宽度、高度、荷载、转弯半径、回车场地、间距等。

（2）消防车道是否有明显标识，是否被占用和堵塞。

（四）消防设施的配置与使用情况

单位应按照国家标准、行业标准配置消防设施、器材。消防设施、器材能否在火灾中发挥扑灭初起火灾、控制火灾蔓延以及保护人员疏散等作用，关键在于日常检查和维修保养，保证其完好有效。因此，单位应当按照建筑消防设施检查维修保养有关规定的要求，定期组织对消防设施、器材和标识完好有效情况进行检查和维修保养，确保其完好有效。公安派出所消防监督检查人员重点检查灭火器和消火栓设置是否符合规范要求，配件是否齐全，使用功能是否完好有效，以及其他消防设施是否定期进行检测和维护。

1. 室内消火栓

消防监督检查人员在进行室内消火栓检查时，主要检查以下内容。

（1）消火栓箱是否有明显标识，有无遮挡。

（2）消火栓箱内组件，包括水枪、水带、阀门及远程启动水泵按钮等是否齐全。

（3）箱门是否开关灵活，开度是否符合要求。

（4）消火栓的阀门是否启闭灵活，栓口位置是否便于连接水带。

（5）消防管道内是否有水，压力是否符合技术要求。

（6）将消防控制室联动控制设备设置在自动位置，按下消火栓箱内的启泵按钮，检查消火栓泵能否启动，控制设备能否正确显示启泵信号，水枪出水是否正常。

2. 室外消火栓

消防监督检查人员在进行室外消火栓检查时，主要检查以下内容。

（1）室外消火栓的阀门开启是否灵活，是否有水。

（2）地下式消火栓是否有明显标识，井内有无积水。

（3）寒冷地区是否采用防冻措施。

3. 灭火器

消防监督检查人员在进行灭火器检查时，主要检查以下内容。

（1）应设置灭火器的场所是否配置了灭火器。

（2）灭火器选型是否正确。

（3）灭火器设置数量和位置是否符合规范要求，是否明显且便于取用。

（4）灭火器是否为合格消防产品。

（5）灭火器组件是否齐全，外观是否有破损。

（6）灭火器维修保养周期和使用年限是否在有效期内。

（7）储压式灭火器压力是否符合要求，压力表指针是否在绿区。

4. 其他消防设施

消防监督检查人员在进行其他消防设施检查时，主要检查以下内容。

（1）通过查阅建筑消防设施检测报告，确定建筑消防设施是否至少每年进行一次全面检测并合格。

（2）各消防设施的组件、设备的永久性铭牌以及按规定设置的标识，其文字和数据是否齐全，符号是否清晰，色标是否正确。

（3）系统组件、设备、管道、线槽、支吊架等是否完好无损、无锈蚀，设备、管道有无泄漏现象。

（4）灭火剂是否在有效期内。

（五）其他检查内容

消防监督检查人员可根据单位情况，确定其他应重点检查的内容。

1. 火源情况

火源是消防管理的重点，在对其进行消防监督检查时应检查以下内容。

（1）单位是否建立动火审批制度，并严格落实。

（2）动火过程中，动火施工人员是否遵守消防安全规定，并落实相应的消防安全防护措施，如将施工区和使用区进行防火分隔，清除动火区的易燃、可燃物，配置消防器材，并由专人监护，保证施工及使用范围的消防安全。

（3）公共娱乐场所在营业期间是否存在违禁动火作业情况。

（4）是否制定并落实火炉取暖场所和吸烟场所的防火要求与措施。

（5）是否在具有火灾、爆炸危险的场所使用明火和吸烟。

2. 电气设备

电气火灾是引起火灾的最主要的原因之一，电气设备也是消防监督检查的重点内容之一。对其进行检查时主要检查以下内容。

（1）敷设电气线路、安装和维修电气设备，是否由专业电工操作，是否符合安全技术要求。

（2）电气设备运行是否正常，有无超负荷运行，电线、电缆的绝缘有无老化、受潮、漏电、短路等情况。

（3）能够产生静电而引起火灾、爆炸事故的设备，是否安装了消除静电的装置并采取了消除静电的措施。

（4）遭到雷击容易引起火灾、爆炸的场所，是否安装了避雷装置。

（5）爆炸危险场所是否遵照国家的有关规定安装了相应的防爆电气设备。

（6）电气线路和电加热设备是否有专人负责监管和定期检查，离开时是否切断了电源，等等。

3. 易燃易爆危险物品

易燃易爆危险物品火灾危险性大，一旦发生事故后果严重，因此是单位防火检查的重点内容之一。对此应重点检查以下内容。

（1）生产、储存、经营易燃易爆危险品的场所是否与居住场所设置在同一建筑物内。

（2）储存容器、管道有无定期测试，有无跑、冒、滴、漏现象。

（3）室内可燃气体、可燃液体管道是否按规定采用金属管道，并设有紧急事故切断阀。

（4）是否指定专人负责保管易燃易爆危险物品，是否制定易燃易爆危险物品的收发、登记、清点、检查制度，对携带易燃易爆危险物品的人员是否把关，等等。

（5）各类易燃易爆危险物品的防火和灭火措施是否制定并落实。

（6）各类易燃易爆场所是否有烟头或遗留火种。

（7）危险场所动火是否按规定办理相关手续，焊工操作时是否达到动火安全制度要求。

（8）使用多种可燃、易燃油类是否符合安全操作要求，以及残油、残气的处理情况是否符合安全规定。

（9）易燃易爆危险物品的储存、运输、使用是否符合安全要求。

二、对居民住宅区物业服务企业进行消防监督检查的内容

消防监督检查人员对居民住宅区物业服务企业进行日常消防监督检查，主要检查以下内容。

（1）居民住宅区物业服务企业是否制定了消防安全制度。

（2）居民住宅区物业服务企业是否组织防火检查、消防安全宣传教育培训、灭火和应急疏散演练。

（3）消防车通道、疏散通道、安全出口是否畅通，室内消火栓、疏散指示标识、应急照明、灭火器是否完好有效。

（4）设有消防设施的小区是否每年对建筑消防设施至少进行一次全面检测。

（5）居民住宅区物业服务企业对管理区域内的公共消防设施是否进行维护管理，是否提供消防安全防范服务。

（6）是否埋压、圈占、遮挡消火栓或者占用防火间距；是否占用、堵塞、封闭消防车道，妨碍消防车通行。

三、对村（居）民委员会进行消防监督检查的内容

农村和城镇社区的消防工作主要依靠村民委员会、居民委员会开展自防自救，公安派出所对其进行的日常消防监督检查应当主要注重业务指导。

（一）消防安全管理人的情况

1. 消防安全管理人的职责

《消防法》第32条规定："村民委员会、居民委员会应当确定消防安全管理人，组织制定防火安全公约，进行防火安全检查。"消防安全管理人对村（居）民委员会负责，主要实施和组织落实以下消防安全管理工作。

（1）拟订年度消防工作计划，组织实施日常消防安全管理工作。

（2）组织制定消防安全制度和防火安全公约，并督促落实。

（3）拟订辖区消防安全工作的资金投入和组织保障方案。

（4）组织实施辖区内防火检查和火灾隐患整改工作。

（5）发展和管理志愿消防队伍及群众性消防组织。

（6）开展社区消防安全宣传教育，协助物业单位组织或独立组织灭火和应急疏散预案的实施与演练。

（7）组织实施对辖区内的消防设施、灭火器材和消防安全标识的维护管理，确保其完好有效。

（8）建立辖区内基础防火资料，完善消防工作档案。

（9）辖区发生火灾时，及时组织疏散周围群众，拨打"119"报警，

组织人员扑救初起火灾。

（10）做好村（居）民委员会委托的其他消防安全管理工作。

2. 检查内容

对村（居）民委员会消防安全管理人的情况进行检查，主要包括以下检查内容：村（居）民委员会是否确定了消防安全管理人；消防安全管理人是否经过消防安全专门培训，是否熟悉辖区内的消防工作状况，是否了解并认真履行了相应的工作职责。

（二）消防安全工作制度制定情况

1. 消防安全工作制度的制定要求

村（居）民委员会应成立防火安全工作领导小组具体负责实施消防管理工作，组成人员包括村（居）民委员会主任、公安派出所辖区民警、村（居）民小组长；应将辖区消防安全工作列入日常工作内容，并建立以下消防安全工作制度。

（1）消防工作例会制度。

（2）防火检查巡查制度。

（3）重大火灾隐患报告制度。

（4）消防设施管理制度。

（5）消防宣传、培训制度。

（6）灭火演练和火灾扑救制度。

（7）消防工作奖惩制度。

（8）消防基础工作档案建设制度。

2. 检查内容

对村（居）民委员会的消防安全工作制度制定情况进行检查，主要包括以下检查内容：村（居）民委员会是否成立消防工作组织机构，每个成员是否了解并认真履行了相应的工作职责;是否建立了完善的消防工作制度,并切实执行。

(三)防火安全公约制定情况

1. 防火安全公约的制定要求

"防火安全公约"是村(居)民共同制定且共同遵守和相互监督的有关各项具体防火措施的乡规民约,组织制定防火安全公约是做好社区消防安全工作的一项重要措施。村(居)民委员会应建立消防安全责任制度,与村(居)民签订《村(居)民防火安全公约》,并对该公约的落实情况进行检查。

2. 检查内容

对村(居)民委员会的防火安全公约制定情况进行检查,主要包括以下检查内容:村(居)民委员会是否建立了消防安全责任制;是否制定了村(居)民防火安全公约,防火安全公约的内容是否全面;村(居)民是否知道该防火安全公约,并落实公约内容。

(四)消防宣传教育情况

1. 消防宣传教育的要求

《消防法》明确规定,村(居)民委员会应协助人民政府及公安机关等部门,加强消防宣传教育。《社会消防安全教育培训规定》规定,社区居民委员会、村民委员会应当确定至少一名专(兼)职消防安全员,具体负责消防安全宣传教育工作。其具体工作内容包括以下几项。

(1)组织制定防火安全公约。

(2)在社区、村庄的公共活动场所设置消防宣传栏,利用文化活动站、学习室等场所,对居民、村民开展经常性的消防安全宣传教育。

(3)组织志愿消防队、治安联防队以及灾害信息员、保安人员等开展消防安全宣传教育。

（4）利用社区、乡村广播、视频设备定时播放消防安全常识，在火灾多发季节、农业收获季节、重大节日和乡村民俗活动期间，有针对性地开展消防安全宣传。

（5）有条件的村（居）民委员会还应为辖区老、弱、病、残人员和孤寡老人提供必要的消防安全服务。

2. 检查内容

对村（居）民委员会的消防宣传教育情况进行检查，主要包括以下检查内容：村（居）民委员会是否建立了消防宣传制度，是否采用多种形式向村（居）民进行经常性的消防宣传教育。

（五）防火安全检查实施情况

1. 防火安全检查的要求

村（居）民委员会应定期组织辖区个体工商户、居民住户开展消防安全自检自查，及时发现和消除火灾隐患。检查主要围绕个体工商户的消防安全责任是否落实，村（居）民是否有违反防火安全公约的行为，用火、用电、使用燃气是否符合消防安全要求，楼梯等公共通道是否堆放杂物、是否堵塞或锁闭，消防设施器材是否完好有效，以及防火间距、消防车道是否被占用等方面进行；同时，村（居）民委员会对检查中发现的违法违章行为及火灾隐患应督促整改，发现重大安全问题要及时上报。

2. 检查内容

对村（居）民委员会的防火安全检查实施情况进行检查，主要包括以下检查内容：村（居）民委员会是否组织开展定期防火安全检查，并抽查防火安全检查的实施效果。

（六）消防水源、消防车道、消防器材的情况

消防水源主要是指消火栓、消防供水管网、消防水池等天然水源；消防车道是满足消防车通行要求的道路；消防器材既包括志愿消防队的装备，也包括灭火器和其他简易灭火器材。维护管理辖区内的消防水源、消防车道、消防器材是村（居）民委员会的主要消防管理职责之一，目的是为扑救初起火灾提供必要的物质保证。

1. 消防水源的建设要求

在进行社区和农村建设规划时，应在保障村（居）民生产生活用水的同时，充分考虑消防用水的需要，重点规划消防给水设施建设。村（居）民委员会应保证建成的消防供水管网和消防用水不被挪作他用。在进行维修时，应及时通知消防队；平时还应对室内外消火栓进行维护管理，防止其被埋压、圈占或遮挡；等等。无消防供水管网的村镇，应建设一定数量的消防水池，寒冷地区还要采取防冻措施；也可以充分利用江河、湖泊、堰塘、水渠、农业灌溉机井等天然水源作为消防水池。消防水池和天然水源设置的消防取水设施要保证完好可靠，以备消防用水和消防车取水。通向消防水源的道路应满足消防车或消防摩托车等其他简易消防车辆的通行要求。在农村利用天然水源时，还应保证枯水期最低水位以及冬季消防用水的可靠性。

2. 消防车道的建设要求

村（居）民委员会应保证辖区内的消防车道不被占用、锁闭，并保证畅通。村庄内部道路要按照有关规范要求打通主要干道，尽量减少和控制尽端路，设置必要的回车场地或回车道。

3. 消防器材的配置要求

村（居）民委员会应设置报警电话，配备并维护消防装备和灭火器

材。村镇专（兼）职消防队和志愿消防队装备的配备应能满足扑救辖区内一般火灾和抢险救援的需要。经济比较发达地区的村镇消防队（站）要按照专职消防队（站）的建设标准进行建设。经济欠发达地区的村镇，如农牧区，应考虑地势不平坦、路窄弯多、天然水源丰富、驻村工商企业少等特点，推广经济适用性强、灵活机动性好，既适合乡村道路行驶，又便于从沟渠池塘汲水的三轮摩托消防车、消防手抬机动泵、车载消防水箱等作为村镇消防队（站）的主力装备。

4. 检查内容

对村（居）民委员会的消防水源、消防车道、消防器材的建设或配置情况进行检查，主要包括以下检查内容：村（居）民委员会是否建有消防水源，并能保证火灾时的有效供水；是否保证消防车道不被占用，且畅通；是否为辖区的消防队伍配备必要的消防器材，消防器材是否完好有效。

（七）多种形式消防组织情况

1. 多种形式消防组织的建设要求

村（居）民委员会应在城市街道办事处、乡镇人民政府的指导、支持和帮助下开展群众性的消防工作。在城镇社区，居民委员会应组织建立治安消防岗亭，组建志愿消防队，招募发展家庭防火队伍、志愿消防巡查员、消防宣传志愿者队伍等群众性消防组织；在村镇，村民委员会应根据城镇规模、经济发展状况等因素，因地制宜建立乡镇办、政企联办或乡镇联办的专（兼）职消防队。一时没有条件设置专（兼）职消防队的村镇，可以组织成立由村民组成的志愿消防队伍。村（居）民委员会应组织各类消防自治组织开展防火安全检查和消防宣传；定期组织志愿消防队训练；发生火灾时，组织志愿消防队扑救初起火灾，并在灭火后保护火灾现场，协助调查火灾原因。

2. 检查内容

对村（居）民委员会的多种形式消防组织情况进行检查，主要包括以下检查内容：村（居）民委员会是否组织建立了多种形式的消防组织，并组织其开展各项消防工作，实现自防自救。

第三节　消防监督检查的程序

消防监督检查程序是执法主体及其工作人员实施消防监督检查时应遵循的方式、步骤、时限和顺序的总和。消防监督检查活动是国家行政行为，与消防监督相对人和社会公众的合法权益息息相关，如果没有严格的法定程序来约束，消防监督检查职权就可能被滥用；如果没有规范的消防监督检查程序，就可能导致消防监督检查的随意性，影响公正执法。规范的消防监督检查程序可以保障人民群众的生命财产安全，维护社会稳定，促进经济发展。

一、消防监督检查的工作流程

（一）消防监督检查的工作流程

1. 制订检查计划

在每年年初应拟订年度消防监督检查工作计划，合理安排年度、季度消防监督检查的重点和工作进度，对属于日常消防监督检查范围的单位应当每年至少进行一次日常消防监督检查。在火灾多发季节、重大节日、重大活动前及活动期间还应拟订阶段抽查计划，组织监督抽查。

2. 确定检查单位

可以分行业或者分地区，采取随机抽查的方式确定每次检查的单位，也可以根据火灾形势和专项检查任务确定检查的重点单位。

3. 检查前的准备工作

消防监督检查人员在实施日常消防监督检查前，需要做好以下准备工作。

（1）了解单位的基本情况和消防管理情况，查阅检查对象的有关台账或档案资料，了解单位的地址、建筑规模、生产经营内容、消防设施、消防管理制度及消防监督检查等情况。

（2）准备检查文书和器材，包括《消防监督检查记录》《责令改正通知书》等，以及实施消防监督检查所需的器材。

4. 实地检查

实地检查应按照法定的检查内容、要求以及消防监督现场检查的基本程序实施。

5. 实施处理

经消防监督检查未发现检查对象存在消防安全违法行为或违法行为轻微且依法可以不予行政处罚的，在《消防监督检查记录》中按照有关要求填写清楚，直接归档。经消防监督检查发现消防安全违法行为的，进入消防违法行为查处的工作流程。

6. 归档

单位消防监督抽查案卷应在结案后 30 个工作日内立卷建档。归档的主要内容如下。

（1）消防监督检查记录。

（2）责令改正通知书。

（3）复查记录。

（4）行政处罚决定书等依法处理情况的文书。

（5）文书送达回执。

（6）其他有关资料。

（二）举报、投诉消防违法行为核查的工作流程

消防救援机构接到对消防安全违法行为的举报、投诉，应当及时受理、登记，并按照《消防救援机构办理行政案件程序规定》的相关规定处理。

1. 受理

举报、投诉的受理范围和程序如下。

（1）对于群众来信、来电、来访举报、投诉的，上级部门或者领导批转交办的，其他行政主管部门移送管辖的，以及通过其他方式举报、投诉的消防案件，应当及时受理、登记。

（2）在《消防违法行为举报、投诉查处情况记录》中详细记录举报、投诉人的基本情况，举报、投诉形式，受理时间，受理人员的姓名以及举报、投诉的内容。举报、投诉人要求保密的，应当为其保密。

（3）对属于消防救援机构管辖的，应当在受理后的24小时内移送有管辖权的单位处理，并告知举报、投诉人；对属于《消防救援机构办理行政案件程序规定》所列举的紧急情形，工作人员可以采取必要的强制措施或者其他处置措施。

（4）对不属于消防救援机构职责范围的事项，应当告知当事人向其他有关主管机关举报、投诉。

2. 交办

受理举报、投诉后，消防监督检查人员应当按照办理时限规定，及时将《消防违法行为举报、投诉查处情况记录》报消防救援大队负责人。

消防救援大队负责人应当指派社区（驻村）民警、治安民警查处。

3. 实地核查

举报、投诉消防违法行为核查的范围和程序如下。

（1）消防监督检查人员应针对举报、投诉的内容进行实地核查。核查时，应当填写《消防监督检查记录》。

（2）接到对占用、堵塞、封闭疏散通道、安全出口，擅自停用消防设施，或者其他妨碍安全疏散行为的举报、投诉，应当在接到举报、投诉后24小时内进行核查。

（3）对其他消防违法行为的举报、投诉，应当在接到举报、投诉之日起3个工作日内进行核查。

4. 核查后的处理

消防监督检查人员经过核查后，对于消防违法行为属实的，应当及时查处；消防违法行为不属实的，不予处理。

5. 告知

告知的程序和内容如下。

（1）消防监督检查人员应当将查处情况填入《消防违法行为举报、投诉查处情况记录》的"查处情况"栏，报消防救援大队负责人。消防救援大队负责人在"查处情况"栏签署意见。

（2）核查、查处情况应当及时告知举报、投诉人，告知情况或无法告知的原因应当在《消防违法行为举报、投诉查处情况记录》的"告知情况"栏注明。

6. 建档

举报、投诉消防违法行为核查案卷应在结案后30个工作日内立卷建档。主要归档内容包括以下几个方面。

（1）消防违法行为查处情况告知举报人材料。

（2）举报材料、来访反映情况记录。

（3）消防安全违法行为举报、投诉受理登记。

（4）消防监督检查记录。

（5）复查记录。

（6）行政处罚决定书等依法处理情况的文书。

（7）文书送达回执。

（8）其他有关资料。

二、消防监督检查的要求

消防救援机构进行消防监督检查应注意以下几点。

（一）消防监督检查人员应当具备一定的素质

消防监督检查人员应当具备一定的素养以及一定的知识结构，不能随便安排一个人充当消防监督检查人员。消防监督检查人员必须是经统一组织考试合格，并具有监督检查资格的专业人员。通常消防监督检查人员应当具备以下知识结构。

1. 应当具有一定的政治素养及正派的人品

所谓政治素养，就是指有为人民服务的思想，有满腔热忱以及对技术精益求精的工作态度，有严格的组织纪律性以及拒腐蚀、不贪财的素养。

2. 应当具备一定的专业知识

消防监督检查所需要的专业知识主要包括：火灾燃烧知识、建筑防火知识、电气防火知识、生产工艺防火知识、危险物品防火知识、消防安全管理知识、公共场所管理知识、与消防安全有关的行政法规知识，以及灭火剂、灭火器械和灭火设施系统知识等。

3.应当具有一定的社交协调能力

消防监督检查不仅仅是一项专业工作，它所面对的工作对象是各种不同的企业、事业单位或机关、团体，或是不同的社会组织。消防监督检查人员所代表的是上级领导机关或国家政府机关。所以，消防监督检查人员的言谈、举止、着装等应当符合社会行为规范，并应具有一定的社会交际能力。

（二）发现问题要随机解答并说明理由

在实地检查过程中，要注意提出并解释问题，引导陪同人员解释所观察到的情况。每发现一处火灾隐患，都要给被检查单位解释清楚，为什么说它是火灾隐患，它会引起火灾或造成人员伤亡的原因，应当怎样消除或减少此类火灾隐患，等等。对发现的每一处不寻常的作业以及新工艺、新产品和所使用的新原料（包括温度、压力、浓度配比等新的工艺条件以及新原料的特性）等值得提及的问题，都要记录下来，并分项予以说明，以供今后参考。

（三）提出问题不可使用"委婉之术"

对在消防安全检查中发现的火灾隐患或不安全因素，应当有理有据、直言不讳地向被检查单位慎重指出，不可竭力追求"委婉之术"。在消防监督检查工作中，指出被检查单位存在的问题，适当运用委婉的语气和态度，不搞盛气凌人、颐指气使那一套，无疑是正确的；但若采取这种不痛不痒、触而无感的"委婉之术"，对督促火灾隐患整改是非常不利的，故必须克服之。

（四）要有政策观念、法治观念、群众观念和经济观念

具体问题的解决，要以政策和法规为尺度，绝不可随心所欲；要有群众观念，充分地相信和依靠群众，深入群众和生产或工作第一线，倾听职工群众的意见，以了解更多的真实情况，掌握工作主动权，达到消防监督检查的目的；要有经济观念，把火灾隐患的整改建立在保卫生产安全和促进生产安全的指导思想的基础之上，并将其当成是一项提高经济效益的措施去下气力抓好。

（五）要科学安排时间

科学安排时间是一个时间优化问题。由于消防监督检查时间安排不同，收到的效果也不尽相同。例如，生产工艺流程中的问题，只有在开机生产过程中才会充分暴露出来，检查就应该选择在易暴露问题的时间段进行。再如，值班问题在夜间和节假日更容易暴露薄弱环节，那么就应该选择在夜间和节假日检查值班制度的落实情况以及值班人员的尽职情况。由于消防监督干部管理范围广，部门数量多，科学地安排好消防监督检查时间，将会大大提高工作效率，收到事半功倍的效果。

（六）坚持原则性与灵活性相结合

对消防监督检查中发现的问题，要认真对待，进行合乎逻辑规律的，系统、全面的，由此及彼、由表及里的分析，抓住问题的实质和主要方面，并有针对性地、实事求是地提出切合实际的解决办法。对于重大问题，要敢于坚持原则，但在具体方法上要有一定的灵活性，做到严得合理、宽得得当。检查要与指导相结合，不仅要能够发现问题，更重要的是要能够解决问题，故应提出正确合理地解决问题的办法以及防止问题再次发生的措施，且上级机关应给予具体的帮助和指导。

（七）要注重效果，不走过场

消防监督检查是集社会科学与自然科学于一体的一项综合性的管理活动，是实施消防安全管理最具体、最生动、最直接、最有效的形式之一，必须严肃认真、尊重科学、脚踏实地、注重效果；切不可走形式、走过场，只看检查的次数，不问问题解决了多少。检查一次就应有一次的效果，就应解决一定的问题，就应对某个方面的工作有一个大的推动；但也不应有靠一两次大检查就可以一劳永逸、岁岁平安的思想。要根据本单位的发展情况和季节天气的变化情况，有重点地定期组织消防监督检查；但平时发现问题，要随时进行消防监督检查，不要使问题久拖，以防酿成火灾。

（八）要注意检查易被人们忽视的隐患

要注意寻找易燃易爆危险品的储存不当之处以及垃圾堆中的易燃废物；检查需要设"严禁吸烟"标识的地方是否有醒目的警示标识，在"严禁吸烟"的区域内是否有烟蒂；易爆炸危险场所的电气设备、线路、开关等是否符合防爆等级的要求，以及防静电和防雷的接地连接是否紧密、牢固；寻找被锁或被阻塞的出口，查看避难通道是否阻塞或标识是否合适；灭火器的质量、数量与被保护的场所和物品是否相适应；等等。这些隐患往往因被人们忽视而导致火灾，故应当引起特别注意。

（九）态度要和蔼，注意礼节礼貌

在整个消防监督检查过程中，消防监督检查人员一定要注意礼节礼貌，着装要规范，举止要大方，谈吐要文雅，提问题要有理、有据、有逻辑。切不可着奇装异服、流里流气，讲话杂乱无章，有低级趣味，必须言而有信。在消防监督检查结束离去时，应当对被检查单位的合作表示感谢，并向负责人表示乐意帮助对方做好上级或消防监督机构要求的事情，以建立友好的关系。

（十）监督抽查应保证达到一定的频次

消防救援机构应当根据本地区火灾的规律和特点，结合重大节日、重大活动等的消防安全需要，组织进行消防监督抽查。对消防安全重点单位的消防监督抽查每半年至少组织一次，对其他单位的监督抽查每年至少组织一次。

消防救援机构组织进行消防监督抽查，宜采取分行业或者地区、系统随机方式确定检查对象的方法。抽查的单位数量，根据消防监督检查人员的数量以及监督检查的工作量化标准和时间安排确定。消防救援机构组织消防监督检查时，可以事先公告检查的范围、内容、要求和时间。消防监督检查的结果可以通过适当的方式予以通报或者向社会公布。本地区重大火灾隐患情况应当定期公布。

（十一）着制式警服，出示执法身份证件，填写检查记录

消防救援机构实施消防监督检查时，检查人员不得少于2人，应当着制式警服并出示执法身份证件。消防监督检查应当填写检查记录，如实记录检查情况，并由消防监督检查人员、被检查单位负责人或者有关管理人员签名；被检查单位负责人或者有关管理人员对记录有异议或拒绝签名的，消防监督检查人员应当在检查记录上注明。

（十二）不得妨碍被检查单位正常的生产经营活动

为不妨碍被检查单位正常的生产经营活动，消防救援机构实施消防监督检查时，可以事先通知有关单位，以便被检查单位的生产经营活动有所准备和安排。被检查单位应当如实提供如下资料：消防设施、器材、

消防安全标识的检验、维修、检测记录或报告，防火检查、巡查和火灾隐患整改情况记录，灭火和应急疏散预案及其演练情况，开展消防宣传教育和培训情况记录，依法可以查阅的其他材料。

（十三）上级消防救援机构应当对下级消防救援机构实施消防监督检查的情况进行指导和监督

上级消防救援机构应当对下级消防救援机构实施消防监督检查的情况进行指导和监督。消防救援机构应当与公安派出所共同做好辖区消防监督工作，并对公安派出所的日常消防监督检查工作进行指导，定期对公安派出所民警进行消防监督业务培训。

（十四）消防监督检查的结果应以适当方式向社会公告

对消防监督检查的结果，消防救援机构应以适当方式向社会公告；对检查发现的影响公共安全的火灾隐患应当定期公布，提示公众注意消防安全。

（十五）要严格遵守法定期限

为了保证消防监督效率，消防救援机构必须严格遵守消防行政的法定时限。根据《消防监督检查规定》（公安部令第120号）的规定，消防监督检查的法定时限基本分为四类。

第一类是需要立即承办的，时限为24小时。例如，对占用、堵塞、封闭疏散通道、安全出口或者其他妨碍安全疏散的行为，以及擅自停用消防设施的行为，均应在接到投诉后24小时内查处。

第二类是正常工作时限，即为3个工作日。例如，对公众聚集场所开业前的消防监督检查、大型群众性活动现场的消防监督检查、举报投诉的一般消防监督检查、限期改正的复查以及重大火灾隐患的书面通知等，都应在3个工作日内完成。

第三类是需要组织集体研究决定的，时限为7个工作日。例如，在消防监督检查中，发现城乡消防安全布局、公共消防设施不符合消防安全要求，或者发现本地区存在影响公共安全的重大火灾隐患的，消防救援机构需要组织集体研究确定，应当自检查之日起7个工作日内提出处理意见，由所属公安机关书面报告本级人民政府解决。

第四类是技术复杂需要组织专家论证的，可在上述规定的基础上再延长10个工作日。例如，对重大火灾隐患判定涉及复杂或疑难技术问题，需要在确定前组织专家论证的，可在原规定的期限的基础上再延长10个工作日。

以上法定时限，消防监督检查人员应当严格遵守。

三、消防监督检查的方法

消防监督检查的方法，是指为了达到检查的目的，所采用的实施检查的方式和手段。消防监督检查人员应根据检查对象的实际情况，灵活运用各种检查方式和手段，做到应查尽查，掌握检查对象的真实情况。检查方法正确与否，直接关系到检查效果。因此，针对不同的检查内容，检查人员应当采取不同的检查方法。

（一）询问

询问是指通过向有关人员进行发问，了解本单位消防安全工作的开展情况以及各项制度措施的执行落实情况等。这种方法是消防安全检查中不可缺少的手段之一。通过询问，不仅可以在有限的时间内直接而快速地获得相关的信息，还可以了解到其他手段查不出来的某些火灾隐患。

询问可以采用随机抽查的方式，边检查，边询问，边记录。采用这种方法时，消防安全检查人员应做好充分的准备，避免盲目性，如预先设计询问或测试哪些人、哪些方面的问题以及问题的难易度与普遍性等。询问对象不同，内容也应有所差别。

（1）询问消防安全责任人或消防安全管理人员，了解其实施和组织落实消防安全管理工作的概况，以及其对消防工作的熟悉和重视程度。

（2）询问消防安全重点部位的人员，了解单位对其培训的概况，以及消防安全制度和操作规程的落实情况。

（3）询问消防控制室的值班操作人员，了解其是否具备岗位资格。

（4）随机抽查询问员工，了解单位开展消防安全宣传教育的情况。对于人员密集场所，还应向员工了解其组织引导在场人员疏散的知识和技能，以及报告火警及扑救初起火灾的知识和技能。

（二）查阅资料

消防监督检查中查阅的主要资料是单位的消防档案。消防监督检查人员可以通过查阅单位的消防档案，全面了解单位的消防安全状况。在查阅消防安全资料时应重点检查以下方面。

（1）制定的消防安全制度和操作规程是否全面并符合有关消防法律法规的规定和实际需要。

（2）各种检查记录及值班记录的填写是否详细、规范。

（3）单位制定的灭火和应急疏散预案是否具有合理性和可操作性。

（4）注意辨别资料的真实性和有效性以及与实际情况是否一致，必要时，应对有疑问的内容通过实际检查加以确认。

（三）实地查看

实地查看是消防监督检查人员通过眼看、手摸、耳听、鼻嗅等感官直接观察的一种方法。实地查看是消防监督检查采用的基本方法，要求消防监督检查人员必须亲临现场，特别是建筑物内安全出口和疏散通道，要求逐一走到。实地查看过程中，要充分发挥人的感官功能，认真细致地观察。例如，在防火巡查时，用眼看一看有哪些不正常的现象，用手摸一摸有无过热等不正常的感觉，用耳听一听有无不正常的声音，用鼻子嗅一嗅有无不正常的气味，等等。对于通过观察方法不能确定的问题，要借助工具和仪器进行测量，予以确认。

（四）抽样测试

抽样测试主要是借助专业的检查、测试设备、仪器，对建筑消防设施、设备进行功能抽查测试，对电气设备、线路，可燃气体、液体的相关参数进行测量。在进行抽样测试前，消防监督检查人员应当先通过眼看、耳听、手摸等方法，做抽样性外观检查，来判断系统是否处于准工作状态；系统组件是否完整，有无损坏。对于消防设施，还应查阅单位所提供的消防设施定期检查记录以及建筑自动消防系统的全面检查测试维修保养报告，以确定单位消防设施运行情况；与单位的消防设施专业维护管理人员一同借助专业的检查、测试设备、仪器，按照《建筑消防设施检测技术规程》《消防产品现场检查判定规则》等标准的要求，对建筑消防设施、器材进行功能抽查测试。

（五）现场检验

现场检验这一检查手段适用于对采用其他手段不能有效进行检查的内容，如对单位灭火应急疏散预案和组织演练情况的检查，不能仅检查单位是否制定了灭火应急疏散预案，还应检验单位消防安全责任人、消防安全管理人、专（兼）职消防管理人员、志愿消防队员和员工对灭火应急疏散预案的熟悉及掌握程度。可以采取现场检验的方式，对某一重点部位进行模拟演练，以检查消防安全责任人或消防安全管理人的指挥能力、志愿消防队员的灭火和协作能力以及员工疏散等情况。现场检验的检查手段主要适用于对以下内容的检查。

（1）开展灭火应急疏散预案演练的情况。

（2）消防队伍的训练情况。

（3）员工安全操作情况。

3

第三章
典型场所消防监督检查要点

第一节　居民住宅区

近年来，伴随着国家经济的快速发展以及城乡一体化建设的逐步加快，城乡社区流动人口急剧增多，居民住宅区的消防安全形势日趋严峻。居民住宅区是每个家庭赖以生活的场所，一旦发生火灾，在给家庭带来经济损失的同时，必然也会严重影响社会的稳定和谐。因此，居民住宅区应成为公安派出所消防监督管理的重点内容之一。

一、居民住宅区的火灾危险性

（一）消防器材损坏，影响火灾扑救

当前，我国大部分居民住宅区都设置了相应的消防设施和灭火器材，但很多消防设施和灭火器材在建筑修建完成后未能得到有效的日常维护和保养，导致很多灭火器材丢失，消防设施无法使用。特别是在一些老式居民住宅区内，消防器材丢失和损坏的现象十分普遍，加之一些居民住宅产权复杂，房屋管理部门、物业服务企业、居民之间对物业管理费用相互扯皮，缺乏足够的资金来维持日常消防设施的维护和保养。

（二）疏散通道不畅，人员疏散困难

居民楼内的公共走廊、楼梯（间）是火灾发生后供居民及时疏散逃生的生命通道。在日常生活中，有的居民消防安全意识淡薄，将居民楼

内的部分公共空间据为己有，乱堆乱放生活杂物；有的居民擅自在公共走廊内私装铁栅栏、防盗网进行隔断，将门前的公共空间当作自己的仓库，随意存放私人物品，使居民楼内的公共空间成为火势蔓延的快速通道。

（三）消防车道堵塞，灭火救援困难

大部分老式住宅区都没有建地下停车场或车库，住宅区内无处停车的矛盾日益突出。部分住宅小区的物业服务企业为了方便小区管理，将小区公共道路或绿化区域私自改建为临时停车场，或者在小区公共道路上设置栏杆，划分停车位，使原本宽敞的消防车道只能供小车勉强单向通行；还有一部分老式住宅区无人管理，居民私搭乱盖现象十分普遍，部分居民在住宅楼旁私自搭建自行车棚、雨棚或仓库侵占消防车道；更有个别小区业主为了个人利益，在小区门前私自占用公共空间加装地锁，严重阻碍了消防车通行。

（四）家庭生活用火不慎

在日常家庭生活中，人们几乎每天都要与火打交道，如动火烧饭、取暖、照明、驱蚊等，这些是十分普遍的日常生活用火现象。家庭生活用火过程中稍有不慎就会引发火灾，轻则造成财产损失，重则造成人员伤亡。

（五）家庭装修乱改乱拆，破坏建筑结构

很多业主在家庭装修工程中为了建筑装修造型美观而忽视了建筑防火安全。部分业主将入户的防火门拆除，更换为豪华防盗门。一些小区业主在同一楼层购买几套住宅，装修过程中将多套住宅打通成为一套，擅自拆除住宅户与户之间或单元与单元之间的防火墙或承重墙，使

住宅原先设计的防火分区遭到破坏。还有一些小区的业主为了生活便利，违章在住宅的天井上加盖防雨篷，将天井变成"中庭"，发生火灾时容易形成"烟囱效应"，加速火势的蔓延。更有少部分业主在装修中为了增加房间的采光面积，擅自拆除窗槛墙，将房间的窗户改为"落地窗"，使住宅上下层之间的竖向防火分隔被破坏，发生火灾后火焰很容易通过建筑外墙形成立体燃烧。

（六）电器使用不当，火灾危险性大

随着近些年城乡居民收入的不断提高，电视机、电冰箱、空调、洗衣机、烤箱、微波炉、热水器等家用电器几乎成为所有家庭生活中的必备物品。一方面，家用电器的大量使用会使家庭用电量在某些时段急剧增多，超出电气线路的承载能力，造成局部电气线路过热，引燃周围可燃物；另一方面，很多居民在选购家用电器时，只注重产品价格而忽视了产品质量，所选购的电器产品存在质量问题，日常使用过程中可能因用电设备发生漏电、短路等而引起燃烧或者爆炸。此外，很多家庭在关闭用电器时习惯使用电器开关来关闭，而从不将电线插头从电源插座中拔出，致使电器始终处于局部通电的状态，长期蓄热不仅会引起电器故障，有时还会造成电器起火引发火灾。

二、居民住宅区的消防监督检查要点

（一）建筑防火检查

居民住宅区内除住宅建筑外，通常还有一些方便居民日常生活的小型公共建筑，如超市、发廊、洗衣店等。住宅建筑在与此类公共建筑合建时应保证住宅建筑的完整性，其建筑设置应符合下列规定。

（1）除商业服务网点外，住宅部分与非住宅部分之间应采用耐火极限不低于2小时且无门、窗、洞口的防火隔墙以及耐火极限不低于1.5小时的不燃性楼板完全分隔。

（2）当为高层建筑时，应采用无门、窗、洞口的防火墙以及耐火极限不低于2小时的不燃性楼板完全分隔。

（3）住宅建筑外墙上两开口之间的墙体宽度不应小于1米；小于1米时，应在开口之间设置突出外墙不小于0.6米的隔板。

（二）居民家庭消防安全检查

近年来，随着人们生活水平的不断提高，居民家庭物质条件有了很大的改善，致使居民家庭用火用电增多，而由此引发的家庭火灾更是十分常见。居民住宅火灾大多是因人们思想麻痹、忽视火灾隐患造成的。其中，电气火灾和燃气事故是住宅发生火灾最主要的两个原因。对于居民家庭内的消防检查，公安派出所民警应充分利用深入居民家中走访的机会，在做好消防宣传"进家庭"工作的同时，有针对性地进行消防安全检查。

1. 电气线路检查

电气线路的检查主要包括以下内容，应符合以下要求。

（1）在施工中，电线应采用新线，线路应采用穿管敷设安装，通过可燃装饰物表面时要使用轻质阻燃套管，对于有吊顶的房间，吊顶内的电线应采用金属管配线。需要穿过墙壁的电线，为了防止绝缘层破损，应将硬塑料管砌于墙内，两端出口伸出墙面约1厘米，分线处应采用分线盒。电气开关、插座应远离床、窗帘、地毯等可燃物，特别是插座距地面至少应有20厘米的间距，以防止拖地、房间潮湿造成线路短路打火引燃地毯等可燃物。

（2）电气线路荷载应经计算确定，并留有一定的荷载余量，严禁超负荷使用。在设计安装电器线路时，要充分考虑家用电器设备的最大荷载量，合理选择导线类型和导线截面，电气设备与线路的负荷要达到要求并相配，安装必须符合规范要求。厨房、卫生间等潮湿的部位应采用有保护的绝缘导线。此外，要做好线路漏电和超负荷的保护措施，住宅应安装自动空气开关和熔断器，严禁采用铜丝、铝丝等替代保险丝。对单相电度表的选择也要参照用电总功率，要保证用电时通过的总电流不超过电表自身的额定电流。

（3）在选购家用电器时，要选购经国家认证的质量过关、信誉良好、售后服务有保障的产品。在雷雨天气时尽量不要使用家用电器。另外，家用电器应保持干燥，通风良好，防止因进线受潮发生漏电打火而引起火灾。

（4）采用白炽灯具照明时，应与可燃物之间保持一定的安全距离，严禁用纸、布或其他可燃物遮挡灯具；镇流器不应直接安装在可燃的天花板或墙壁上，应采取隔热保护措施。

2. 炊事用火检查

炊事用火的检查主要包括以下内容，应符合以下要求。

（1）检查连接灶具和燃气管道的橡胶管是否出现老化、龟裂、松动的情况。

（2）严禁将液化天然气罐安装在橱柜内。

（3）油漆、干洗剂等可挥发性化学物品应远离炉灶存放。

（三）安全疏散检查

由于居民住宅内人员多，且大部分时间独自在家的都是老年人、妇女和儿童。因此，当住宅内发生火灾时，必须保证建筑内的人员能及时有效疏散。公安派出所在日常消防监督检查中，要特别注意对居民住宅的安全疏散情况进行检查，对于附带商业服务场所的住宅要保证住宅部分与非住宅部分的安全出口和疏散楼梯分别独立设置。住宅建筑应随时保持疏散通道畅通，严禁占用公共空间堆放杂物、锁闭出口、设置障碍物。

1. 安全出口检查

安全出口的检查主要包括以下内容，应符合以下要求。

（1）建筑高度不大于27米的建筑，当每个单元任一层的建筑面积大于650平方米，或任一户门至最近安全出口的距离大于15米时，每个单元每层的安全出口应不少于2个。

（2）建筑高度大于27米且不大于54米的建筑，当每个单元任一层的建筑面积大于650平方米，或任一户门至最近安全出口的距离大于10米时，每个单元每层的安全出口应不少于2个。当每个单元设置一座疏散楼梯时，疏散楼梯应通至屋面，且单元之间的疏散楼梯应能通过屋面连通，户门应采用乙级防火门；当疏散楼梯不能通至屋面或不能通过屋面连通时，应设置2个安全出口。

（3）建筑高度大于54米的建筑，每个单元每层的安全出口应不少于2个。

（4）住宅部分及商业服务网点部分的安全出口和疏散楼梯应分别独立设置。

2. 疏散楼梯检查

疏散楼梯的检查主要包括以下内容，应符合以下要求。

（1）建筑高度不大于21米的住宅建筑可采用敞开楼梯间；与电梯井相邻布置的疏散楼梯应采用封闭楼梯间，当户门采用乙级防火门时，仍可采用敞开楼梯间。

（2）建筑高度大于21米且不大于33米的住宅建筑应采用封闭楼梯间；当户门采用乙级防火门时，可采用敞开楼梯间。

（3）建筑高度大于33米的住宅建筑应采用防烟楼梯间。户门不宜直接开向前室，当确有困难时，每层开向同一前室的户门不应超过3樘且应采用乙级防火门。

（4）住宅单元的疏散楼梯，当分散设置确有困难且任一户门至最近疏散楼梯间入口的距离不大于10米时，可采用剪刀楼梯间，但应符合下列规定。

①应采用防烟楼梯间。

②梯段之间应设置耐火极限不低于1小时的防火隔墙。

③楼梯间的前室不宜共用。

④当共用楼梯间前室时，前室的使用面积不应小于6平方米。

⑤楼梯间的前室或共用前室不宜与消防电梯的前室合用。

⑥当楼梯间的共用前室与消防电梯的前室合用时，合用前室的使用面积不应小于12平方米，且短边不应小于2.4米。

（5）住宅建筑的户门、安全出口、疏散走道和疏散楼梯的净宽度应经计算确定，且户门和安全出口的净宽度不应小于0.9米，疏散走道、疏散楼梯和首层疏散外门的净宽度不应小于1.1米。

（6）建筑高度不大于18米的住宅中一边设置栏杆的疏散楼梯，其净宽度不应小于1米；建筑高度大于100米的住宅建筑应设置避难层。

（四）居民住宅区消防安全管理检查

居民住宅区的消防安全管理工作应按照"以人为本、居民自治"的原则，以建立"政府引导、社会支持、公众参与"的社会化消防治理为格局，基本达到"组织网络健全、文化教育覆盖、工作机制完善"的要求。公安派出所在日常消防监督检查工作中应重点检查以下内容。

1. 消防管理组织

居民住宅区的消防管理组织，通常是指居民住宅所在社区居民委员会（以下简称居委会）成立的消防安全委员会。消防安全委员会应由社区居委会、小区物业服务企业、社区民警、治安联防队、辖区单位和居民代表共同参加，并切实担负起对所辖住宅区消防工作的组织领导、综合协调和监督检查职能。社区消防安全委员会应明确职责范围，定期召开工作会议研究部署消防工作，统一领导、协调和组织开展社区消防工作；明确社区居委会主任为消防安全责任人，确定一名副职为消防安全管理人，负责本社区的消防工作；配备 2 名以上专（兼）职消防管理人员，负责协调和组织开展社区消防工作。社区消防安全委员会应下设消防办公室，与社区警务室建立联系机制，协调开展好居民住宅区的消防工作。

2. 消防文化宣传

按照消防法律法规的要求，居民住宅区应完善消防文化建设，在居民住宅区设置警示标识、防火宣传栏，制定《居民防火安全公约》。通过建立健全居民住宅区消防宣传阵地，在社区内营造出浓厚的消防文化氛围。居民住宅区的消防安全委员会要结合消防宣传"七进"工作，每月组织 1 次居民广泛参与的消防宣传活动，每年要组织好"119"消防日宣传活动，针对不同人群的需要，特别是住宅区内的老人、儿童和残障人士等弱势群体的需要，开展有针对性的教育活动，做到消防宣传精细化。有条件的地区还可以以移动互联网为依托，对住宅区内的居民进行全覆盖的日常化消防宣传。

3. 防火巡查、检查制度

消防安全委员会应通过建立住宅区志愿组织或依托现有治安联防队、保安队伍，把住宅区消防与治安联防工作结合在一起，建立日常消防巡查制度。消防巡查应填写巡查记录，巡查人员应对巡查内容、部位、频次以及检查发现的问题和处理措施进行记录,并在巡查记录上签名。日常消防巡查的重点应包括以下内容。

（1）居民住宅区内有无火灾隐患,是否有动火作业场所。

（2）住宅楼内消防设施和灭火器材是否完好,公共走廊和楼梯间是否畅通。

（3）居民住宅区内的公共消防设施是否完好,防火间距和消防车道是否被占用、堵塞。

（五）消防设施检查

根据住宅建筑结构不同,一般配有不同的消防设施。住宅建筑的消防设施检查主要包括以下内容。

1. 消火栓

建筑高度大于 21 米的住宅建筑应设置室内消火栓。其中,建筑高度不大于 27 米的住宅建筑,设置室内消火栓系统确有困难时,可只设置干式消防竖管以及不带消火栓箱的 DN65 室内消火栓。高层住宅建筑的户内宜配置轻便消防水龙。

2. 自动灭火系统

建筑高度超过 100 米的住宅建筑应设置自动灭火系统,并宜采用自动喷水灭火系统。

3. 火灾自动报警系统

建筑高度大于 100 米的住宅建筑,应设置火灾自动报警系统;建筑高度大于 54 米且不大于 100 米的住宅建筑,其公共部位应设置火灾自动报警系统,套内宜设置火灾探测器;建筑高度不大于 54 米的高层住宅建筑,其公共部位宜设置火灾自动报警系统,当设置需联动控制的消防设施时,公共部位应设置火灾自动报警系统。

4. 其他设施

高层住宅建筑的公共部位应设置具有语音功能的火灾声光警报装置或应急广播。高层住宅建筑的公共部位必须设置灭火器，其他住宅建筑的公共部位宜设置灭火器。

第二节　小型公众聚集场所

伴随着城市经济的快速发展、流动人口数量的增多以及城镇化的快速推进，旅馆、饭店、商店、超市、网吧、KTV（唱歌娱乐的场所）歌厅及娱乐健身等公众聚集场所得到了迅猛发展，其中一些规模较小的公众聚集场所被纳入公安派出所消防监督检查的范畴。

一、小型公共娱乐场所的消防监督检查

小型公共娱乐场所大多依附在其他建筑内部，场所内人员密集，电气负荷大，装修使用的可燃材料多，一旦发生火灾极易造成人员伤亡，甚至导致群死群伤的重特大恶性火灾事故。因此，公共娱乐场所被列为各级消防监督检查工作的重点场所。

（一）公共娱乐场所的界定

公共娱乐场所，是指具有文化娱乐、健身休闲功能并向公众开放的室内场所。根据《公共娱乐场所消防安全管理规定》的规定，公共娱乐

场所主要包括：影剧院、录像厅、礼堂等演出、放映场所，舞厅、卡拉OK厅等歌舞娱乐场所，具有娱乐功能的夜总会、音乐茶座和餐饮场所，游艺、游乐场所，保龄球馆、旱冰场、桑拿浴室等营业性健身、休闲场所，等等。

（二）公共娱乐场所的火灾危险性

1. 用电设备多，私搭乱接现象普遍，易引发电气火灾

公共娱乐场所由于经营需要，大量使用电视机、音响设备、灯光、计算机、空调等用电设备，电气线路敷设复杂，使用过程中存在私搭乱接等现象，容易导致电气线路发生故障，从而引发火灾事故。

2. 室内装修可燃材料多，加速火灾蔓延，并产生有毒烟气

公共娱乐场所在室内装修过程中，出于装修造型、音响效果和材料价格等方面的考虑，经常会采用木材、塑料、纤维织品、胶合板及壁纸等易燃、可燃的有机材料进行装饰、装修。因此，该类场所一旦起火，火势蔓延速度快，同时会产生大量有毒、有害气体，易造成火场中的人员中毒。

3. 消防违法行为普遍存在，监管难度较大

由于该类场所规模有限，经营成本低，因此，场所性质变更频繁，在反复装修的过程中，存在擅自改变建筑原有结构，降低建筑物耐火等级，破坏防火、防烟分区，甚至为了经营需要，擅自封闭疏散通道和安全出口，埋压、遮挡消火栓，停用自动喷水灭火系统和火灾自动报警装置等消防违法行为。

4. 员工安全意识淡薄，消防安全管理缺失

公共娱乐场所经营管理人员流动性相对较大，内部消防安全管理松散，员工消防安全意识淡薄，是造成公共娱乐场所火灾隐患长期存在的根本原因。一方面，很多小型公共娱乐场所内部消防管理制度不完善，没有明确的消防安全管理人员，缺乏规范的消防安全管理制度；另一方面，很多小型公共娱乐场所忽视对单位员工的消防安全培训，以致员工缺乏必要的消防安全常识，且没有开展有针对性的消防安全演练工作，因而员工并不清楚火灾应急处置程序和操作方法。

（三）公共娱乐场所消防监督检查的要点

公共娱乐场所消防监督检查应重点结合公共娱乐场所的火灾危险性，按照《公共娱乐场所消防安全管理规定》的要求，有针对性地开展消防监督检查。

1. 公共娱乐场所消防合法性检查

根据《消防法》《建设工程消防监督管理规定》和《消防监督检查规定》等消防法律法规的规定，建筑面积小于500平方米的小型公共娱乐场所实行消防设计和竣工验收备案抽查制度；公共娱乐场所营业前，应经消防救援机构消防安全检查合格后方可营业。

2. 公共娱乐场所建筑防火检查

公共娱乐场所建筑防火检查的主要内容是该场所设置建筑的耐火等级和平面布置是否满足以下要求。

（1）建筑耐火等级。

公共娱乐场所宜设置在耐火等级不低于二级的建筑物内。已经核准设置在三级耐火等级建筑内的公共娱乐场所，应当符合下列特定的防火安全要求。

①对建筑物的燃烧体进行防火处理，以提高建筑物的耐火等级。

②增设火灾自动报警装置、自动灭火装置。

③落实专人值班、防火巡查和检查制度。

（2）平面布置。

公共娱乐场所的设置位置应满足以下要求。

①公共娱乐场所不得设置在文物古建筑、博物馆、图书馆建筑内，不得毗连重要仓库或者危险物品仓库，不得在居民住宅楼内改建公共娱乐场所。

②公共娱乐场所与其他建筑毗邻或者附设在其他建筑物内时，应当按照独立的防火分区设置。

③商住楼内的公共娱乐场所与居民住宅的安全出口应当分开设置。

④歌舞厅、录像厅、夜总会、游艺厅（含电子游艺厅）、卡拉OK厅、桑拿浴室（不包括洗浴部分）及网吧等歌舞娱乐放映游艺场所（不含剧场、电影院）等不应设置在地下二层及以下楼层。

3. 公共娱乐场所消防安全管理检查

公共娱乐场所消防安全管理检查的主要内容有消防安全管理组织和消防安全管理制度的建立及落实情况。

（1）消防安全管理组织。

公共娱乐场所应当在法定代表人或者主要负责人中确定本单位的消防安全责任人和消防安全管理人。消防安全责任人和消防安全管理人应当依照《消防法》的有关规定履行消防安全职责，负责检查和落实本单位防火措施、灭火预案的制定与演练以及建筑消防设施、消防通道、电源和火源管理等。各部门和岗位的负责人应定期培训，明确本岗位的消防安全职责；特别是公共娱乐场所的消防控制室值班员应经过消防专门培训，持证上岗，熟练掌握《消防控制室管理及应急程序》，并能熟练操作消防控制设备。

（2）消防安全管理制度。

公共娱乐场所消防安全管理制度的重点检查内容及要求如下。

①公共娱乐场所应建立防火巡查和防火检查制度。营业期间，公共

娱乐场所应每两个小时进行一次防火巡查,并按照《人员密集场所消防安全管理》的规定,确定巡查的人员、内容和部位;公共娱乐场所还应定期开展防火检查,做到各岗位每天一次,各部门每周一次,单位每月一次。

②公共娱乐场所应建立消防安全教育培训制度。公共娱乐场所应至少每半年组织一次对从业人员的集中消防培训,对新上岗员工或有关从业人员应进行上岗前的消防安全培训。

③公共娱乐场所应建立用火、动火安全管理制度,并应明确用火、动火管理的责任部门和责任人,明确用火、动火的审批范围、程序和要求,以及电气焊工的岗位资格及其职责要求等内容。公共娱乐场所在营业期间,禁止动火作业。

4. 公共娱乐场所内部装修检查

公共娱乐场所内部装修应重点检查以下部位。

(1) 室内房间顶棚和墙面。

歌舞厅、卡拉OK厅(含具有卡拉OK功能的餐厅)、夜总会、录像厅、放映厅、桑拿浴室(洗浴部分除外)、游艺厅(含电子游艺厅)、网吧等歌舞娱乐放映游艺场所(以下简称歌舞娱乐放映游艺场所)设置在一、二级耐火等级建筑的四层及四层以上时,室内装修的顶棚应采用A级装修材料,其他部位应采用不低于B1级的装修材料;当设置在地下一层时,室内装修的顶棚、墙面应采用A级装修材料,其他部位应采用不低于B1级的装修材料。室内房间的顶棚或墙面采用海绵等多孔或泡沫状塑料时,厚度不应超过15毫米,面积不得超过该房间顶棚或墙面面积的10%。在进行室内装修时,应尽量避免使用聚氨酯海绵(所谓"软包")等易燃材料。

(2) 照明灯具。

各种灯具距离幕布、窗帘、布景等可燃物不小于0.5米。照明灯具的高温部位，当靠近易燃、可燃、难燃装修材料时，应采取隔热、散热等防火保护措施。灯饰所用材料应为不燃和难燃材料，禁止使用易燃或可燃材料。

（3）安全标识。

公共娱乐场所应悬挂各种警示标识牌，如"禁止吸烟""禁止使用明火""禁止燃放烟花爆竹""禁止存放易燃易爆危险品"等。

5. 安全疏散设施检查

安全疏散设施检查的重点及要求如下。

（1）安全出口和疏散门。

公共娱乐场所在营业时必须确保安全出口和疏散通道畅通无阻，营业期间严禁将安全出口上锁、阻塞。公共娱乐场所的安全出口数目、疏散宽度和距离，应当符合国家有关建筑设计防火规范的规定。在疏散门1.4米范围内，不应设置踏步、门槛和台阶；疏散门应向外开启，不得采用卷帘门、转门、吊门和侧拉门，门口不得设置门帘、屏风等影响疏散的遮挡物。

（2）窗口和阳台。

窗口、阳台等部位禁止设置影响逃生和灭火救援的栅栏；公共娱乐场所的外墙上应在每层设置外窗（含阳台），其间隔不应大于15米；每个外窗的面积不应小于1.5平方米，且其短边不应小于0.8米，窗口下沿距室内地坪不应大于1.5米；使用人数超过20人的厅、室内应设置净宽度不小于1.1米的疏散走道，活动座椅应采用固定措施。

（3）疏散走道。

歌舞娱乐放映游艺场所应在疏散走道和主要疏散路径的地面上增设能保持视觉连续的灯光疏散指示标识或蓄光疏散指示标识。使用人数超过20人的厅、室内应设置净宽度不小于1.1米的疏散走道，活动座椅应采用固定措施。

（4）楼梯间。

封闭楼梯、防烟楼梯及其前室的防火门应向疏散方向开启，且具有自闭功能，并处于常闭状态；平时因频繁使用需要常开的防火门应能自动、手动关闭；平时需要控制人员随意出入的疏散门，应不用任何工具就能从内部开启，并有明显标识和使用提示；常开防火门的启闭状态在消防控制室能正确显示。

（5）消防应急照明。

消防应急照明可采用蓄电池做备用电源，其连续供电时间不应少于30分钟（设置在高度超过100米的高层民用建筑中，其连续供电时间不应少于1.5小时，地下、半地下建筑内连续供电时间不应少于1小时）。正常电源断电后，火灾应急照明电源转换时间应不大于5秒。公共娱乐场所内的地面最低水平照度不应低于3.0lx（勒克斯），对于楼梯间、前室或合用前室、避难走道，地面最低水平照度不应低于5.0lx。

（6）疏散指示标识。

疏散指示标识应完好有效。当疏散指示标识设置在安全出口和疏散门的正上方时，其下边缘距门的上边缘不宜大于0.2米；设置在疏散走道及其转角处时，应设置在距地面高度1米以下的墙面或地面上。疏散指示标识间距不应超过20米，对于袋形走道，间距不应超过10米，在走道转角区，间距不应超过1米。

（7）安全疏散辅助设施。

公共娱乐场所等各楼层的明显位置应设置安全疏散指示图，指示图上应标明疏散路线、安全出口、人员所在位置以及必要的文字说明。卡拉OK室、休息厅、录像放映厅及其包房内，应当设置声音或者视像警报，保证在火灾发生时，将其他画面、音响消除，切换为应急广播和应急疏散指示，引导人们安全疏散。

6.电气线路和照明设施检查

电气线路和照明设施检查的重点及要求如下。

（1）电气线路敷设。

电气线路的敷设应符合相关规范的规定。用电负荷较大的场所应慎用铝芯导线，尽量选用铜芯导线。电力电缆不应和输送甲、乙、丙类液体的管道，可燃气体管道，热力管道敷设在同一管沟内。配电线路宜穿管敷设，敷设在闷顶内的配电线路应穿金属管保护。

（2）电气设备安装。

电气设备的安装应符合相关规范的规定。严禁在线路上擅自增加电气设备，以防止过载引发火灾。在人员集中活动的场所布置场景、灯光和其他用电设备时，要核对供电回路的允许负荷。开关、插座和照明器靠近可燃物时，应采取隔热、散热等防火保护措施。超过限定功率的、发热量大的电气设备不应直接安装在可燃装修或可燃构件上，引入线应按规定做隔热保护。照明灯具、电源开关、插座、荧光灯等应安装在不燃材料上。照明灯具的高温部位，当靠近可燃物时，应采取隔热、散热等防火保护措施，灯饰应选用不燃、难燃材料。卤钨灯和额定功率100W（瓦）及以上的白炽灯泡的吸顶灯、槽灯、嵌入式灯的引入线应采用瓷管、石棉、玻璃丝等非燃烧材料做隔热保护。

（3）配电室。

配电室宜单独设置，若不能单独设置，应采用耐火极限不低于2小时的隔墙、耐火极限不低于1.5小时的楼板和乙级防火门与其他场所隔开。配电室和机房内，应按规定配置相应的灭火器材。

（4）消防用电设备。

消防用电设备应采用专用供电回路，其配电线路应满足火灾时连续供电的需要，其敷设应满足相关规范的规定。所有电气设备的接地装置均应按相关规定定期进行接地电阻测试，确保其处于正常状况。

7. 消防设施检查

公共娱乐场所内消防设施检查的重点及要求如下。

（1）火灾自动报警系统。

歌舞娱乐放映游艺场所应设置火灾自动报警系统，具体检查内容包括以下几个方面。

①检查故障报警功能。摘掉一个探测器，控制设备能正确显示故障报警信号。

②检查火灾报警功能。任选一个探测器进行吹烟测试，控制设备能正确显示火灾报警信号。

③检查火警优先功能。摘掉一个探测器，同时对另一探测器进行吹烟测试，控制设备能优先显示火灾报警信号。

④检查消防电话通话功能。在消防控制室、水泵房、发电机房等处使用消防电话，消防控制室与相关场所能相互正常通话。

（2）自动喷水灭火系统。

设置在高层民用建筑内的歌舞娱乐放映游艺场所，设置在地下或半地下或地上四层及以上楼层的歌舞娱乐放映游艺场所，以及设置在首层、二层、三层且任一层建筑面积大于300平方米的地上歌舞娱乐放映游艺场所应设置自动灭火系统，并宜采用自动喷水灭火系统，具体检查内容包括以下几个方面。

①检查每个报警阀组。

报警阀组件完整，报警阀前后的阀门、通向延时器的阀门处于开启状态。

②对自动喷水灭火系统进行末端试水。

将消防控制室联动控制设备设置在自动位置，选择最不利点进行末端试水，观察压力表是否低于0.05MPa（兆帕）；水流指示器动作，控制设备能正确显示水流报警信号；压力开关动作，水力警铃发出警报，在3米处测声压是否低于70dB（分贝）；使用秒表计时，5秒内是否喷淋泵启动，且控制设备能正确显示压力开关动作及启泵信号。

③防烟和排烟设施。

设置在首层、二层、三层且房间建筑面积大于100平方米的歌舞娱乐放映游艺场所，设置在四层及以上楼层、地下或半地下的歌舞娱乐放映游艺场所应设置防烟和排烟设施，具体检查内容包括以下几个方面。

首先，检查加压送风系统。自动、手动启动加压送风系统，相关送风口开启，送风机启动，送风正常，反馈信号正确。

其次，检查排烟系统。自动、手动启动排烟系统，相关排烟口开启，排烟风机启动，排风正常，反馈信号正确。

（3）灭火器。

公共娱乐场所应当按照《建筑灭火器配置设计规范》的要求配置灭火器材。检查要求包括以下几个方面。

①公共娱乐场所必须配备ABC类干粉灭火器。

②灭火器压力符合要求，压力表指针在绿区。

③灭火器设置在明显且便于取用的位置，同时不影响安全疏散。

④灭火器有定期维护检查的记录。

（4）消火栓、水泵接合器。

一是检查消火栓箱。水枪、水带等配件齐全，水带与接口绑扎牢固。二是检查消火栓的系统功能。任选一个室内消火栓，接好水带、水枪，水枪出水正常；将消防控制室联动控制设备设置在自动位置，按下消火栓箱内的启泵按钮，消火栓泵启动，控制设备能正确显示启泵信号，水枪出水正常。三是检查室外消火栓。确保室外消火栓不被埋压、圈占、遮挡，标识明显，有专用开启工具，阀门开启灵活、方便，出水正常。四是检查水泵接合器。确保水泵接合器不被埋压、圈占、遮挡，标识明显，并标明供水系统的类型及供水范围。

二、小型旅店的消防监督检查

近些年涌现出了大量的小型旅店,如经济型连锁酒店、家庭旅店等。与大型星级宾馆相比较,这些小型旅店大部分是在原有建筑基础上改建或者扩建而成,旅店内虽然房间数量不多,但人员流动频繁,存在一定的消防安全隐患。

(一)小型旅店的界定和分类

1. 小型旅店的界定

小型旅店主要分布在靠近车站、医院、学校等交通便利且人流量较大的地方。小型旅店客房数量一般不超过50间,平均客员容纳量在100人以下,建筑面积以500平方米以下的居多,住宿费用相对较低,通常以间(套)或者小时为计费单位。

2. 小型旅店的分类

(1)小型旅店按所在建筑位置不同,可分为"单体式"旅店和"附设式"旅店两类。

①"单体式"旅店,即一幢建筑物整体用于旅店及其辅助用房,建筑结构独立,客房相对集中。

②"附设式"旅店,即附设在公共建筑或居住建筑局部楼层的旅店,经营者将原有建筑中的部分空间施工改造成旅店,分隔成不同面积的独立用房。

(2)小型旅店按经营性质不同,主要分为经济型连锁酒店和家庭式旅店。

①经济型连锁酒店。

经济型连锁酒店也称"快捷型酒店",通常是指以提供符合二星级酒店客房硬件标准以上的住宿为核心产品，并提供有限餐饮、会议等补充产品，价格低廉，符合大众化消费需求的住宿设施。这类酒店多为连锁性经营模式，采用标准化装修、管理和运营，安全性相对较高。

②家庭式旅店。

家庭式旅店是指以家庭合法拥有的住宅为基本接待单位，以接待住宿旅客为经营目的，以个体管理服务为主要形式的小型住宿接待设施。这类旅店通常为旅客与居民混杂在一起，主要分布在各种住宅小区内，火灾隐患相对较大。

（二）小型旅馆的火灾危险性

1. 安全疏散困难

由于小型旅店通常是在原有建筑基础上改建或扩建而成的，且部分旅店附设于其他建筑之中，受原有建筑周边环境和建筑结构限制，改建后的旅店在建筑结构和消防安全疏散设施等方面难以符合现行消防技术规范的要求。此外，一些附设在住宅建筑内的旅店由于和居民区生活混杂在一起，经营者为了管理需要，往往会在旅店房间的外窗设置防盗网、铁栅栏，在疏散走道、楼梯间或安全出口处设置栅栏、卷帘门，等等。火灾一旦发生，不仅会影响住店旅客的疏散逃生，也会给灭火救援人员现场施救造成困难。

2. 室内可燃材料多

旅店场所与其他场所相比，室内装修和陈设物品中可燃物较多，房间内的火灾荷载较大；特别是一些家庭式旅店，其室内的顶棚、墙面、隔断、地面等多采用可燃材料装饰、装修，以顶棚使用PVC（聚氯乙烯）板、隔断使用石膏板配木龙骨最为常见；房间内的家居用品也多采用未经阻燃处理的棉、麻、木材等可燃材料；还有部分旅店将装修和维修过程中所需要的化学涂料、油漆等易燃物品违规储藏在旅店内，增加了旅店内的火灾危险性。

3. 用电设备多

小型旅店大多是在原有建筑内部进行布局改造，将其分隔成一定数量的客房，且每个房间一般都会配备电视机、空调机、电热水器、灯具插座等生活用电设备。众多房间的设置不仅改变了建筑原有格局，而且大幅增加了建筑内的用电负荷，超出了原有建筑的电路荷载能力。此外，一些私人旅店建设施工质量不高，存在电气线路未按规定进行穿管敷设或者暗敷、部分电气设备选型和安装不当以及电器质量存在缺陷等问题，如果使用不当，很容易因局部过载、接触电阻过大、线路短路而诱发火灾。

4. 家庭式旅店隐蔽性强，消防监管难度大

小型旅店不但建筑规模有限，而且相当一部分家庭式旅店是利用住宅建筑改建而成，从改建到经营的过程都具有一定的隐蔽性；部分设置在商品住宅小区内的家庭式旅店甚至采取直接网上发售的方式开办，隐蔽程度较高。由于公安派出所消防监督执法警力有限，日常工作中除专项治理行动或接到投诉、举报外，对辖区小型旅馆的消防监督管理工作难以全面落实，容易造成旅店内消防安全隐患长期存在。

（三）小型旅店的消防监督检查要点

对小型旅店的消防监督检查，除按常规内容进行检查外，还应当结合小型旅店的消防安全特点，重点对旅店的客房、附设的餐厅和安全疏散设施进行检查。

1. 合法性检查

根据《消防法》《建设工程消防监督管理规定》和《消防监督检查规定》等消防法律法规的规定，公共娱乐场所营业前应经消防救援机构

消防安全检查合格后方准许营业，其中室内建筑面积小于1000平方米的实行消防设计和竣工验收备案抽查制度。

2.建筑防火检查

旅店的建筑结构、耐火等级、总平面布局、安全疏散及消防设施设备必须符合消防规范的具体规定。旅店内的会议厅、多功能厅等人员密集场所的位置以及防火间距及防火分区等的设置，应当符合相关消防法律法规和技术规范的要求。

3.消防安全管理检查

旅店应该按照相关消防法律法规的要求，建立健全各项消防安全制度以及保障消防安全的操作规程，重点检查以下两个方面：第一，是否按规定实施防火检查，是否在营业期间至少每两小时开展一次防火巡查，巡查是否有记录，对发现的问题是否做出处理并记录处理结果；第二，是否每半年组织一次对员工的消防安全培训，是否组织对新上岗员工或有关从业人员进行上岗前的消防安全培训，员工是否具备组织疏散逃生的能力。

4.内部装修的消防监督检查

小型旅店的内部装修设计和施工，应当符合《建筑内部装修设计防火规范》和《建筑内部装修防火施工及验收规范》有关建筑内部装饰装修防火管理的规定。检查时，应重点检查以下几个方面。

（1）建筑内部装修不应遮挡消防设施、疏散指示标识及安全出口，不应减少安全出口、疏散出口和疏散走道设计所需的净宽度和数量，并且不应妨碍消防设施和疏散走道的正常使用。

（2）地上建筑的水平疏散走道和安全出口的门厅，其顶棚应采用A级材料装修，其他部位应采用B1级以上的材料装修。

（3）消防水泵房、排烟机房、固定灭火系统钢瓶间、配电室、变压器室、通风和空调机房等,其内部所有装修均应采用A级材料。

(4)旅店建筑地下部分的办公室、客房、公共活动用房等,其顶棚应采用A级材料装修,其他部位应采用B1级以上的材料装修。

(5)客房的顶棚或墙面采用海绵等多孔或泡沫状塑料装修时,厚度不应超过15毫米,面积不得超过该房间顶棚或墙面面积的10%。进行室内装修时,应尽量避免使用聚氨酯海绵(所谓"软包")等易燃材料。

(6)照明灯具的高温部位靠近易燃、可燃、难燃装修材料时,应采取隔热、散热等防火保护措施。灯饰所用材料应为不燃或难燃材料,不能使用易燃或可燃材料。

(7)旅店业场所内应悬挂各种警示标识牌,如"禁止吸烟""禁止使用明火""禁止燃放烟花爆竹""禁止存放易燃易爆危险品"等,客房门背面应悬挂或张贴安全疏散示意图。

5. 安全疏散检查

旅店内的疏散通道、安全出口应保持畅通,禁止占用疏散通道,覆盖疏散指示标识。营业期间严禁将安全出口上锁,房间的外窗不应设置影响消防安全疏散和灭火应急救援的固定栅栏、广告牌等障碍物。在对其进行消防监督检查时,应重点检查以下内容。

(1)安全出口。

根据《建筑设计防火规范》的有关规定,旅店业场所内每一个防火分区或一个防火分区的每个楼层,其安全出口的数量应经计算确定,且应不少于2个,但符合下列要求的可设1个安全出口。

①单层建筑面积不超过200平方米且人数不超过50人的单层公共建筑或多层公共建筑的首层。

②防火分区建筑面积不大于50平方米且经常停留人数不超过15人的地下或半地下建筑。

（2）疏散门。

疏散门内外1.4米范围内不应设置踏步，疏散门应向疏散方向开启，不应使用侧拉门、转门、吊装门和卷帘门，公共场所的疏散门应当采用消防安全推门、门禁系统等先进的安全疏散设施。旅店内房间的疏散门数量应经计算确定且不少于2个，但符合以下条件的可设置1个疏散门。

①位于两个安全出口之间或袋形走道两侧的房间，且房间面积不大于120平方米。

②位于走道尽端的房间，建筑面积小于50平方米且疏散门的净宽度不小于0.9米，或者由房间内任一点至疏散门的直线距离不大于15米，房间建筑面积不大于200平方米，且疏散门的宽度不小于1.4米。

（3）疏散楼梯。

旅店场所设在多层公共建筑的疏散楼梯，除与敞开式外廊直接相连的楼梯间外，应采用封闭楼梯间。其中，设在一类高层公共建筑和建筑高度大于32米的二类高层公共建筑内的旅店，其疏散楼梯应采用防烟楼梯间；裙房和建筑高度不大于32米的二类高层公共建筑，其疏散楼梯间应采用封闭楼梯间；高层民用建筑封闭楼梯间、防烟楼梯间的门应采用不低于乙级的防火门，多层民用建筑内封闭楼梯间可采用双向弹簧门；地下、半地下室与地上层不应共用楼梯间，当必须共用楼梯间时，应在首层与地下或半地下层的出入口处，设置耐火极限不低于2小时的隔墙和乙级防火门将其隔开，并应有明显标识。楼梯间的首层应设置直接对外的出口。设置在单层、多层民用建筑内的旅店，其楼梯和疏散走道最小净宽不应小于1.1米，设置在高层民用建筑内的旅店，其楼梯最小净宽不应小于1.2米。

小型旅店内部每一个防火分区或一个防火分区的每个楼层，其疏散楼梯的数量应经计算确定，且不少于2部，但符合下列要求的可设1部。

①建筑层数不超过3层，每层建筑面积不超过200平方米，且第二层

和第三层人数之和不超过50人的一、二级耐火等级建筑。

②建筑层数不超过3层，每层建筑面积不超过200平方米，且第二层和第三层人数之和不超过25人的三级耐火等级建筑。

③建筑层数不超过2层，每层建筑面积不超过200平方米，且第二层和第三层人数之和不超过15人的四级耐火等级建筑。

（4）消防应急照明和疏散指示标识。

旅店建筑的下列部位应设有疏散照明设施：封闭楼梯间、防烟楼梯间及其前室、消防电梯间及其前室或合用前室，设有封闭楼梯间或防烟楼梯间的建筑的疏散走道及其转角处，多功能厅、餐厅、营业厅等人员密集场所，消防控制室、自备发电机房、消防水泵房以及发生火灾时仍需继续工作的其他房间。

6. 重点部位的消防监督检查

旅店场所消防监督检查的重点部位包括客房、消防控制室、厨房、餐厅、配电室、库房及水泵房等。

（1）客房。

客房是旅店的重要组成部分，一般包括标准间、单人间、套间、豪华套间、出租客房及写字间等。分析发生在宾馆客房的火灾发现，其起火原因主要是电气线路短路、违章使用明火、违章使用大功率电热器具以及乱扔烟头等引燃了客房内的可燃材料和家具。对客房应重点从以下几个方面进行消防监督检查。

①客房内所有的装饰、装修材料均应符合《建筑内部装修设计防火规范》的规定。

②电气设备的安装使用要安全可靠，插座不宜安装在靠近窗帘的地方。卫生间内不宜安装插座，确需安装时，应尽可能远离沐浴喷头。客房内除了固定电器以及允许旅客使用的电吹风、电动剃须刀等日常生活所需的小型电器以外，禁止使用其他电器设备，尤其是电热设备。

③检查是否有禁止旅客将易燃易爆物品带入旅店客房的措施。

④客房服务人员和宾馆的保安巡查人员是否保持高度警惕，是否按规定要求加强防火巡查工作，对发现的不安全因素是否及时采取了整改措施。

⑤客房各楼层的明显位置是否设置了安全疏散指示图，并在指示图上标明疏散路线、安全出口、人员所在位置及必要的文字说明。

（2）消防控制室。

核实消防控制室每班值班人员是否不少于2人，查看其是否持证上岗；查阅消防控制室值班记录，核实其内容是否详细、准确，值班制度是否落实。检查消防控制柜，查看控制柜上的启动按钮是否有明显标识；查看系统是否正常运行；按下打印机自检按钮，检查消防控制柜打印设备是否正常运行；手动操作火灾报警控制器自检装置，查看控制器火灾报警声、光信号的情况；切断火灾报警控制器的主电源，查看备用电源自动投入运行的情况。

（3）厨房、餐厅。

对于配有厨房、餐厅等场所的旅店，在消防监督检查过程中应将其作为消防安全重点部位进行检查。具体检查方法可以参照本节餐饮场所消防监督检查的相关内容。

7. 消防设施

旅店应按下列规定配备消防设施。

（1）体积大于5000立方米的旅店建筑应设置室内消火栓系统。设置在高层公共建筑中的旅店场所应设置室内消火栓系统。

（2）设置在高层公共建筑内的旅店场所应设置自动灭火系统，并宜采用自动喷水灭火系统。任一层建筑面积大于1500平方米或总建筑面积大于3000平方米的旅店建筑，应设置自动灭火系统，并宜采用自动喷水灭火系统。

（3）任一层建筑面积大于1500平方米或总建筑面积大于3000平方米的旅店建筑应设置火灾自动报警系统。

小型旅店的消防设施和灭火器材的具体检查方法可以参考本节公共娱乐场所消防监督检查的相关内容。

三、小型餐饮场所的消防监督检查

小型餐饮场所投资少，占地面积小，方便快捷，广泛分布于居民生活区内，给人们的生活带来了很大便利；然而，这些小型餐饮场所虽然规模不大，但是数量众多、成片相连，厨房内动火设备相对简陋，稍有不慎就可能引发火灾事故，严重影响周边居民的安全。

（一）餐饮场所的火灾危险性

1. 用电设备多，火灾危险性大

餐饮场所内用电设备多，特别是厨房内的冷冻机、冰柜、绞肉机、电烤箱、洗碗机等各类大功率用电设备，造成了餐饮场所内供电线路排线复杂，不同程度地存在私搭乱接现象，容易发生过负荷、短路或断路等问题。

2. 火源多，火灾危险性大

一是餐饮场所厨房内火源长期存在。由于烹饪过程都是在高温高热环境下进行的，因此，厨房内的灶台等区域长期存在火源；有的风味餐厅临时使用明火较多，如蜡烛、酒精炉等。二是厨房内大量使用液化石油气钢瓶。很多餐饮场所没有按规定对液化石油气设备进行定期检测，钢瓶输气软管没有定期更换。部分经营者为了节省费用，违规在液化石油气钢瓶下设置热水盆，或是将液化石油气、煤油等用作燃料取暖。三是厨房中烟道没有定期清理。厨房中的集烟罩或是烟道有的长期积累油污、油垢，一旦遇到火源，火势极易蔓延，形成垂直燃烧，引燃周围的可燃物体。

（二）餐饮场所的消防监督检查要点

1. 合法性检查内容及要求

同本节小型旅店场所的合法性检查。

2. 建筑防火检查

餐饮场所的建筑结构、耐火等级、总平面布局、安全疏散及消防设施设备必须符合国家建筑设计防火规范的具体规定。重点检查安全出口处是否设置门槛、台阶、屏风等影响疏散的遮挡物；疏散门内外1.4米范围内是否设置有踏步；疏散门是否采用卷帘门、转门、吊门、侧拉门，是否向疏散方向开启；疏散通道、安全出口是否畅通；营业期间是否将安全出口上锁；餐厅是否张贴或悬挂安全疏散示意图，在出入口、楼梯口、疏散走道、疏散门等部位是否设有灯光疏散指示标识。

3. 消防安全管理检查

餐饮业应该按照相关消防法律法规的要求，结合餐饮业的特点，重点对厨房内动火操作人员、餐厅服务人员加强消防安全教育，对包括厨房炉灶、火锅、烧烤、液化石油气瓶等在内的室内火源应定点设置，加强管理；同时应建立健全各项消防安全制度以及保障消防安全的操作规程。

4. 重点部位检查

对餐饮场所的消防监督检查，除按照常规内容进行检查外，还应当按照餐饮场所的消防安全特点，重点对厨房、餐厅等消防安全部位进行检查。

（1）厨房。

厨房是餐饮场所火灾的高发部位之一，应重点从以下几个方面对厨房进行消防监督检查。

①燃料管线检查。

厨房敷设的燃料管线、配置的灶具设备等必须符合相关规范的要求。使用可燃气体做燃料时，应采用管道供气，管道严禁穿越客房和其他公共活动场所。厨房内的燃气、燃油管道、法兰接头、仪表、阀门等必须定期检查和保养，确保无破损和泄漏。例如，设置可燃气体中间储罐，其设置位置、储量和防火构造应满足相关规范的规定；当采用瓶装液化石油气做燃料时，必须设置专门的储罐间，其设置位置、储量、防火间距和其他防火构造必须符合相关规范的规定。严禁在厨房内储存大量液化石油气钢瓶。

②液化石油气钢瓶检查。

餐饮场所要使用经国家安全检测部门检测合格的液化石油气钢瓶。按照《城镇燃气设计规范》的有关规定，液化石油气钢瓶应每4年检验1次，使用15年后必须报废；钢瓶不得设置在地下室、半地下室或通风不良的场所；使用瓶组供应时总容量超过1立方米，应将其设置在高度不低于2.2米的独立瓶组间内；燃气灶连接的软管长度不应超过2米，并不应有接口；燃气用软管应采用耐油橡胶管；软管与管道、燃气灶的连接处应采用压紧螺帽或管卡固定。

③集烟罩和烟道的检查。

排油烟管不得暗设，水平支管不得穿越客房、其他房间和公共活动场所；排油烟管应直通厨房室外的排烟竖井，排烟竖井应设有防止回流的设施，且水平排风管与垂直排风管连接的支管处应设置动作温度150℃的防火阀；除柔性接头可采用难燃材料制作外，排油烟管也应采用不燃材料制作；排油烟系统应设有导除静电的接地装置；厨房排油烟罩应每日擦拭一次，排油烟管道内的油垢应由专业清洁公司每季度清洗一次，并做好记录。

④电气线路的检查。

对厨房内用电、配电设施要进行严格检查，不得超负荷用电以及擅自拉接临时电线；卤钨灯和额定功率100W及以上的白炽灯泡的吸顶灯、槽灯、嵌入式灯的引入线应采用瓷管、石棉、玻璃丝等非燃烧材料做隔热保护；超过60W的白炽灯、卤钨灯、荧光灯、高压汞灯（包括镇流器）、电气开关等不应直接安装在可燃物装修或可燃构件上；配电盘下不得堆放杂物。

⑤灭火器材的检查。

餐饮场所根据物质燃烧特性一般可选用ABC型干粉灭火器或泡沫灭火器，有条件的场所还可以在厨房灶台边配置一定数量的灭火毯，以便在油锅起火后及时扑灭火源。厨房内按规定设置的火灾探测系统、可燃气体探测系统、自动喷水灭火系统等需按规定进行监督检查，其中排油烟罩及烹饪部位应设厨房专用灭火系统，且应在燃气或燃油管道上设置紧急事故自动切断装置。

（2）餐厅。

餐厅内部常有较多的装修、隔断，可燃物数量较多，应重点检查以下几个方面。

①炉具、灶具。

餐厅使用的各类炉具、灶具，操作不当的话极易引发火灾，服务员应经过专门培训，掌握卡式便携炉、酒精炉、电磁炉、瓶装石油液化气灶具的工作原理和操作规程。

②安全疏散。

检查餐厅用餐人数是否超标，疏散通道是否被占用、堵塞，应急照明系统和疏散指示标识是否好用。

③电气设备。

餐厅内严禁乱拉乱接电线，如需增添临时照明设备或彩灯类装饰灯具，必须按规定程序经批准后由专业电工安装。超过60W的白炽灯、卤钨灯、荧光高压汞灯等不应直接安装在可燃装修或可燃构件上。照明器表面的高温部位靠近可燃物时，应采取可靠的隔热、散热等防火措施。

④火源。

餐厅内燃用蜡烛时，必须置于用不燃材料制作的固定基座内，且不得靠近可燃物。餐桌上应放置烟缸，以便客人扔放烟头和火柴梗。服务员收台时不得将烟蒂、火柴梗卷入台布内。

5. 消防设施检查

餐厅内的消防设施检查包括以下内容：一是设置在高层公共建筑内的餐饮场所应设置室内消火栓系统，设置在建筑高度大于15米或体积大于1万立方米的单、多层民用建筑内的餐饮场所应设置室内消火栓系统；二是设置在高层公共建筑（除二类高层公共建筑的地下室、半地下室外）以及任一层建筑面积大于1500平方米或总建筑面积大于3000平方米的单、多层民用建筑内的餐饮场所应设置自动灭火系统，宜采用自动喷水灭火系统。

四、商业服务网点的消防监督检查

所谓商业服务网点，是指设置在住宅建筑的首层或首层及二层，每个分隔单元建筑面积不大于300平方米的商店、副食店、邮政所、储蓄所、理发店等小型营业性用房。由于大量商业服务网点存在"三合一"现象，"小火亡人"的事故时有发生。

（一）商业服务网点的设置要求

商业服务网点的设置需要满足以下几个消防安全方面的要求。

1. 使用性质的要求

商业服务网点只能作为百货店、副食店、粮店、邮政所、储蓄所、理发店、洗衣店、药店、洗车店和餐饮店等小型营业性用房，严禁作为网吧、KTV、宾馆等公共娱乐场所和人员密集场所使用。

2. 对层数的控制

商业服务网点只能设置在地上一层、二层。

3. 对面积的控制

每个商业服务网点的总建筑面积不得超过 300 平方米。

4. 防火分隔的要求

商业服务网点与住宅建筑之间，以及商业服务网点与商业服务网点之间，都需要采用耐火极限不低于 1.5 小时的楼板以及耐火极限不低于 2 小时且无门、窗、洞口的隔墙进行分隔。

5. 疏散方面的要求

居住部分与商业服务网点部分的疏散楼梯与安全出口应分别独立设置，不得共用。

（二）商业服务网点的火灾危险性

1. 建筑高度超高，改变建筑的使用功能

在建设工程设计和施工过程中，部分建筑设计单位和开发公司为增加商业服务网点的经济价值，会提升建筑首层商业服务网点的层高，以方便业主自行增加隔层。在建筑物装修过程中将底层商铺加装轻钢龙骨楼板，改作仓库、住宿使用，使底层用房形成了集仓库、经营、住宿于一体的典型"三合一"建筑。场所内火源管理混乱，生活用品、取暖设备随处可见，室内疏散通道不畅，消防设施损坏无法使用，形成了严重的火灾隐患。

2. 改变使用性质，增加火灾危险性

根据《建筑设计防火规范》的相关规定，商业服务网点的使用性质是限定的，但是，现实中很多商业服务网点被改建为小宾馆、小网吧、小歌厅等，这类建筑人员密集，装修材料复杂，使用过程中用电设备多，火灾危险性较大。

3. 违章施工，擅自扩大使用面积

业主为了经营需要，在同一建筑内购买或者租赁相邻的数个商业服务网点，并在建筑装修过程中将毗邻的数个商业服务网点打通，形成一个更大的商业空间，致使部分商业服务网点的单层面积达到上千平方米甚至更大。整栋建筑的性质由单纯的住宅建筑变为商住建筑，建筑性质的变更使原有建筑的消防设计很难满足现实使用的需要，不论是建筑内的消防设施还是建筑防火设计功能都违反了消防法律规范的相关规定。

4. 物业管理松散，消防安全制度不健全

商业服务网点的房屋产权和物业管理形式多样，有些商业服务网点的产权属于开发商，由开发商自己经营或出租给商户经营；还有一些商业服务网点的开发商将房屋和产权一同出售给他人，开发商不再对商业服务网点进行维护管理。日常工作中，很多物业服务企业管理人员责任心不强，特别是对于已售出的商业服务网点，日常管理比较松散。商业服务网点作为住宅建筑的一部分，室内消火栓、自动喷淋系统等固定消防设施以及系统中的消防水箱、消防水泵等与建筑中的住宅部分共同使用。物业服务企业对消防设施的维护管理混乱不仅影响了商业服务网点的消防安全，而且会使商业服务网点所在的住宅建筑火灾隐患日趋严重。

（三）商业服务网点的消防监督检查要点

1. 功能性质的检查

检查商业服务网点是否存在超出使用性质范围的经营活动。

2. 设置高度和面积的检查

对商业服务网点的设置高度和面积进行消防监督检查，检查要点包括以下内容。

（1）检查层数。

商业服务网点的地上建筑层数不得超过2层，即只能为地上一层或地上二层。

（2）检查建筑面积。

每个商业服务网点的总建筑面积不得超过300平方米（上下两层室内直接相通的商业服务网点的建筑面积为该商业服务网点一层和二层商业用房的建筑面积之和）。

3. 安全疏散检查

商业服务网点中的每个防火分隔单元之间应采用耐火极限不低于2小时且无门、窗、洞口的防火隔墙相互分隔；当每个分隔单元任一层建筑面积大于200平方米时，该层应设置2个安全出口或疏散门；每个分隔单元内的任一点至最近直通室外的出口的直线距离，不应大于《建筑设计防火规范》中规定的多层其他建筑位于袋形走道两侧或尽端的疏散门至最近安全出口的最大直线距离；商业服务网点中主要疏散走道的净宽度不能小于2米，其他疏散走道的净宽度不能小于1.5米。

4. 消防管理检查

对商业服务网点的消防管理情况进行检查时，一是应特别注意对于实行承包、租赁或者委托经营、管理的商业服务网点，其产权单位应当提供符合消防安全要求的建筑物，商业服务网点的经营者在订立的合同中应依照有关规定明确各方的消防安全责任，对于疏散通道、安全出口、建筑消防设施和消防车道，应确定责任人进行管理。二是对于有统一物业服务企业的商业服务网点，物业服务企业应该对商业服务网点的消防安全状况进行经常性的巡查和管理。对于没有物业服务企业的商业服务网点，其产权单位及商业服务网点的经营者应共同对公共消防安全实行统一管理，也可以委托第三方进行管理。

5. 消防设施和灭火器材的检查

对商业服务网点的消防设施和灭火器材进行消防监督检查，检查要点包括以下内容。

（1）商业服务网点设置在高层公共建筑、建筑高度大于 21 米的住宅建筑，或建筑高度大于 15 米或体积大于 1 万立方米的单、多层民用建筑内时是否设置了室内消火栓系统（建筑高度不大于 27 米的住宅建筑，设置室内消火栓系统确有困难的，可只设置干式消防竖管以及不带消火栓箱的 DN65 室内消火栓）；面积大于 200 平方米的商业服务网点内是否设置了消防软管卷盘或轻便消防水龙。

（2）设置在高度大于 100 米的住宅建筑内时是否设置了火灾自动报警系统和自动喷水灭火系统。

第三节　小型生产加工及仓储场所

小型生产加工及仓储场所是随着我国经济的发展而出现的一种小型私营经济组织形式。由于准入门槛低、投资少，开办小型生产加工及仓储企业逐步成为广大城乡务工人员及城镇新增居民的谋生和创业方式。小型生产加工及仓储企业由于其设备简单，技术要求不高，生产安全方面投入有限，逐渐成为火灾隐患的重灾区。

一、小型生产加工场所的消防监督检查

（一）小型生产加工场所的界定

小型生产加工场所，泛指建筑面积较小，生产规模不大，从业人员较少，具有加工、生产、制造性质的场所，主要生产制造服装、鞋帽、玩具、食品等贴近人们日常生活的物品。

此类场所通常具有三个比较明显的特点。

1. 人员组成的家族性

小型生产加工场所多以家族成员为核心，或以家庭住房为场所招收亲戚、同乡或其他社会人员做工，从业人员数量不多，带有明显的个体性质。

2. 生产方式的作坊性

小型生产加工场所生产方式较为落后,"三合一"(住宿、生产和仓储功能混合)建筑比较普遍,通常以手工业为主,生产环境比较简陋。

3. 规模经营的工厂性

这类"工厂"有一定的生产规模,主要从事木材、纺织、服装、玩具、食品加工等行业,生产工艺相对落后,设备安全系数不高,带有一定的工业生产性质。

(二)小型生产加工场所的火灾危险性

1. 法律意识淡薄,消防管理制度不健全

小型生产加工企业的经营者文化水平有限,消防安全意识淡薄,对消防法律法规和消防安全知识了解得不多。此类生产加工企业大都没有办理相关消防手续,生产加工场所容易形成先天性火灾隐患。此外,经营者可能会因过度追求企业的经济效益,而忽视与企业正常运转密切相关的消防安全管理工作。

2. 违章建筑多,火灾危险性大

小型生产加工场所很多都建设在城乡接合地区,位置偏僻,违章建筑较多,很多企业还存在未经审批擅自开工的现象。其火灾危险性主要表现为以下几个方面。

(1)平面布局不合理。

小型生产加工场所的耐火等级大多较低,周边防火间距不足,没有设置消防车道;很多厂房采用木质或是彩钢板做屋顶,墙体采用泡沫夹芯彩钢等易燃、可燃材料制作,火灾负荷较大,发生火灾时容易引起火势蔓延,造成厂房垮塌。

(2)消防器材配备不足。

小型生产加工场所大都是临时搭建而成的简易建筑,且厂房内部没

有设置任何消防设施，火灾发生后无法得到及时有效的扑救。

3."三合一"建筑较多

很多小型生产加工场所附设在其他建筑中，集生产、住宿、储存为一体，是典型的"三合一"场所，受原有建筑限制，建筑内疏散通道和安全出口数量不足，还有的企业为了经营管理需要擅自封闭疏散通道或安全出口，增加了生产加工场所内部的火灾隐患。

（三）小型生产加工场所的消防监督检查要点

1. 建筑物的合法性检查

根据《消防法》《建设工程消防监督管理规定》和《消防监督检查规定》的相关规定，建筑面积小于 2500 平方米的劳动密集型企业的生产加工车间，实行消防设计和竣工验收备案抽查制度。重点核实此类场所是否依法通过消防验收或者竣工验收消防备案，生产加工场所的使用情况是否与消防验收或竣工验收消防备案时确定的使用性质相符合，能否满足必要的消防安全标准。

2. 设置检查

小型生产加工场所设置检查的主要内容及要求如下。

（1）平面布置。

小型生产加工场所的办公室、休息室等不应设置在甲、乙类厂房内，确需贴邻本厂房时，其耐火等级不应低于二级，并应采用耐火极限不低于 3 小时的防爆墙与厂房分隔，且应设置独立的安全出口。办公室、休息室设置在丙类厂房内时，应采用耐火极限不低于 2.5 小时的防火隔墙以及耐火极限不低于 1 小时的楼板与其他部位分隔，并应至少设置一个独立的安全出口。

(2) 防火间距。

生产加工场所的甲、乙类厂房与重要的公共建筑的防火间距不应小于 50 米，与明火或散发火花地点的防火间距不应小于 30 米。丙、丁、戊类厂房与民用建筑的耐火等级均为一、二级时，丙、丁、戊类厂房与民用建筑的防火间距可适当减小，但应符合下列规定。

①当较高一面外墙为无门、窗、洞口的防火墙，或比相邻较低的一座建筑的屋面高 15 米及以下范围内的外墙为无门、窗、洞口的防火墙时，其防火间距不限。

②相邻较低一面外墙为防火墙，且屋顶无天窗或洞口、屋顶的耐火极限不低于 1 小时，或相邻较高一面外墙为防火墙，且墙上开口部位采取了防火措施时，其防火间距可适当减小，但不应小于 4 米。

(3) 安全疏散。

小型生产加工场所的生产车间、厂房内应保持疏散通道畅通，疏散楼梯的最小净宽度不宜小于 1.1 米，疏散走道的最小净宽度不宜小于 1.4 米，门的最小净宽度不宜小于 0.9 米。首层外门的总净宽度应按该层及以上疏散人数最多一层的疏散人数计算，该门的最小净宽度不应小于 1.2 米。生产车间、厂房的安全出口应分散布置，且不应少于 2 个。当符合以下条件时，可设置 1 个安全出口。

①甲类厂房每层建筑面积不超过 100 平方米，且同一时间的生产人数不超过 5 人。

②乙类厂房每层建筑面积不超过 150 平方米，且同一时间的生产人数不超过 10 人。

③丙类厂房每层建筑面积不超过 250 平方米，且同一时间的生产人数不超过 20 人。

④丁、戊类厂房每层建筑面积不超过 400 平方米，且同一时间的生产人数不超过 30 人。

⑤地下室、半地下室厂房或厂房的地下室、半地下室，其建筑面积不超过 50 平方米，且经常停留人数不超过 15 人。

3. 消防安全管理检查

小型生产加工企业的法定代表人或者主要负责人应为本单位的消防安全责任人和消防安全管理人。消防安全责任人和消防安全管理人应当依照《消防法》的有关规定履行消防安全职责，负责检查和落实本单位的防火措施、制定并演练灭火预案，对建筑消防设施、消防通道、电源和火源等进行管理，并定期开展防火检查、巡查。根据本企业生产加工的特点，重点加强对生产过程中的原料、半成品、成品摆放位置及机电设备周围物品种类的规范管理；对生产加工过程中使用的电热器具，如电熨斗等，应固定使用地点，采取可靠的防火措施。

企业应参照社会单位"四个能力"建设标准，重点加强对本企业新入职员工的消防安全教育，使其了解和掌握本单位的火灾危险性和防火措施、组织和引导人员疏散的路线和方法，熟练使用各类消防设施和灭火器材。

4. 消防安全重点部位检查

生产加工场所在生产过程中可能会产生易燃、可燃气体或液体，少部分生产加工场所的生产设备还会有爆炸性危险。所以，在消防监督检查过程中应重点加强对以下部位的检查。

（1）生产加工场所内散发较空气轻的可燃气体、可燃蒸气的甲类厂房，宜采用轻质屋面板作为泄压面积，顶棚应尽量平整、无死角，厂房上部空间应通风良好。散发较空气重的可燃气体、可燃蒸气的甲类厂房以及有粉尘、纤维爆炸危险的乙类厂房，应符合下列规定。

①应采用不产生火花的地面。采用绝缘材料做整体面层时，应采取防静电措施。

②散发可燃粉尘、纤维的厂房，其内表面应平整光滑，并易于清扫。

③厂房内不宜设置地沟，确需设置时，其盖板应严密，应采取防止可燃气体、可燃蒸气以及粉尘、纤维在地沟内积聚的有效措施，且在与相邻厂房连通处应采用防火材料密封。

（2）生产加工场所内有爆炸危险的甲、乙类生产部位，宜布置在单层厂房靠外墙的泄压设施附近或多层厂房顶层靠外墙的泄压设施附近。有爆炸危险的设备宜避开厂房的梁、柱等主要承重构件布置。有爆炸危险的甲、乙类厂房的总控制室应独立设置。有爆炸危险的甲、乙类厂房的分控制室在受条件限制时可与厂房贴邻建造，但必须靠外墙设置，并采用耐火极限不低于3小时的防火隔墙与其他部分隔开。

（3）生产加工场所内有爆炸危险的区域内的楼梯间、室外楼梯或有爆炸危险的区域与相邻区域连通处，应设置门斗等防护措施。门斗的隔墙应为耐火极限不低于2小时的防火隔墙，门应采用甲级防火门，并应与楼梯间的门错位设置。使用和生产甲、乙、丙类液体的厂房，其管、沟不应与相邻厂房的管、沟相通，下水道应设置隔油设施。

5.电气线路及照明设施检查

生产加工场所电气线路及照明设施检查要点包括以下几个方面。

（1）生产加工场所内配电箱不应直接安装在可燃、易燃装修材料上，配电盘下不得堆放杂物。

（2）电闸箱内应使用质量合格的保险丝，不得使用铁丝或其他物品代替保险丝。

（3）进行电气线路敷设工程时，必须由经过国家正规培训的专业电工进行架设，严禁私拉乱接电源线路。

（4）生产加工厂房内的加工设备应充分考虑线路的承载能力，必要时应重新布线；大功率电器应尽量分布在不同的线路上，避免各种大功率电器因连接在同一线路上造成局部线路过载而发生事故。

（5）吊顶内电线应进行穿管敷设或暗敷。

6.建筑消防设施检查

生产加工场所的灭火设施和器材设置因生产性质不同而区别较大，应按照相关规范的要求进行设置，具体要求如下。

（1）下列生产加工场所应设置室内消火栓系统。

①占地面积大于 300 平方米，耐火等级为一、二级且可燃物较少的单层、多层丁、戊类厂房。

②耐火等级为三、四级且建筑体积不大于 5000 立方米的戊类厂房可不设置室内消火栓系统，但宜设置消防软管卷盘或轻便消防水龙。

（2）下列生产加工场所中应设置自动灭火系统，并宜采用自动喷水灭火系统。

①占地面积大于 1500 平方米或总建筑面积大于 3000 平方米的单层、多层制鞋、制衣以及生产玩具及电子产品等类似产品的生产厂房。

②占地面积大于 1500 平方米的木器厂房，泡沫塑料厂的预发、成型、切片、压花部位，以及高层乙、丙类厂房。

③建筑面积大于 500 平方米的地下或半地下丙类厂房。

（3）下列生产加工场所应设置雨淋自动喷水灭火系统。

①火柴厂的氯酸钾压碾厂房。

②建筑面积大于 100 平方米且生产或使用硝化棉、喷漆棉、火胶棉、赛璐珞胶片、硝化纤维的厂房。

（4）生产加工场所中任一层建筑面积大于 1500 平方米或总建筑面积大于 3000 平方米的制鞋、制衣，生产玩具及电子产品等类似用途的厂房应设置火灾自动报警系统。此外，生产加工场所内可能散发可燃气体、可燃液体的处所，应设置可燃气体报警装置。

二、小型仓储场所的消防监督检查

（一）小型仓储场所的火灾危险性

1. 违章建筑多，先天性火灾隐患大

小型仓储场所的位置相对偏僻，很多经营单位在仓储场所建设之初没有按规定办理包括消防审核在内的任何审批手续，导致很多仓储场所的建筑成为违章建筑，形成先天性火灾隐患。此外，小型仓储场所的经营者为了扩大业务规模，往往会在原有仓储场所的基础上私自进行扩建，致使建筑防火分区面积过大，且与相邻建筑之间防火间距不足，超出了相关消防规范的规定要求。一旦发生火灾，不仅会造成火烧连营的局面，还会给消防队员的灭火救援工作带来很大的困难。

2. 消防基础建设较差，给水设施缺乏

大部分小型仓储场所都分布于城乡交会的偏远地区，由于地方市政规划、资金、人力和财力资源等原因，很多仓储场所的周边地区没有敷设市政消防给水管网，这些仓储场所的消防水源只能以天然水源为主，而有的受地区环境和季节变换的影响，天然水源水质较差，无法按规范要求保证消防用水的水量。

3. 消防管理混乱，安全意识淡薄

小型仓储场所的经营者或管理者在日常管理工作中过度追求企业的经济效益，而忽略了消防安全工作，漠视消防隐患的存在，集中表现为仓库内物品超量堆放现象严重，易燃、可燃物混存，货物与货物之间堆放时没有设置必要的防火间距，以及堵塞疏散通道，等等。

4. "三合一"情况普遍，人为地增加了火灾隐患

有的经营者擅自更改建筑使用性质，在仓储区域内私自设置办公、住宿区域，部分仓储场所甚至集储存、办公、员工集体住宿等于一体，形成"多合一"建筑，破坏了原有的防火和疏散设施，增加了火灾隐患。

（二）仓储场所的消防监督检查要点

1. 建筑物合法性检查

根据《消防法》《建设工程消防监督管理规定》和《消防监督检查规定》的相关规定，非储存易燃易爆危险品的仓储建筑实行消防设计和竣工验收备案抽查制度。

2. 建筑防火检查

根据仓储场所的特点，其建筑防火检查应重点检查以下内容。

（1）平面布置。

甲类仓库、多层乙类仓库和储存可燃液体的多层丙类仓库，其耐火等级不应低于二级。单层乙类仓库，单层丙类仓库，储存可燃固体的多层丙类仓库以及多层丁、戊类仓库，其耐火等级不应低于三级。一、二级耐火等级仓库的上人平屋顶，其屋面板的耐火极限分别不应低于 1.5 小时和 1 小时。

（2）防火间距。

甲类仓库与高层民用住宅及重要的公共建筑等的防火间距不应小于 50 米。乙类仓库（除第六项物品外）与民用建筑的防火间距不宜小于 25 米，与重要的公共建筑的防火间距不应小于 50 米。丁、戊类仓库与民用建筑耐火等级均为一、二级时，仓库与民用建筑的防火间距可适当减小，但应符合下列规定。

①当较高一面外墙为无门、窗、洞口的防火墙，或比相邻较低一座建筑屋面高 15 米及以下范围内的外墙为无门、窗、洞口的防火墙时，其防火间距不限。

②相邻较低一面外墙为防火墙，且屋顶无天窗或洞口、屋顶的耐火

极限不低于 1 小时，或相邻较高一面外墙为防火墙，且墙上开口部位采取了防火措施，其防火间距可适当减小，但不应小于 4 米。

（3）防火分隔。

仓储场所内的员工宿舍严禁设置在仓库内。办公室、休息室等严禁设置在甲、乙类仓库内，也不应相贴邻。办公室、休息室设置在丙、丁类仓库内时，应采用耐火极限不低于 2.5 小时的防火隔墙以及耐火极限不低于 1 小时的楼板与其他部位分隔，并应设置独立的安全出口。如隔墙上需开设相互连通的门时，应采用乙级防火门。

（4）储物堆放间距。

仓储场所库存物资每堆占地面积不宜大于 100 平方米，堆与堆之间的距离不少于 1 米，堆与墙之间的距离不少于 0.5 米，堆与梁、柱之间的距离不少于 0.3 米，主要通道宽度不少于 0.3 米，堆与灯具垂直下方的间距不少于 0.5 米。

（5）防爆泄压。

甲、乙、丙类液体仓库应设置防止液体流散的设施。遇湿会发生燃烧爆炸的物品仓库应采取防止水浸渍的措施。有爆炸危险的仓库或仓库内有爆炸危险的部位，宜按有关规定采取防爆措施，设置泄压装置。

3. 安全疏散检查

每座仓库的安全出口不应少于 2 个，当一座仓库的占地面积不大于 300 平方米时，可设置 1 个安全出口。仓库内每个防火分区通向疏散走道、楼梯或室外的出口不宜少于 2 个，当防火分区的建筑面积不大于 100 平方米时，可设置 1 个出口。通向疏散走道或楼梯的门应为乙级防火门。

此外，地下或半地下仓库的安全出口不应少于 2 个；当建筑面积不大于 100 平方米时，可设置 1 个安全出口。地下或半地下仓库，当有多个防火分区相邻布置并采用防火墙分隔时，每个防火分区可将防火墙上通向相邻防火分区的甲级防火门作为第二安全出口，但每个防火分区必须至少有 1 个直通室外的安全出口。

4. 消防安全管理检查

仓储场所单位应当依照《消防法》《机关、团体、企业、事业单位消防安全管理规定》的有关要求履行消防安全职责，重点加强以下两项消防管理工作。

（1）对仓储场所内所存货物的种类、数量、危险性及火灾扑救措施的培训和演练。

（2）仓储区应当设置醒目的禁火标识，场所内严禁吸烟及使用明火，确需动火作业的，应当办理动火手续，并指定专人进行监护。

5. 电气线路及照明设施检查

易燃易爆物品仓库的电气线路和用电设备的选用与安装应满足《爆炸危险环境电力装置设计规范》（GB 50058）的防爆要求。

6. 消防设施检查

检查仓储场所是否设置与储存规模、火灾危险性、物料性质等相适应的消防设施器材；是否每年进行检测、维修，检测、维护保养记录是否完整准确。仓储场所消防设施器材的配备要求如下。

（1）仓储场所周围应设置室外消火栓系统。

（2）仓储场所占地面积大于 300 平方米的应设置室内消火栓系统。其中，耐火等级为一、二级且可燃物较少的单层、多层丁、戊类仓库，耐火等级为三、四级且建筑体积不大于 5000 立方米的戊类仓库，可不设置室内消火栓系统，但宜设置消防软管卷盘或轻便消防水龙。

（3）下列仓储场所中应设置自动灭火系统，并宜采用自动喷水灭火系统。

① 每座占地面积大于 1000 平方米的棉、毛、丝、麻、化纤、毛片

及其制品的仓库。

②每座占地面积大于 600 平方米的火柴仓库。

③邮政建筑内建筑面积大于 500 平方米的空邮袋库。

④可燃、难燃物品的高架仓库和高层仓库。

⑤设计温度高于 0℃的高架冷库，设计温度高于 0℃且每个防火分区建筑面积大于 1500 平方米的非高架冷库。

⑥总建筑面积大于 500 平方米的可燃物品地下仓库。

⑦每座占地面积大于 1500 平方米或总建筑面积大于 3000 平方米的其他单层或多层丙类物品仓库。

（4）仓储场所中建筑面积大于 60 平方米或储存量大于 2 吨的硝化棉、喷漆棉、火胶棉、赛璐珞胶片、硝化纤维的仓库应设置雨淋自动喷水灭火系统。

（5）仓储场所中每座占地面积大于 1000 平方米的棉、毛、丝、麻、化纤及其制品的仓库，占地面积大于 500 平方米或总建筑面积大于 1000 平方米的卷烟仓库，应设置火灾自动报警系统。仓储场所内可能散发可燃气体、可燃液体的场所应设置可燃气体报警装置。

第四节　小型加油站

加油站主要存储、销售汽油、柴油、乙醇汽油等燃料油品，具有较高的火灾和爆炸危险性。出于经营服务的需要，很多加油站建设在城市中心，数量多、分布广。小型加油站内虽然单次作业量相对较小，但作业频繁，流动车辆多，人员来往复杂，稍有不慎极易引发火灾爆炸事故，是影响城市居民安全的主要危险源之一，必须加强日常消防安全检查。

一、加油站的分级

加油站是指为机动车加注汽油、柴油等车用燃油并可提供其他便利性服务的场所。加油站主要由油气储存区、加油区、管理区三部分组成，有的加油站还设有便利店、洗车服务等辅助设施。

加油站根据其储油罐的容积通常划分为三个等级：一级加油站，油罐总容量为150立方米～210立方米，单罐容量不大于50立方米；二级加油站，油罐总容量为90立方米～150立方米，单罐容量不大于50立方米；三级加油站，油罐总容量为90立方米以下，单罐汽油罐容量不大于30立方米，单罐柴油罐容量不大于30立方米。城市建成区不应建设一级加油站，公安派出所日常消防监督检查的重点主要是三级加油站。

二、小型加油站的火灾危险性

（一）储存物质本身易燃易爆

加油站主要经营汽油、柴油。汽油的闪点一般为-50℃～-30℃，爆炸极限为1.5%～6.48%体积浓度。在正常温度下，汽油会挥发出大量蒸气，遇明火或电火花易发生燃烧或爆炸。汽油本身的理化性质决定了加油站的火灾危险性较大。

（二）油品作业火灾危险环节多

加油站火灾事故主要发生在卸油、量油、加油和清罐等作业环节。

这四个环节都会使油品与空气接触，如果在作业中违反操作程序，使油品或油品蒸气在空气中与火源接触，就会导致火灾、爆炸事故的发生。

（三）加油站点消防管理难度大

加油站点消防管理难度大，主要体现在以下两个方面：一方面，加油站点多、线长、面广，经营成分复杂，既有集体性质的又有个体性质的，管理难度大；另一方面，有的加油站工作人员消防安全意识淡薄，存在安全制度、消防组织不落实现象，个别加油站经营中还存在掺杂轻质油的问题，更增加了加油站的火灾危险性。此外，加油站外来人员多，个别司机、乘客防火意识差，接打电话现象普遍存在。

三、小型加油站消防监督检查要点

（一）设置位置检查

1. 站址选择

加油站的站址选择，应符合城乡规划、环境保护和防火安全的要求，并应选在交通便利的地方。在城市建成区不应建一级加油站及一级加油加气合建站。城市建成区内的加油站，宜靠近城市道路，但不宜选在城市干道的交叉路口附近。加油站与站外建（构）筑物的防火间距应满足《汽车加油加气站设计与施工规范》的具体规定。

2. 平面布局

加油站平面布局消防监督检查的主要内容和要求如下。

（1）车辆入口和出口应分开设置。

（2）站区内车道或停车位的宽度应按车辆类型确定。加油站的车道或停车位，单车道或单车停车位宽度不应小于4米，双车道或双车停车位宽度不应小于 6 米；站内的道路转弯半径应按行驶车型确定，且不宜小于 9 米；站内停车位应为平坡，道路坡度不应大于 8%，且宜坡向站外；加油作业区内的停车位和道路路面不应采用沥青路面。

（3）加油作业区内，不得有明火地点或散发火花地点。

（4）柴油尾气处理液加注设施的布置规定：不符合防爆要求的设备，应布置在爆炸危险区域之外，且与爆炸危险区域边界线的距离不应小于 3 米；符合防爆要求的设备，在进行平面布置时可按加油机对待。

（5）电动汽车充电设施应布置在辅助服务区内。

（6）加油站的变配电间或室外变压器应布置在爆炸危险区域之外，且与爆炸危险区域边界线的距离不应小于 3 米，变配电间的起算点应为门、窗等洞口。

（7）加油加气站内设置的便利店、汽车服务台等非站房所属建筑物或设施，不应布置在加油加气作业区内，其与站内可燃液体或可燃气体设备的防火间距应符合《汽车加油加气站设计与施工规范》中有关三类保护物的规定。便利店、汽车服务台等设施内设置明火设备时，应视为明火地点或散发火花地点。对加油站内设置的燃煤设备不得按设置有油气回收系统折减距离。

（8）加油站内的爆炸危险区域，不应超出站区围墙和可用地界线。

（9）加油站的工艺设备与站外建（构）筑物之间，宜设置高度不低于 2.2 米的不燃烧实体围墙。当加油加气站的工艺设备与站外建（构）筑物之间的距离大于《汽车加油加气站设计与施工规范》中规定防火间距的 1.5 倍，且大于 25 米时，可设置非实体围墙。面向车辆入口和出口道路的一侧可设非实体围墙或不设围墙。

（二）消防安全管理检查

加油站消防安全管理方面应重点检查以下内容。

（1）是否落实站区现场火源管理，是否存在在加油加气区内吸烟、营业期间动用明火等违规现象，辅助服务区内是否存在新增明火或散发火花地点。

（2）是否严格落实动火审批制度，因设备检修等需动用明火时是否停止加油加气作业，提前清理置换罐体、管道油气，清除可燃物，等等。

（3）是否按照操作规程进行卸油、加油（气）作业。

（4）是否落实防静电措施，并按要求对消防设施及防静电装置进行检查、维修、保养和检测。

（5）是否按有关要求对现场开展防火巡查、防火检查，及时发现并处置"跑、冒、滴、漏"现象。

（6）是否按要求委托具备相应资质的防雷检测机构对防雷设施进行定期检测，查阅检测报告结论是否合格。

（7）是否结合站内具体情况制定了灭火和应急疏散预案，并每年按要求进行演练。

（三）建筑防火检查

1.加油站办公区和加油区的检查

加油站办公区和加油区的检查，具体包括以下内容和要求。

（1）加油站内的站房及其他附属建筑物的耐火等级不应低于二级。当罩棚顶棚的承重构件为钢结构时，其耐火极限可为0.25小时，顶棚其他部分不得采用燃烧体建造。

（2）加油站内，爆炸危险区域内的房间地坪应采用不发火花地面并采取通风措施，站内不得设置经营性的住宿、餐饮和娱乐等设施。

（3）加油机不得设在室内，加油岛应高出停车场地坪0.2米，宽度不应小于1.2米，加油岛上的罩棚支柱距加油岛端部不应小于0.6米。

（4）罩棚应采用非燃烧材料制作，其有效高度不应小于4.5米。罩棚边缘与加油机或加气机的平面距离不宜小于2米。

2. 储油罐的检查

储油罐的检查，具体包括以下内容和要求。

（1）汽车加油站的储油罐应采用卧式钢制油罐。加油站的汽油罐和柴油罐宜埋地设置，严禁设在室内或地下室。

（2）一、二级加油站的油罐宜设带有高液位报警功能的液位计。

（3）汽油罐与柴油罐的通气管应分开设置。管口应伸出地面4米及以上；沿建筑物的墙（柱）向上敷设的通气管管口，应高出建筑物的顶面1.5米及以上；通气管管口应安装阻火器。油罐车卸油必须采用密闭卸油方式，汽油罐车卸油宜采用卸油油气回收系统。

（4）加油站的地上罐应集中单排布置，罐与罐之间的净距离不应小于相邻较大罐的直径。地上罐组的四周应设置高度为1米的防火堤，防火堤内堤脚线至罐壁的净距离不应小于2米。埋地罐之间的距离不应小于2米，罐与罐之间应采用防渗混凝土墙隔开。

（5）加油站的汽油罐车和液化石油气罐车卸车场地，应设罐车卸车时用的防静电接地装置。

3. 油品管道的检查

油品管道的检查，具体包括以下内容和要求。

（1）加油站内的工艺管道应埋地敷设，且不得穿过站房等建（构）筑物。

（2）当油品管道与管沟、电缆沟和排水沟交叉敷设时，应采取相应的防渗漏措施。

（3）地上或管沟敷设的油品管道的始末端和分支处应设防静电和防感应雷的联合接地装置。

（4）加油站内的地面雨水可散流排出站外；当雨水由明沟排到站

外时，在排出围墙之前，应设置水封装置；清洗油罐的污水应集中收集处理，不应直接进入排水管道。

（四）灭火器材检查

加油站的工艺设备应配置灭火器材，并应符合下列规定。

（1）每2台加油机应配置不少于2具4千克的手提式干粉灭火器，或1具4千克的手提式干粉灭火器和1具6升的泡沫灭火器。加油机不足2台时应按2台配置。

（2）地下储罐应配置1台不小于35千克的推车式干粉灭火器。当两种介质储罐之间的距离超过15米时，应分别配置。

（3）一、二级加油站应配置灭火毯5块，砂子2立方米；三级加油站应配置灭火毯不少于2块，砂子2立方米。加油加气合建站应按同级别的加油站配置灭火毯和砂子。

（五）供配电线路检查

加油站内一律不准私拉乱接电线；安装照明线时应按照电器安装的有关规定进行，严禁违章作业。检查时，应重点检查以下内容。

1. 加油站供电负荷

加油站的供电负荷等级可为三级，信息系统应设不间断供电电源，加油站的供电电源宜采用电压为380V/220V（伏）的外接电源，加油站的供电系统应设独立的计量装置。

2. 加油站电力线路敷设

加油站的电力线路宜采用电缆并直埋敷设；电缆穿越行车道部分，应穿钢管保护；当采用电缆沟敷设电缆时，电缆沟内必须充砂填实；电缆不得与油品管道、热力管道敷设在同一沟内。

3. 电气设备

爆炸危险区域内的电气设备选型、安装及电力线路敷设等，应符合现行国家标准《爆炸危险环境电力装置设计规范》的有关规定；加油站内爆炸危险区域以外的照明灯具，可选用非防爆型照明灯具；罩棚下处于非爆炸危险区域的灯具，应选用防护等级不低于 IP44 级的照明灯具。

4. 发电机组

当引用外电源有困难时，加油站可设置小型内燃发电机组，内燃机的排烟管口应安装阻火器。排烟管口至各爆炸危险区域边界的水平距离，应符合下列规定：排烟口高出地面 4.5 米以下时，排烟管口至各爆炸危险区域边界的水平距离不应小于 5 米；排烟口高出地面 4.5 米及以上时，排烟管口至各爆炸危险区域边界的水平距离不应小于 3 米。

4

第四章
消防产品质量监督与管理

第一节　消防产品质量监督与管理概述

消防产品是纳入国家强制性管理的公共安全类产品，消防产品的质量与国家经济建设、人民群众的生命财产安全息息相关。因此，加强消防产品质量监督与管理，打击假冒伪劣消防产品，维护消防产品市场秩序，是提高社会公共安全保障水平的一项长期工作。

一、消防产品及其相关术语的含义

（一）消防产品

消防产品是指专门用于火灾预防、灭火救援以及火灾防护、避难、逃生的产品。

（二）不合格的消防产品

不合格的消防产品，是指产品质量不符合国家有关法律法规规定的质量要求，或者不符合采用的产品标准、产品说明、实物样品或者以其他方式表明的质量状况的消防产品。

（三）国家明令淘汰的消防产品

国家明令淘汰的消防产品，是指国家及有关行政管理部门依据其职能，对消耗能源、污染环境、毒副作用大、技术明显落后的消防产品，按照一定的程序向社会公布自某时起禁止生产、销售和使用的消防产品。例如，哈龙是一种破坏臭氧层能力很强的物质，为了履行《保护臭氧层维也纳公约》，我国制定了《中国消防行业哈龙整体淘汰计划》，明确规定了停止哈龙生产、销售和使用的具体时间。

（四）缺陷消防产品

缺陷消防产品，是指消防产品存在危及人身、财产安全的不合理的危险，包括设计上的缺陷、制造上的缺陷及指示上的缺陷。消防产品不符合保障人身、财产安全的国家标准、行业标准中的安全要求的，是产品存在缺陷；产品不符合社会公认的安全性的，亦是产品存在缺陷。

（五）消防产品质量

消防产品质量，是指消防产品满足消防需要的适用性、安全性、可用性、可靠性、可维修性、经济性和环保性等所具有的特征和特性的总和。

二、消防产品的分类

消防产品的品种很多，按其性能和用途不同，大体上可分为以下六类。

（一）灭火剂产品

灭火剂是指能够有效地破坏燃烧的条件，从而终止燃烧的物质。常见的灭火剂主要有水、泡沫、二氧化碳等。比较专业的灭火剂主要有以下几种。

1. 干粉灭火剂

干粉灭火剂又称"化学粉末灭火剂"，其所使用的干粉是一种易于流动的微细固体粉末。一般借助于专用的灭火器或灭火设备中的气体压力，将干粉从容器中喷出，以粉雾的形式灭火。干粉灭火剂的组成成分主要有钠盐干粉、氨基干粉、通用或多用干粉和钾盐干粉等几种。干粉灭火剂按用途不同可分为普通干粉灭火剂、多用途干粉灭火剂和D类干粉灭火剂三类。

普通干粉灭火剂主要是全硅化碳酸氢钠干粉。这类灭火剂适用于扑灭B类火灾和C类火灾，因此又称为"BC类干粉"。BC类干粉按照其成分，还可分为钠盐干粉（以碳酸氢钠为基料）、紫钾盐干粉（以碳酸氢钾为基料）、钾盐干粉（以氯化钾或硫酸钾为基料）、氨基干粉（以尿素和碳酸氢钠或碳酸氢钾为基料）等。

多用途干粉灭火剂主要是磷酸铵盐干粉，具有抗复燃的性能，不仅适用于扑救液体、气体火灾，还适用于扑救一般固体物质的火灾（A类火灾），因此又称为"ABC类干粉"。ABC类干粉按照主要成分，还可分为磷酸盐干粉（以磷酸二氢铵、磷酸氢二铵、磷酸铵或焦磷酸盐等为基料）和碳硫氨基干粉（以碳酸铵与硫酸铵混合或聚磷酸铵为基料）等。

D类干粉灭火剂，是适用于扑救D类火灾的干粉。其基料目前主要有氯化钠、碳酸氢钠和石墨等。

干粉按粒径的大小不同可分为普通干粉灭火剂和超细干粉灭火剂两类。超细干粉灭火剂，是指粒径小于或等于20微米的固体粉末灭火剂。

2. 气溶胶灭火剂

气溶胶灭火剂是一种以液体或固体为分散相、以气体为分散介质所形成的粒径小于5微米的溶胶体系的灭火介质。其具有以下特点：可以不受方向的限制绕过障碍物达到保护空间的任何角落，并能在着火空间内有较长的驻留时间，从而实现全淹没灭火；不需要耐压容器；灭火效率较干粉灭火剂更高；既可用于封闭空间，也可用于开放的空间，对臭氧层的耗损指标为零。由于该灭火剂具有不易降落、可以绕过障碍物等气体的特性，故在工程上也可以当作气体灭火剂使用。按形成的方式不同，气溶胶灭火剂可分为热气溶胶灭火剂和冷气溶胶灭火剂两类。

3. 金属火灾灭火剂

扑救金属火灾可以选用的灭火剂，目前主要有以下几种。

（1）偏硼酸三甲酯（7150灭火剂）。

偏硼酸三甲酯是一种无色透明的可以固化的液体灭火剂，化学名称为"三甲氧基硼氧六环"，由硼酸三甲酯与硼酐按一定比例加热、回流、反应制得。其灭火机理是，当把其喷洒到着火物质表面时，可在燃烧高温的烘烤下迅速固化，并把着火物质的表面包裹起来，使其与空气隔绝而使燃烧窒息。此类灭火剂由于其价格较贵，使用面不太广，故市场上销售较少。

（2）原位膨胀石墨灭火剂。

原位膨胀石墨灭火剂是一种灰黑色鳞片状粉末，稍有金属光泽，是石墨层间化合物，由石墨与络合剂硫酸及水在辅助试剂的条件下发生反应，并加入润湿剂，然后解吸和吸附除去对环境有害的分解产物，再加入无害的反应物而制得。其主要成分是原位膨胀石墨，具有不污染环境、易于储存、喷洒方便以及易于清除灭火后金属表面上附着的固体物及回收未烧毁的剩余金属等优点。其主要用于扑救金属钠等碱金属及镁等轻金属火灾。其灭火机理是，将其喷洒在着火的金属表面上时，灭火剂中的反应物在火焰的高温作用下迅速呈气体形式逸出，使石墨迅速膨胀，且由于化合物的松装密度低，能够在燃烧的金属表面形成海绵状泡沫，与金属接触部分则被燃烧的金属润湿，生成金属碳化物或部分生成石墨层间化合物，瞬间形成与空气隔绝的耐火膜，从而达到灭火的效果。

（二）灭火器产品

灭火器是指将灭火剂充装于容器内，再借助自身的驱动压力，将其内部所充装的灭火剂喷出以扑救火灾，并可由人力移动的灭火器具。根据所充装灭火剂的不同，灭火器可分为水基型灭火器、泡沫灭火器、干粉灭火器、二氧化碳灭火器等类型。按照构造形式又可分为手提式灭火器和推车式灭火器两种类型，其中干粉灭火剂还有背负式的。

（三）消防电子产品

消防电子产品，是指专门用于消防安全上的无线电和电子技术产品。目前电子消防产品主要有火灾探测器、火灾报警控制器、消防车用警报器和消防通信器材等。其中火灾探测器根据其作用原理的不同，可分为感烟探测器、感温探测器、感光探测器三种类型。感烟探测器有离子型和光电型两种类型；感温探测器有定温型、差温型两种类型；感光探测器分为紫外光型和红外光型两种类型。其他的消防电子产品还有可燃气体报警器、可燃气体检漏仪、静电电位计等。

（四）工程消防产品

工程消防产品，是指工业与民用建筑、地下工程、轮船、飞机、海上石油钻井平台等安装使用的固定式灭火设备。目前主要有自动喷水灭火设备以及泡沫灭火剂、干粉灭火剂、二氧化碳灭火剂、混合气体灭火剂、气溶胶灭火剂等装配的固定灭火设备。这些固定灭火设备若与自动报警设备连成一体，即成为自动报警灭火系统，目前已发展为应用电子计算机控制。此外，还有建设工程中用于消防安全的建筑防火构配件和设备等消防产品。

（五）消防装备产品

消防装备产品，是指装备于公安、专职、义务消防队伍的消防车、消防艇，以及消防车随车装备及消防战斗员的个人装备等产品。

消防车是消防队伍最重要的灭火装备，在发生火灾时它是运载消防指战员、消防器具、灭火剂紧急出动，迅速驶向火场，为扑救火灾、抢救公民生命财产及保护消防员自身安全提供物资保证的重要装备。国产的消防车产品当前主要有泵浦消防车，水罐消防车，供水消防车，泡沫、干粉、二氧化碳联用消防车，干粉、泡沫联用消防车，云梯车，登高平台车，举高喷射车，通信指挥车，火场照明、破拆工具，后勤供应、消防救护车和摩托消防车等。

消防车的随车装备有吸水管、水枪、水带、滤水器、接口等供水线路上的器具，单杠梯、挂钩梯、二节和三节拉梯等消防梯，消防斧、铁铤、背负式金属切割机等破拆工具。

消防战斗员的个人装备，是提高消防战斗员战斗力和保护其人身安全的消防产品，主要有头盔、战斗服、隔热服、避火服、战斗靴，安全带、安全钩、保险钩、安全绳、腰斧，空气或氧气呼吸器，手提式照明灯具等，还有用于救人或自救的救生网、救生袋、缓降器，等等。

（六）防火产品

防火产品是指专为防止火灾而使用的消防产品，主要有防火门、防火玻璃、防火涂料、防火堵料、防火阀门、防火烟筒、火星熄灭器（防火帽）、阻火器、阻燃电缆、阻燃织物、阻燃材料等，以及其他与防止火灾有关的产品。

防火材料、阻燃制品的消防安全性能，应当符合国家标准或行业标准的要求，并经依照《中华人民共和国产品质量法》（以下简称《产品质量法》）确定的检验机构检验合格。

上述消防产品均属消防产品管理的对象和范围。随着科学技术的进步、国民经济的发展以及工业生产技术水平的提高，还会有更多的新的消防产品问世。

三、消防产品质量监督与管理的目的及原则

（一）消防产品质量监督与管理的目的

由于消防产品的质量直接关系到能够有效预防火灾以及发生火灾后能否有效发挥作用，及时处置火灾，保障公共安全以及人民群众的生命财产安全，因此，必须对消防产品实施质量监督与管理，其主要目的有以下两个。

（1）督促消防产品的生产、销售、安装、维修和使用单位自觉遵守国家法律法规、产业政策、技术标准和消防产品市场准入制度，依法惩处消防产品生产、销售、安装、维修和使用等环节的违法行为，维护消防产品市场秩序，杜绝因消防产品质量问题产生的火灾隐患。

（2）制止生产、销售或者使用不合格的消防产品及国家明令淘汰的消防产品，确保消防产品的质量，使其在火灾预防、灭火救援以及火灾现场防护、避难、逃生时发挥应有的作用，预防和减少火灾危害，保障人民群众的生命财产安全。

（二）消防产品质量监督与管理的原则

消防产品使用量大，应用范围广，仅仅依靠政府行政手段进行监管显然达不到预期效果，在市场经济条件下，必须利用市场调节和行政监管相结合的方法，将消防产品把关的任务分解到生产、流通、销售和使用的各个环节，充分发挥各方面的力量对消防产品质量进行监督与管理，才能确保消防产品的质量，因此，消防产品质量监督与管理应当遵循"企业负责、行业自律、中介评价、政府监管"的原则。

1. 企业负责

企业负责就是要求消防产品生产企业必须严格执行国家标准和行

业标准，保证出厂的消防产品质量合格并对其终身负责。

按产品标准生产质量合格的消防产品是消防产品生产企业的责任。销售、安装、维修环节是消防产品质量控制体系的延伸，消防产品在这些环节中产生的任何影响使用的质量问题都应由其生产企业负责。

2．行业自律

行业自律就是要求行业自律组织共同制定、实施切实可行的行业自律规范，并使之在产品质量保证活动中发挥重要作用。

行业自律组织是消防产品生产企业按照地域或产品类别组成的自律性组织，如行业协会的消防产品分会。由于国家法律法规只适用于消防产品质量市场准入方面的管理工作，当涉及某些明显违规但取证较困难的企业行为时，就需要行业自律组织有针对性地制定操作规范、指导性文件等进行行业自律规范，采取自我监督、市场调节的方法，约束企业的违规行为，保证整个行业产品质量的稳定性。

3．中介评价

消防产品管理体制改革后，政府不再直接管理企业，企业也不再由上级主管部门直接管理。要判定消防产品质量是否合格，消防产品企业质量控制能力是否符合要求，既不可能由政府监管部门决定，更不可能由企业自己说了算，这就必然要求由独立于企业和政府监管部门以外的第三方即中介评价机构，不受其他两方利益的干扰，对消防产品的质量和企业质量保证能力进行评价。

消防产品质量管理中介评价原则是市场经济体制的要求，因此，担负着消防产品质量保证能力评定任务的中介评价机构必须具备相应的评价能力，能够公平、公正地完成评价工作。

4．政府监管

政府监管是消防产品质量监督与管理的重要原则。政府有关职能部门在消防产品质量监督与管理中主要承担监管职责以及起到指导服务的作用。监管是指下令部门通过行政手段建立一套管理机制，颁布各种规章制度并采取抽查方法检查其规章制度的执行情况，奖优罚劣，从而达到保证消防产品质量的目的。服务是指政府部门根据自身工作的特点，积极建立与企业、用户和中介机构的沟通机制，为各个方面信息的流通疏通渠道，解决问题，帮助整个消防产品市场建立良性运作机制，达到保证消防产品质量、促进企业发展、全社会共同受益的目的。

四、消防产品质量监督与管理的主体

由于影响消防产品质量的环节甚多，为了方便消防产品质量监管，《消防法》第25条明确规定："产品质量监督部门、工商行政管理部门、消防救援机构应当按照各自职责加强对消防产品质量的监督检查。"也就是说，根据消防产品管理领域和对象的不同，消防产品质量监管主体由不同的特定国家机关承担，包括产品质量监督部门、工商行政管理部门、消防救援机构三方监管主体，通过其在各自职责范围内对消防产品的质量实施分段监管，联合协作，形成合力，整顿和规范消防产品市场环境，确保消防产品质量安全。

（一）产品质量监督部门

产品质量监督部门作为消防产品质量监督主体，依据《消防法》和《产品质量法》等的有关规定，负责消防产品生产领域的监督管理，并依法履行以下职责。

（1）组织开展消防产品生产领域的监督抽查。

（2）对举报投诉的消防产品生产领域的违法行为进行核查。

（3）对生产不合格的消防产品或者国家明令淘汰的消防产品的违

法行为依法实施行政处罚。

（4）负责消防产品质量认证、检验机构的资质认定和监督管理。

（5）负责制定有关消防产品的技术标准和市场准入制度。

（6）根据需要进行其他形式的消防产品质量监督检查。

（二）工商行政管理部门

工商行政管理部门作为消防产品质量监督主体，依据《消防法》和《产品质量法》等的有关规定，主要负责消防产品流通领域的监督管理，并依法履行以下职责。

（1）组织开展消防产品流通领域的监督抽查。

（2）对举报投诉的消防产品流通领域的违法行为进行核查。

（3）对销售不合格的消防产品或者国家明令淘汰的消防产品的违法行为依法实施行政处罚。

（4）负责消防产品生产、销售、安装、维修、质量认证和检验机构等企业营业执照发放的监督管理。

（三）消防救援机构

消防救援机构作为消防产品质量监督主体，依据《消防法》等的有关规定，主要负责消防产品使用领域的监督管理，并依法履行以下职责。

（1）组织开展消防产品使用领域的专项监督抽查。

（2）在实施建设工程消防验收及工程竣工备案抽查、公众聚集场所开业使用前消防安全检查及消防监督检查时，依照有关规定对消防产品的质量实施监督检查。

（3）对举报投诉的消防产品使用领域的违法行为进行核查。

（4）依法对消防产品质量认证机构、消防设施检测等消防技术服务机构实施监督管理。

(5) 负责对发现的人员密集场所使用不合格的消防产品或者国家明令淘汰的消防产品的违法行为实施行政处罚。此外，还应当将发现不合格的消防产品和国家明令淘汰的消防产品的情况通报产品质量监督部门、工商行政管理部门。

(6) 负责制定有关消防产品的法律法规和市场准入制度。

(7) 负责向社会提供符合消防产品市场准入制度的消防产品信息。

(8) 根据需要进行其他形式的消防产品质量监督检查。

第二节　消防产品市场准入制度

消防产品市场准入，是指体现市场的主体（消防产品的生产者与销售者）和客体（消防产品）进入市场的程度的一种政府行政许可行为。消防产品市场准入制度，就是为保证消防产品的质量安全，只有具备规定条件的生产者才允许进行生产经营活动、具备规定条件的消防产品才允许生产销售的一种监督制度。实行消防产品市场准入制度是贯彻落实《消防法》和《产品质量法》，确保消防产品质量安全的重要措施。为提升消防产品质量，切实把住消防产品质量关，目前我国的消防产品市场准入制度实行强制性产品认证、技术鉴定制度，即对纳入强制性产品认证目录的消防产品，实行强制性产品认证制度；对新研制的尚未制定国家标准、行业标准的消防产品，实行技术鉴定制度。

一、消防产品强制性认证制度

（一）强制性产品认证制度的含义及作用

1. 强制性产品认证制度的含义

强制性产品认证，又称"CCC认证"，是指通过制定强制性产品认证的产品目录和强制性产品认证实施规则，经法定认证机构对列入《中华人民共和国实施强制性产品认证的产品目录》（以下简称《目录》）中的产品实施强制性的检测和工厂检查。

强制性产品认证制度，是我国政府为保护国家安全，防止欺诈行为，保护人的健康或安全，保护动植物的生命或健康，保护环境，对涉及人类健康和安全、动植物生命和健康以及环境保护和公共安全的产品，依法实施的通过认证手段评价产品是否符合国家强制要求的一种市场准入制度。它要求产品必须符合国家标准和相关技术规范的要求。凡列入《目录》的产品，没有获得指定认证机构的认证证书，没有按规定施加认证标识，一律不得出厂、销售、进口或者在其他经营活动中使用。

2. 强制性产品认证制度的作用

强制性产品认证制度在贯彻国家有关法律法规和技术标准，规范市场经济秩序，打击假冒伪劣行为，提高产品质量管理水平以及保护消费者权益等方面，具有其他工作无法替代的作用和优势。强制性产品认证制度由于其科学性和公正性，作为产品市场准入的手段已被世界大多数国家采用。

（二）消防产品强制性认证制度的含义及特征

1. 消防产品强制性认证制度的含义

消防产品强制性认证，是指由国务院产品质量监督部门会同国务院应急管理部门制定强制性产品认证的消防产品目录和消防产品强制性认证实施规则，具有法定资质认证机构的应急管理部消防产品合格评定中心按照国家标准、行业标准的强制性要求，对列入《目录》中的消防产品实施强制性的检测和审核。

2. 消防产品强制性认证制度的特征

为了预防和减少火灾事故的发生，保障国家和人民群众的生命财产安全，我国对涉及人民群众的生命财产安全和社会公共安全的部分消防产品，在统一产品目录，统一技术规范的强制性要求、标准和合格评定程序，统一认证标识，统一收费标准的前提下，实行强制性产品认证制度。消防产品强制性认证制度已发展成为我国消防产品市场准入的主要模式，是国家维护消防产品质量安全的重要制度，其具有以下三个主要特征。

（1）强制性。

凡依法纳入《目录》的消防产品必须由具有法定资质的认证机构认证合格后，方可生产、销售、使用；未获得强制性产品认证证书或未标注强制性认证标识的消防产品，不得出厂、销售、进口或在其他经营活动中使用。所谓具有法定资质，是指依照《中华人民共和国认证认可条例》（以下简称《认证认可条例》）的规定，设立认证机构，应当经国务院认证认可监督管理部门批准，并依法获得法人资格后，方可从事批准范围内的认证活动。未经批准，任何单位和个人都不得从事认证活动。目前，承担消防产品强制性认证工作的指定认证机构为应急管理部消防产品合格评定中心；承担消防产品强制性认证工作的实验室分别为国家固定灭火系统和耐火构件质量监督检验中心、国家消防装备质量监督检验中心、国家消防电子产品质量监督检验中心和国家防火建筑材料质量监督检验中心。

(2) 合法性。

消防产品质量认证机构对消防产品实施认证，必须按照国家标准和行业标准的强制性要求进行。除此之外，认证机构实施认证时，还要遵守法律、行政法规、执业准则的要求，对认证服务质量负责。

(3) 公开性。

对被纳入强制性产品认证范围的消防产品，实行目录管理，由国务院产品质量监督部门会同国务院应急管理部门制定并向社会公布消防产品目录，未列入《目录》的消防产品，不需要认证机构进行认证。消防产品经过质量认证，由认证机构颁发产品质量认证证书，准许企业在产品或产品的包装上使用产品质量认证标识。认证机构应当对其认证的消防产品实行有效的跟踪调查，认证的消防产品不能持续符合认证要求的，认证机构应当暂停其使用甚至撤销认证证书，并予公布。

二、消防产品技术鉴定制度

《消防法》第 24 条第 3 款规定："新研制的尚未制定国家标准、行业标准的消防产品，应当按照国务院产品质量监督部门会同国务院应急管理部门规定的办法，经技术鉴定符合消防安全要求的，方可生产、销售、使用。"

(一) 消防产品技术鉴定的含义及本质

1. 消防产品技术鉴定的含义

消防产品技术鉴定，是指经国务院产品质量监督部门和国务院应急管理部门共同指定的技术鉴定机构，依法按照规定的形式和程序，对新研制的尚未制定国家标准或行业标准的消防产品，就其主要性能、技术水平、试（投）产或在生产中使用的可行性、市场前景等方面是否符合

第四章　消防产品质量监督与管理

消防安全要求进行综合审查和评价，并做出相应的结论的活动总称。

2. 实行消防产品技术鉴定制度的本质

由于新研制的消防产品往往没有相应的国家标准或行业标准做参考，一时难以纳入《目录》，不能对该产品实行强制性产品认证，如果再没有其他办法允许市场准入，将不利于消防新产品的推广应用。为了鼓励、支持消防新技术研发以及消防新产品的推广应用，保证新研制的消防产品的质量安全，《消防法》规定，对新研制的尚未制定国家标准、行业标准的消防产品，应当按照国务院产品质量监督部门会同国务院应急管理部门规定的办法，经技术鉴定符合消防安全要求的，方可生产、销售、使用。新研制的消防产品在经实践验证后性能比较稳定、可靠的，也可能逐步制定行业标准、国家标准，并纳入强制性产品认证范围，允许更多企业生产并扩大使用范围。实行消防产品技术鉴定制度，从本质上讲为研制消防新产品企业的产品市场准入提供了可行途径，是国家鼓励、支持消防科学研究和技术创新的关键环节，它与消防产品强制性认证制度之间有着相辅相成的关系。

（二）实行消防产品技术鉴定制度的消防产品范围

对新研制的尚未制定国家标准、行业标准的消防产品，实行消防产品技术鉴定制度。

（三）消防产品技术鉴定制度的构成要素及实施主体

1. 消防产品技术鉴定制度的构成要素

消防产品技术鉴定制度的构成要素包括产品范围、技术鉴定实施规则与管理要求。

2. 消防产品技术鉴定制度的实施主体

国务院产品质量监督部门和国务院应急管理部门负责制定和公布

消防产品技术鉴定实施规则，并对消防产品技术鉴定活动实施监督。具体消防产品技术鉴定实施工作由国务院产品质量监督部门和国务院应急管理部门共同指定的消防产品技术鉴定机构按相关要求进行。

消防救援机构应将经技术鉴定合格的消防产品信息予以公布。

3. 消防产品技术鉴定机构的条件及责任

消防产品技术鉴定机构是负责实施消防产品技术鉴定工作的专门机构。这些机构的任务是根据相关规范对新研制的尚未制定国家标准、行业标准的消防产品进行技术鉴定，确保这些产品符合消防安全要求。

（1）消防产品技术鉴定机构的条件。

国务院产品质量监督部门和国务院应急管理部门共同指定的消防产品技术鉴定机构应当是具有第三方公正性的消防行业社团或者中介机构，并应具备下列条件。

①符合消防产品技术鉴定机构建设规划和资源配置要求。

②有固定的场所和必要的设施。

③有符合技术鉴定要求的管理制度。

④有10名以上消防技术人员，其中有3名以上高级工程师，有2名以上从事消防标准化工作5年以上经验的专家。

⑤熟悉消防产品的行业状况及国家产业政策。

（2）消防产品技术鉴定机构的责任。

消防产品技术鉴定机构及其鉴定人员应当遵守有关法律法规和产业政策的规定，严格按照消防产品技术鉴定实施规则开展技术鉴定工作，客观公正地出具消防产品技术鉴定证书，对技术鉴定结果负责，并依法承担法律责任。

（四）生产者委托消防产品技术鉴定的条件和程序

1. 生产者委托消防产品技术鉴定的条件

消防产品生产者委托消防产品技术鉴定，应当具备下列条件。

（1）消防产品设计结构合理，性能先进，技术先进适用，具备全新的功能或较原技术有明显改进，有应用、推广价值。

（2）具备必需的标准、工艺规程、工装、检测等手段，工艺技术文件齐全。

（3）达到设计要求，符合国家标准、行业标准或用户要求的技术经济指标。

（4）技术资料齐全，数据真实准确。

（5）符合安全、环境保护等有关规定。

（6）符合规定的鉴定申报程序。

2. 生产者委托消防产品技术鉴定应提交的材料

消防产品生产者委托消防产品技术鉴定，应当提交符合下列条件的证明文件。

（1）具有法人资格，有健全有效的质量管理制度和责任制度。

（2）具有与所生产的产品相适应的专业技术人员、生产条件、检验手段、技术文件和工艺文件。

（3）其生产的产品符合有关国家标准、行业标准以及保障人的健康和生命财产安全的要求。

境外消防产品生产者可以委托在我国境内有固定生产场所或经营场所的进口商、销售商申请技术鉴定。

（五）消防产品技术鉴定的程序和证书时限

1. 消防产品技术鉴定的程序

消防产品技术鉴定应当按以下程序进行。

（1）消防产品生产者向消防产品技术鉴定机构提出书面委托，并依法提交规定的有关证明文件。

（2）消防产品技术鉴定机构对有关文件资料进行审核，审查产品标准，并将审查合格的产品标准报国务院应急管理部门消防救援机构备案。

（3）消防产品技术鉴定机构按照技术鉴定实施规则，组织开展消防产品工厂生产条件检查及产品检验。

（4）消防产品技术鉴定机构自接受委托之日起 90 日内，做出是否合格的结论。产品检验时间不计入技术鉴定的时限，但消防产品技术鉴定机构应当将检验时间告知当事人。

（5）消防产品经技术鉴定合格的，消防产品技术鉴定机构应当颁发消防产品技术鉴定证书；经技术鉴定不合格的，应当书面通知委托人，并说明理由。

2. 消防产品技术鉴定证书的时限

消防产品技术鉴定证书有效期为 2 年。有效期届满，需要继续生产消防产品的，应当在有效期届满前的 6 个月，向原出具技术鉴定证书的消防产品技术鉴定机构提出换证申请。

在消防产品技术鉴定证书有效期内，消防产品的生产条件、检验手段、生产技术或工艺发生变化，对性能产生重大影响的，生产者应当重新委托消防产品技术鉴定。

第三节　消防产品质量监督检查

一、消防产品质量监督检查的形式

我国的消防产品质量监督检查采用日常监督检查和监督抽查相结合的方式进行。消防产品质量监督检查主要有以下几种形式。

（一）结合消防监督检查、建筑工程消防验收等对消防产品进行日常监督检查

消防救援机构在开展消防监督检查的过程中，可以同时对消防产品进行监督检查。在进行建筑工程消防验收时，应当在执行验收规定的同时，依照《消防产品现场检查判定规则》和《消防产品一致性检查要求》的相关规定，对消防产品进行监督抽查，对建筑工程消防产品的市场准入手续、产品的一致性及产品的质量性能进行监督检查。

（二）消防产品专项监督抽查

对在日常开展的消防产品质量监督检查工作中发现的较为严重、比较普遍的消防产品质量问题，可结合实际依法开展专项监督抽查。所谓"较为严重、比较普遍的消防产品质量问题"，是指消防产品的防火、灭火主要性能存在严重缺陷，或检查发现的问题具有一定普遍性。消防救援机构应当根据本行政区域流通、使用的消防产品质量问题严重的情

况、分析原因、研究对策、制定方案，协调组织有关部门的力量，发挥舆论宣传作用，有针对性地组织开展集中专项质量整治活动，提高消防产品质量。

（三）群众举报、投诉的消防产品质量问题和违法行为的核查程序

消防救援机构对有关消防产品质量问题和违法行为的群众举报、投诉，应当建立登记制度，填写《消防违法行为举报、投诉查处情况记录》，并根据"分级负责、归口办理，谁主管谁负责、谁交办谁督办、谁承办谁落实"的原则以及案情轻重程度，指定专人或转（交）送下一级消防救援机构或者移送质量监督部门、工商行政管理部门进行调查处理。调查处理结果要及时反馈给举报、投诉人或有关部门。

（四）根据需要进行的其他消防产品质量监督检查

除了上述三方面的消防产品质量监督检查以外，消防救援机构还应当根据需要，适时开展其他形式的消防产品质量监督检查。例如：配合质量检验部门针对产品质量开展的监督抽查、行业抽查和地方抽查，进行消防产品抽样检查；针对重大活动消防保卫工作的需要，组织开展消防产品质量监督检查；等等。

二、消防产品质量监督检查的内容

消防救援机构实施消防产品质量监督检查，应当检查下列内容。

（一）消防产品市场准入制度检查

1. 市场准入资料审查

消防救援机构应当根据各类消防产品执行相应市场准入制度的类别，检查有关准入资料证明并且进行核实。

（1）列入强制性消防产品认证目录的消防产品是否具备强制性消防产品认证证书，并检查产品或者包装上使用强制性认证标识的情况。

（2）按照强制性国家标准或者行业标准的强制性规定，应当进行型式检验和出厂检验的消防产品，是否具备型式检验合格和出厂检验合格的证明文件。

（3）新研制（或进口）的消防产品是否具备技术鉴定证书。

（4）防火材料、阻燃制品是否符合《公共场所阻燃制品及组件燃烧性能要求和标识》的有关规定，并按照《阻燃制品标识管理办法（试行）》的要求在规定位置加施阻燃制品标识。

（5）列入身份信息管理制度的消防产品是否具有身份标准，并利用消防产品跟踪管理系统核查消防产品的来源是否合法。

2. 消防产品一致性检查

根据市场准入类别中消防产品的要求和特征的不同，对消防产品实物的外观标识、型号规格、结构部件、材料选用、尺寸允差、性能参数以及生产厂名、厂址与产地等方面与该产品获得的强制性消防产品认证证书、技术鉴定报告中对主责产品的具体描述和照片进行核对，并且判定产品实物与强制性产品认证、技术鉴定的结果相一致。

（二）消防产品质量现场检查

消防救援机构对一些正在安装或者还未安装的消防产品实施现场监督检查时，可以利用便携式的检测仪器或工具检查、测试产品的主要性能、基本功能或规格尺寸,并就检查、测试结果与该产品的技术标准进行对比判定。

(1)测试消防产品的关键性能是否符合《消防产品现场检查判定规则》的要求。

(2)测试消防设施、器材是否保持正常运行状态,且完好有效。对一些安装后的消防产品可在检查现场进行检测,如自动报警系统的功能试验,自动喷水灭火系统的末端试水,防火门、防火卷帘的启闭功能,灭火器的喷射性能,消防应急灯的应急照明功能,防排烟系统各种阀门的启、闭性能,以及消防控制系统的信息采集、控制和联动功能测试,等等。

(三)法律、行政法规规定的其他内容

按照有关法律、行政法规的规定,检查其他与消防产品质量有关的内容,包括产品的包装、运输、装卸、储存方式,存放场所的环境条件,等等。

三、消防产品质量监督检查程序

(一)消防产品日常监督检查程序

消防救援机构在消防监督检查和建设工程消防监督管理工作中,对使用领域的消防产品质量进行日常监督检查,按照《消防监督检查规定》《建设工程消防监督管理规定》《消防产品监督管理规定》执行。

(二)群众举报、投诉的消防产品质量问题的核查程序

消防救援机构接到对消防产品质量问题的举报或投诉,应当按照《消防救援机构办理行政案件程序规定》和《消防产品监督管理规定》

的相关规定处理。

1. 及时受理、登记

对不属于本单位管辖的群众举报、投诉的消防产品质量问题，在24小时内移送并告知报案人；对属于本单位管辖的，按照消防产品质量判定程序及时进行调查处理。

2. 核查处理

消防救援机构应在3个工作日内到现场对群众举报、投诉的消防产品质量问题进行核查，并对消防安全违法行为依法进行处理。

3. 告知

核查、处理情况应当在3个工作日内告知举报、投诉人；无法告知的，应当在受理登记中注明。举报、投诉人要求保密的，应当为其保密。

（三）消防产品专项监督抽查程序

1. 基本要求

进行消防产品专项监督抽查时，应注意以下基本要求。

（1）消防监督检查人员不得少于两人，必须着制式警服，并向被检查单位或人员出示执法身份证件。

（2）进行消防产品质量监督检查应当填写《消防产品监督检查记录》。检查结束时，应当将《消防产品监督检查记录》交被检查单位的主管人员阅后签名；被检查单位主管人员不在场或者对检查记录有异议或拒绝签名的，检查人员应当注明情况。

（3）《消防产品监督检查记录》应交所属消防救援机构存档备查。

2. 现场判定程序

消防监督检查人员对消防产品进行监督检查时，可以依据《消防产品现场检查判定规则》对消防产品的质量进行现场判定。对现场抽样的消防产品是否合格能够当场判定的，可以当场判定。对现场检查判定为不合格的，应当在3个工作日内将判定结论送达被检查人，并出具《消防产品现场检查判定不合格通知书》。

3. 抽样检验程序

消防监督检查人员对消防产品质量有疑义但现场无法判定的或被检查人对消防产品现场检查判定结论有异议的，消防救援机构应当在5个工作日内依照有关规定将样品送符合法定条件的产品质量检验机构进行监督检验，并自收到检验结果之日起3个工作日内，将《消防产品质量检验结果通知书》送达被检查人。抽查样品应当随机抽取，由被抽样单位无偿供给，其数量不得超过抽样检验的合理需要（通常为1~3件）。抽样时，填写《消防产品质量监督抽查抽样单》，并由被抽样单位负责人签字确认。

4. 复检程序

复检时，应履行以下程序。

（1）生产、销售、安装、维修、使用单位对现场检查判定结果或抽样检验结果有异议的，可以自收到检验结果之日起5日内向实施监督检查的消防救援机构提交《消防产品复检申请表》。

（2）消防救援机构受理复检申请，并当场出具《消防产品复检受理凭证》。

（3）消防救援机构受理复检申请后，应当在5个工作日内将备用样品送检。

（4）自收到复检结果之日起3日内，将复检结果告知申请人。

（5）复检申请以一次为限。复检合格的，费用列入监督抽查经费；复检不合格的，费用由申请人承担。

5.责令限期改正程序

消防救援机构发现使用依法应当获得市场准入资格而未获得准入资格的消防产品、不合格的消防产品或国家明令淘汰的消防产品等使用领域的消防产品质量违法行为，应当依法责令限期改正，并将发现消防产品质量违法行为的情况通报产品质量监督部门、工商行政管理部门和应急管理部消防产品合格评定中心。消防救援机构应当在收到当事人复查申请或者责令限期改正期限届满之日起3个工作日内进行复查。复查应当填写记录。

6.信息公布

产品质量监督部门、工商行政管理部门和消防救援机构应当依照有关规定将消防产品质量监督抽查结果、严重的消防产品质量违法行为的行政处罚情况等有关信息向社会公布。

四、消防产品质量监督检查的注意事项

消防救援机构进行消防产品质量监督检查时，应注意以下事项。

（1）检查的程序要合法。

（2）注意证据的收集。通过实地照相、录像等形式进行记录、取证，获取消防产品质量违法的证据。

（3）检查记录应交被检查单位主管人员阅后签名。

（4）对消防产品进行现场检验前，样品应得到被检查单位主管人员确认；产品数量较多时，应采取随机抽样方式获取样品。

（5）进行调查询问时，消防监督检查人员应当至少有两人在场。

（6）注意取得相关的证人证言材料，并采用各种方法固定保存。

（7）实施查封、扣押时应当严格按程序进行，会同被查封、扣押的单位主管人员查点清楚，写明被查封或者扣押物品清单，一式两份，

由物品持有人或见证人签名后,一份交给持有人或见证人,一份附卷备查。查封、扣押到期时,应及时做出处理决定,逾期不做出处理决定的,应当退还当事人;需要解除查封、扣押的,应当出具《查封/扣押物品、文件发还凭证》。

5

第五章

科技赋能消防监督管理

第一节 物联网技术在消防监督管理中的应用

在新时代背景下，消防监督管理工作的基本情况备受关注。生活模式的变化，使人们接触到多元化的事物，通过将相应的监督检查管理落实到位，可以更好地维护人民群众的生命财产安全，同时能进一步规避突发情况。消防监督检查工作的程序较为复杂，涉及的内容较多，势必要耗费较多的资源，如人力和物力等，若是单纯依靠传统的方案，必然会降低工作效率，进而影响到工作成果。在消防监督管理工作中，需要相关人员对建筑物的结构和内部消防设施进行细致的分析，清楚地了解基本规范和实际标准，若是相关人员缺少具体的责任意识，未能重视细节问题，势必影响工作成效，进而威胁人民群众的人身安全，单纯地依靠人力，实际的工作成效和质量必受影响。将物联网等新兴技术合理地融入其中，可以提升消防监督管理工作的效率，还能提高检查的准确度，将火灾隐患扼杀在萌芽中，减少相应的损失。应该正视当前两者结合的趋势，灵活采取先进的措施，稳步落实相关细节，促使物联网技术凸显出自身的价值，进一步促进消防监督管理工作的实施，为后续工作的开展打下坚实的基础。

一、物联网技术概述

物联网技术是在物流、医疗及自动加工等领域广泛应用的一种新型技术，是继计算机技术、互联网技术之后的一项技术革命的产物。物联网技术的最初构想是实现物物相连，但是在这种构想提出之后，经过不断地变化，加之信息技术的不断发展，物联网技术成为一种通过信息传感设备，能够按照相关协议约定将物品与互联网进行连接，以此进行信息交换和通信，完成智能化识别以及定位跟踪、监控、管理的一种网络技术，是互联网技术的延伸，更是互联网技术的扩展。物联网的主要组成部分就是传感设备和通信协议，其主要的作用就是智能识别、定位、跟踪、监控、管理。

二、物联网技术在消防监督工作中应用的背景

在消防事业发展过程中，出现了消防技术服务机构，并且很快发展成消防工作的中坚力量。对于消防事业而言，技术服务是维系技术全面发展的重要保障。

（1）物联网技术是顺应消防执法改革、提升消防监督管理水平的需要。

2019年5月，中共中央办公厅、国务院办公厅印发《关于深化消防执法改革的意见》，明确消防监管模式将从"单一监管"向"综合监管"转变，从"管事"向"管人"转变，从查隐患向查责任转变，依托物联网技术全面实行消防监管"双随机、一公开"模式。推行消防监管"一网通办"，完善"互联网+监管"执法工作机制，运用物联网和大数据技术，全时段、可视化监测消防安全状况，实时化、智能化评估消防安全风险，实现差异化精准监管，能有效地缓解消防监管压力，进一步提升社会消防监督管理水平。

（2）物联网技术是防范化解重大风险、破解制约火灾防控难题的需要。

随着社会经济的发展，新旧消防安全问题叠加涌现，管理对象无法动态感知、火灾隐患无法实时掌控、指挥调度无法智能支撑的矛盾日益突出。在警力有限、责任无限的现实条件下，深度运用大数据手段，寻找火灾防范潜在规律，提前预判风险，优化警力配置，精准调度指挥，对于防范化解重大消防安全风险、维护社会安全稳定具有重大意义。

（3）物联网技术是构建"智慧城市"、提升社会消防安全治理水平的需要。

充分利用移动计算、智能识别处理、虚拟仿真等现代信息通信技术，以数字地理信息为基础，结合移动定位系统、数字通信技术和计算机软件平台，对城市消防装备、应急预案、消防水源、建筑固定消防设施等信息进行智能采集、汇总、分析及辅助决策，配合大数据云计算平台、火警智能研判等的专业应用，实现对城市消防安全的监测、预警、处置、指挥调度等管理功能，进一步提升城市防火减灾救灾能力。

三、物联网技术在消防工作中的应用

物联网技术在消防工作中的应用主要体现在以下几个方面。

（一）物联网技术在防火监督工作中的应用

目前，国内物联网技术在防火监督工作中主要应用于建筑消防设施监控（火灾隐患监控）、消防技术服务机构监督管理及消防产品查验三个方面。

在建筑消防设施监控上，国内多数省份均按照省、市搭建消防监管服务云平台，网络服务运营商提供网络支持，科技公司开发智能监控设备的模式对建筑消防设施进行实时监控，消防救援机构及使用单位可通过监控软件实时查看建筑消防设施的运行情况，一旦设施处于停用或不正常状态，监控系统即向消防救援机构及用户发送提示信息，以达到实时监控和及时预警的目的。

在消防技术服务机构监督管理工作中，搭建省级消防技术服务机构信用管理平台，消防技术服务机构通过上传维修和保养检测报告、视频及照片，第一时间将服务情况在平台报备，以接受监督，消防救援机构在开展监督检查工作时可通过核对报备内容实现对消防技术服务机构的监管。

在消防产品查验上，物联网技术可利用前端感知技术，通过扫码获取消防产品信息，在系统中完成查验，消防产品类型、认证信息、参数规格及使用年限等信息都能够查询到。

（二）物联网技术在灭火救援工作中的应用

1. 执勤车辆及人员的动态管理

消防指挥中队所有的消防车辆和消防装备均可安装射频识别（RFID）技术设备的智能感应芯片，通过无线网络，所有的消防车辆和消防装备都能够通过该芯片进行实时通信及信息传输，从而形成一个以物联网技术为基础的消防救灾管理系统。相比于传统的传感芯片，RFID技术设备中的智能传感芯片具有识别距离远、能够动态识别、识别准确率高、能够在物体高速移动的情况下进行准确识别、能够一次识别多个高速移动的电子标签、受环境气候因素影响较小等优点，给整个消防指挥中队及消防单位的动态消防管理工作带来了极大的便利。无线传感网络技术和射频识别技术的有效结合，使消防指挥中心能够实时了解消防车辆和装备的实时位置及使用情况，在发生火灾时能够第一时间制定科学合理的消防车辆和人员的调度方案，从而有效减少消防人员的工作量。

2. 火灾救援线路规划方面的应用

除了消防车辆的实时智能调控以外，火灾救援线路的管理和规划也是至关重要的，在应用时，可以利用物联网技术的优势特点，通过在消防水枪、消防分水器、消防水带等位置安装射频识别技术装置，实时有效地收集该位置的信息，给救援指挥中心的线路规划提供参考。

3.消防装备的动态管理

消防中心所有的消防设备均可安装射频识别智能芯片，该芯片在使用过程中可以与安装好的RFID阅读器一起使用。RFID阅读器在工作时间隔一段时间便会发出数据信息，智能芯片在收到阅读器发送的信息时，可将信息自动解码，通过装配好的特定代码将信息再次送回至RFID阅读器。消防中心安装的特定软件便可将RFID阅读器收到的二次信息与之前的保存数据进行分析对比，如果信息存在较大的差异或者相关数据处在安全区域之外，软件便会发出警报，藉此消防指挥中心可以对所有的消防装备进行实时的动态化管理，掌握消防指挥中心所有的装备数量、种类以及所有装备所处的具体位置，一旦发生火灾，基于物联网射频识别技术的智能管理系统就能够在第一时间内为火灾所处区域的消防指挥中队提供可用设备的数量信息，并对所有的消防装备进行合理分配和调度，确保消防人员能够在第一时间到达火灾现场。在完成救灾救火任务以后，智能芯片还能够统计所有消防设备的损坏情况，如果损坏严重，软件会自动在消防指挥中心的特定软件中标明，在每次出警前后为消防指挥中心和消防人员提供准确的信息数据支持，从而提高所制定的救灾策略的科学合理性。

4.危险源动态智能管理

危险源包括各类化工装置、罐区以及危险品仓库、危险品运输车辆等，容易发生安全生产和火灾爆炸事故。利用物联网技术可以实现智能动态管理，预防事故发生或者及时处置事故。

（1）危险品车辆运输过程中的智能监控。

目前，危险品车辆运输过程还缺乏科学的管理，绝大部分区域都是

消防监督与管理

通过GPS（全球定位系统）来对危险品车辆进行定位的，用以掌握危险品车辆的实时位置。如果只使用GPS系统对车辆进行定位有一定的限制，在开展消防监督管理工作时，不仅要对危险品车辆进行实时监控，还要对运输的危险品的实时状态进行监控。如果存在危险品包装不严谨、密封阀门松动、集装箱柜门不紧密等状况，会给道路以及周围行驶的车辆和行人带来巨大的安全隐患。物联网的传感器技术在科技发展过程中得到了快速发展，在危险品车辆实时监控工作中得到了广泛的应用，应用传感器技术能够提高危险品车辆运行位置监控的实时性。该技术主要是通过中央电子铅封管理平台进行运作的，对区域内所有运输危险品的车辆进行登记，并为运输车辆和设备匹配专门的号码，以确保所有危险品车辆都能够在消防指挥中心的屏幕后台被工作人员实时监控，这就保证了危险品车辆行驶过程的安全性。

（2）化工危险品存放地点的远程管理。

在消防监督管理工作中，相关工作人员可以将智能感知设备安装在化工装置、危险运输罐、危险品存放地点，这样就可以将区域内所有的危险装备连接到同一个智能感知网络中。智能感知装备会对相关区域的气压状况、气体浓度、大气环境等进行实时监测，如果监测到信息数据超过安全范围，智能感知网络会立即向监管部门发出报警信号，不仅有利于对所有危险品进行安全可靠的监管，还有利于高效开展消防监督管理工作。

5. 公共消防设施

为保证灭火救援行动的顺利开展，公共消防设施的监督管理同样至关重要。一是消火栓的监管。在消火栓监管作业中，消防人员可将RFID识别芯片植入高层建筑、住宅建筑、危险品存放点、校园、大型商场等易发生火灾事故的场所的消火栓内，依靠物联网信息数据读取技术，随时掌握消火栓实时使用、维护、检修等综合情况，指明消防部门检查、更换、管理辖区消火栓的作业方向。在发现消火栓缺失、过期、老化等不良情况后，及时采取补充、更换等应对措施，确保消火栓能够在救援作业中发挥火灾扑救、阻止火势蔓延等优势作用，为被困人员的自救逃生、火场撤离以及救援人员的扑救"内攻"提供必要条件。二是消防水源的监管。为保障灭火救援工作具备有力的消防水资源支撑，消防部门可从辖区内消防水资源的严格监管入手。在辖区内固定水资源的恰当位置安装RFID智能芯片，如街道"水鹤"、小区人工湖、城市河道、自然河流湖泊等水体，利用物联网技术实时掌控这些水资源的可用水量，为消防指挥中心提供真实、可靠的消防灭火救援用水信息，为其制定、调整救援方案提供参考凭证，突出救援火场调取水的科学性、有序性，提高消防用水资源的使用率，以便迅速控制火情蔓延，保护人民群众的生命及公私财产安全。

（三）物联网技术在家庭火灾预防智能化中的应用

从相关试点调查研究来看，当前物联网技术在家庭火灾预防智能化中的应用也有了一定的突破，如针对独居老人的家庭火灾智能救助系统以及针对棚户区打造的智慧消防系统等都有所成效。在家庭火灾预防智能化中，借助物联网技术中的无线传感器技术，集合无线终端、系统平台、传感探测设备及地图辅助定位功能等，以家庭或建筑大楼等为单位实现了范围火灾报警功能及紧急求助功能。在该系统中，通过在各消防设备中安装智能芯片，构建了一套完整的火灾预防网络，如果消防设备出现故障，设备中的智能传感器能够快速将信息上传到系统当中，消防部门、物业及个体用户能够及时了解并解决故障问题。在出现火灾情况后，相关地址、联系方式等信息被及时上传至各消防单位组织与个人，并通过GPS定位快速赶赴现场解决火情。

（四）物联网技术在消防监督检查业务中的应用

1. 提升工作效率

以往的消防监督检查倾向于人防工作，简单来说，就是每次开展消防监督检查工作都需要投入大量的人力来做好火灾隐患排查、宣传和巡检工作，这种方式不仅费时费力，效果往往还不尽如人意。目前，物联网技术的使用，大大提高了消防监督检查效率。在实际实施过程中，我们可以给各种建筑物贴上不同的电子标签，并将这些标签的信息录入传感器中，消防部门能够据此做出各种等级备案，如果建筑物出现消防问题，相关部门能够在第一时间了解实际情况。简单来说，应用物联网技术，消防部门能够第一时间掌握不同建筑物内部的各种消防设备的信息以及其内部消防设施整体布局等数据。这样一来，消防部门就能够在最短的时间内处理好各种消防问题，保证消防系统和建筑物之间能够进行智能化连接，同时可以第一时间完成消防设施的采购和布署信息物联化，使其能够满足实际的建设和研究要求。另外，消防救援指挥中心科学准确地调动消防救援力量，对于快速、有效地处理初期火灾具有重要意义，而物联网的相关技术能够改进图像监测系统，并及时向指挥中心传送事故现场的实时图像。物联网图像监测系统可以完成远距离监测工作，消防救援指挥中心可以根据其传输的信息及时调整消防车辆与人员的出动数量，为救援工作的有效开展提供强有力的支持。物联网技术的高效性，能够促进消防工作更好地开展和实施，使其能够满足具体的建设施工发展要求。在实际应用中，可以对各种物联网技术进行有效升级，保证其能够满足整体的建设施工开展要求。

2. 为消防一体化业务平台提供重要的数据支持

物联网可以帮助消防部门实时监控各个建筑区域，并在监控过程中发现各种安全隐患，这样消防部门就可以及时采取措施去处理这些问题。我们可以利用物联网技术对消防救援车辆及救援人员进行动态管理，给消防救援车辆和人员贴上电子身份标签，使用无线网络组建物联网管理体系。比如，利用数据采集模块获得消防救援车载装置信息，只需把车载终端设置在救援车辆中即可确定相关装备的运转情况。此外，还可以配合全球卫星定位系统组建车辆和人员管控体系，从而降低消防工作量，提升管理工作的质效。利用互联网技术，提高信息传递的及时性，消防部门可以高效地开展各种监控工作，全面处理各类实际问题。此外，利用物联网技术还可以对消防装备进行动态管理。消防装备种类繁多且操作复杂，信息化时代要求我们对装备进行信息化管理，通过前期的数据采集、分析对各类装备进行管理，以提升消防安全管理水平。利用当前的信息技术能够对各种火情、火势更好地进行研究，使其满足实际的发展要求。物联网技术可以在第一时间为消防部门提供现场定位，实现导航功能，这为消防救援队伍快速抵达现场、迅速开展救援工作奠定了良好的基础。

3. 消防网络的贯通为物联网技术的应用奠定良好的基础

利用我国已经建立的公共消防网络，能够更好地实现各种信息资源的共享，提高消防救援队伍的整体工作效率。通过对各种信息平台的建设和管理，能够全面掌握各种数据，顺利安排实施相关工作，因此，公共消防网络是较为重要的网络信息技术。

通过现有的网络信息技术能够增强管理效果。信息技术已经成为物联网工作的重要组成部分，它可以帮助人们全面地完成包括云计算框架在内的内容的研究，同时实现各种数据的信息共享。针对当前的信息数据库，我们可以用密文在各终端间进行信息交互和报备。由此可见，物联网技术对于推动消防监督检查工作的开展有着重要的意义。

四、加强物联网技术在消防监督工作中的应用的措施

可以采取以下措施加强物联网技术在消防监督工作中的应用。

（一）充分发挥政府主导作用

将消防物联网建设融入"智慧城市"统筹推进、推行"政府+市场"的运维模式，通过政府购买服务的形式向社会重点单位免费推广消防物联网技术，制定保障政策，引导电信企业、物联网企业、金融保险等机构发挥专业优势和市场主体作用，参与消防物联网建设应用市场化运营管理。

（二）推动实现社会防火工作"一网通"

在强化单位监管方面，将宣传教育培训及疏散逃生引导等内容融入消防物联网平台，引入类似指导自助逃生的导航系统和智能救援系统，方便被困人员有序逃生，以及消防救援人员精准施救。在夯实末端防控方面，依托综合治理平台、消防救援机构监管平台实施社区消防安全网格化管理，全面采集居住出租房、"九小场所"（小学校或幼儿园、小医院、小商店、小餐饮场所、小旅馆、小歌舞娱乐场所、小网吧、小美容洗浴场所、小生产加工企业）等基础数据，建立基础公共安全数据库。设立"九小场所"火灾隐患举报投诉通道，通过综合治理网格、消防救援机构监管进行整改，防止小火酿大灾。在规范监督执法方面，将互联网行政审批受理系统和内网消防监督业务系统相结合，全面实行"外网受理、内网办理、外网反馈"，真正实现"一窗口办理、一站式办结"；通过技术规范加制度监管，全面纠治消防审批"体外循环""逾期不批"和"压案压卷"顽疾。

（三）加强社会火灾风险分析研判

建立完善本辖区九类高风险场所（商场市场、"多合一"场所、劳动密集型企业、公共娱乐场所、群租房、宾馆饭店、高层建筑、养老院、施工工地）基础数据库，结合火灾四项指数，定期开展辖区火灾风险评估，与城市消防物联网远程监控系统、高层住宅智能消防预警系统和"智慧"社会消防安全管理系统对接，打造社会化火灾风险防控系统。

五、物联网技术在消防监督管理领域的发展趋势

随着物联网技术的不断进步，消防监督管理工作将更加智能化和高效化，具体表现在以下两个方面。

（一）前端设备的智能化和普及化

从当前物联网技术的发展趋势不难发现，获得广泛认可的物联网产品或技术，必然具备三个特点，即万物互联、自动高效、价格低廉。因此，要使物联网技术在消防领域得到广泛运用，特别是实现家庭普及，以上特点缺一不可。随着视频结构化技术、识别技术的日益成熟，以及深度学习技术的进一步突破，智能化必然是前端设备厂家关注的重点。通过优化识别、判定功能，甚至直接开发智能化消防设施设备，有效降低单位成本，并将消防巡检员、值班员从频繁的巡查中解放出来，更有利于此项技术在单位场所的普及；通过整合"智能生活需求"与"智能安全保障"功能，将消防安全监测功能加入普通家庭常见的智能设备中，实现智慧消防家庭化。

（二）智慧消防的推进

近年来，行业对于智慧消防有了深入的研究与了解，为了实现精准防控火灾，深入融合现代科技与消防工作，城市物联网消防远程监控系统也在如火如荼的构建当中。未来，全新的物联网消防远程监控系统在传统的火灾自动报警系统的基础上，可以实现更加完备的消防监测，掌握火灾自动报警系统的运行情况、故障隐患及报警信号等多项功能，同时，在图像模式识别技术不断精进的前提下，能够有效分析火光与燃烧烟雾并及时报警，对于室内消火栓、自动喷淋系统水压以及消防供水管道阀门启闭情况、防火门开关情况都能够有效监测。针对电气火灾也能够实时监控其漏电电流与线缆温度等异常。未来，消防预警也会朝着智能化方向发展，能够有效监控消防设施、电气线路及疏散通道等，逐步提高建筑消防系统的运行效率，确保消防安全。

综上所述，随着时代的发展与变迁，信息化建设是必然趋势，消防工作要想获得高质量可持续发展，必须紧跟时代步伐，加强对物联网、互联网及大数据等新型技术的应用，建设完善的智慧消防体系，从而在维护社会和谐、保障人民群众安居乐业、促进我国社会经济发展中发挥重要作用；同时，在加强物联网技术在消防监督管理工作中的全方面应用的过程中，还需要积极创新，朝着前端设备智能化、整体框架云化的大方向发展。

第二节　大数据技术在消防监督管理中的应用

经济社会的快速发展对消防监督管理工作提出了更高的要求。如何适应经济社会的发展需要，提升消防监督管理能力与水平，是消防监督管理中需要解决的一个重要问题。在这一过程中，大数据的运用非常关键，是新时期提高消防监督管理能力和水平的一项重要策略与方法。

一、大数据技术的作用

大数据研究是指通过研究海量的数据，分析数据中包含的不同学科领域的共性问题，总结归纳出从数据本身的角度无法探知的关联和规律，从而为技术开发及工作创新提供方向和思路的一种科学研究。

大数据技术是在大数据理念下，为海量数据的收集和处理提供便利的一种新兴技术。大数据技术近几年得到了有效开发和应用，且已经实现了功能的迭代。当前大数据技术融合了数据采集、处理、分析等多项功能，以上功能不仅是大数据技术发展的基础，也是大数据体现自身资源价值的重要途径。大数据技术拥有技术的工具类属性，人们可以利用该技术分析探索事物的本质。大数据带来的"大数据思维"是当今社会亟须养成的一种思维方法，具备这种思维方法的教育者，才能够更好地利用大数据。

二、大数据与消防监督管理工作结合的意义

随着信息技术的不断发展，大数据技术被广泛应用于各个领域，并发挥着至关重要的作用，而将大数据技术应用到消防监督管理工作当中，可以有效提高消防监督管理工作的效率。各级人民政府、消防救援机构应用大数据技术对本区域消防大数据进行整合分析，可以准确地把握本区域、本领域消防安全运行的基本情况；同时，通过消防监督检查管理平台，能够及时掌握消防监督管理人员的日常管理情况，对各级参与消防监督管理的人员进行纵向管理，提高消防监督管理人员的主体意识。由于各地区的消防监督管理标准存在差异，各地区的消防监督管理机构很难做到信息共享，利用大数据技术可以有效解决这一问题，将各地区的消防监督管理数据进行整合，然后统一管理，从而促进消防监督管理向系统化、智能化发展。随着时代的发展，传统的数据管理方式已无法满足当前消防监督管理工作的需要，传统的消防监督管理模式已不适应社会的快速发展；而将大数据技术与消防监督管理工作结合，能够加强对数据信息的管理，提高数据信息处理速度，使消防救援机构可以在短时间内迅速获取相应的数据信息，为消防监督管理工作的开展提供有力参考。借助大数据技术，消防救援机构可以通过对数据进行研究分析，预测某行业、某区域或某时间段可能存在的灾害风险，从而做好应对准备工作，把一些消防安全事故扼杀在萌芽状态，如此可以最大限度地避免火灾事故的发生，保障人民群众的生命和财产安全。

三、大数据技术背景下消防监督检查工作的优化路径

将大数据技术应用于消防监督检查，可以显著提高工作成效，具有

重要的意义。

（一）建立消防监督检查平台

现阶段消防救援机构所收集到的消防监督检查数据，都是消防监督管理人员自主收集的数据，在使用大数据技术对火灾事故进行研究分析时，要将消防安全监督检查数据、火灾统计数据等作为火灾分析的主要数据，找出火灾发生的原因以及消防监督管理人员在进行消防监督检查时存在的问题，完善消防监督检查工作，从而避免消防安全事故的发生。此外，消防救援机构应该建立专业的消防监督检查平台，对收集到的火灾数据进行分析整理，以此确保消防监督检查工作高效、精准地实施。消防救援机构还可以根据消防监督检查的实际情况，将相关数据整合起来进行研究分析，从而促进消防监督检查工作的有序进行。

（二）建立并完善数据库

大数据时代，每时每刻都会产生大量的数据信息，给数据管理造成了很大困难。要想利用大数据开展消防监督检查，必须构建一个完善的数据库，用于数据信息的存储，只有这样才能保存更多的数据信息，为消防监督检查提供依据，使消防监督检查工作能够更有针对性，提高监督检查工作的质量和效率，有效保证居民的生命和财产安全。一般来说，在构建消防数据库时，关键为火灾数据统计，注重对火灾发生的原因进行分析，使消防人员能够快速找出起火原因，并采取相应措施开展灭火工作。正因如此，构建消防数据库对于消防工作的开展有着重要意义；但需要注意的是，随着火灾频次的逐渐增加，基于传统技术的数据库已经无法满足数据信息存储、分析的需求，不利于开展消防监督检查工作。因此，必须加强对大数据的应用，在数据库当中建立一个录入系统，进行数据信息整理、分析，为消防监督检查提供数据支持。将大数据应用到数据库当中，还可以对新收集的火灾数据进行汇总，不断更新火灾数据信息，使火灾数据信息更加全面、准确，为后续的消防监督检查打下坚实的数据基础，以保障居民的生命和财产安全，促进我国经济的平稳健康发展。

（三）开发人工智能

在新时期，消防工作提出了"智慧消防"理念，在这一理念下，需要保证消防监督管理工作的线上化和智能化发展，提升消防监督管理工作的信息化和智慧化处理水平。对智慧化消防建设的考虑，不能仅从发展大数据技术一个方面入手，也需要建立起大数据技术相关配套体系。诸如人工智能技术，从大数据技术应用于消防监督管理工作的实践场景来看，最终决策的主体仍然是消防工作人员，在处理完海量的信息之后，仅凭人力对相关信息进行分析判断需要耗费消防工作人员大量的精力，在行业人才紧缺和专业性不足的情况下，要想提升消防监督管理工作的效率，必须引入智慧化系统。通过发展人工智能技术，对一些特征明显、误差影响不大的信息，可以降低其人工处理的工作量。通过大数据与人工智能技术的融合，建立有新型技术特征的消防监督检查工作体系，减少人工处理简单信息的数量，集中人力于决策，能够有效提升消防监督管理工作的效率，这也是贯彻落实智慧消防、发展"智慧城市"的必然选择。

（四）将大数据技术与物联网技术相结合

物联网技术是当前消防监督管理工作中常见的技术，也是大数据技术理念发展的重要产物。大数据技术和物联网技术融合，可以形成技术特点鲜明的智慧消防管理平台，该平台的功能主要覆盖消防决策管理、消防监督管理、消防维护管理、消防用户平台四个方面。在这四项功能背后，是大量的计算运营系统和信息传感系统，能够实现消防设施和消防管理平台之间的数据联系，提升数据信息的传递效率及传递稳定性，实现数据信息的快速、全面传递，实现大数据技术的价值。物联网技术能够对区域内消防设施的各种特性进行实时监督和管理，诸如消防设备的耐用性和可靠性等。通过物联网技术能够对设备的信息进行全面、全方位、全时段监控，并且全过程自动化，不需要人力主动干预，使消防监督工作人员在进行实时监控的同时，可以对设备的历史信息进行回溯调查。

对消防设施设备的运行情况以及对环境信息的监测情况的实时传输，有助于工作人员及时发现区域内存在的安全隐患。在火灾发生后，物联网平台能够及时反应，并记录火灾发生的具体位置以及火灾发生的原因。消防监督工作人员就能及时安排人力到指定的位置，以减少火灾带来的损失，提升消防工作的效率。物联网技术和大数据技术的融合，能够帮助多个层级的部门之间进行信息互通和资源交流，减少基层工作人员多重任务的压力，体现当前时代所要求的智慧化消防特征，为"智慧城市"建设创造条件。

四、大数据技术背景下防火监督管理工作的优化路径

大数据技术对防火监督管理工作的各个层面具有重要影响，通过大数据共享技术可以实现消防知识传播普及，通过大数据挖掘技术和大数据可视化技术可以实现消防设备精细化管理，通过大数据共享技术和大数据可视化技术可以实现消防信息全面感知，通过大数据挖掘技术和大数据分析技术可以构建火灾风险预警系统，通过大数据分析技术和大数据可视化技术可以指导灭火救援行动。

（一）基于大数据技术实现消防知识传播普及

通过大数据共享技术，可以打通数据信息之间的壁垒障碍，提高消防人员宣传消防知识的意识，提升公民的防火意识，促进消防知识的深度传播与迅速普及。一方面，为了迎合信息技术的时代特征，培养消防人员的数据意识和数据素养，塑造消防人员的数据决策理念，是提高消防救援机构工作效率的根本。通过大数据共享技术，可以唤醒消防队伍、检验机构、认证机构和研究机构的"沉睡"数据，突破部门之间的"信息孤岛"，加深消防人员对消防理论的理解，强化消防人员对火灾危害的认识，提高消防人员对防火监督的重视程度，促进消防人员自发地、积极地宣传消防安全知识。另一方面，为了适应公民的信息来源多样化特征，融合线上和线下信息资源，实现多层面、多维度的信息分享，是丰富公民消防安全知识的关键。通过大数据共享技术，可以实现在社区、公共场所人流聚集地深度宣传消防知识，帮助公民随时随地查询火灾灾情，协助公民进行火灾溯源，强化公民对消防安全知识的学习意识，提高其消防安全认知。

（二）基于大数据技术实现消防设备精细化管理

通过大数据挖掘技术和大数据可视化技术，提升消防设备的配置效率，了解消防设备的资源分布，助力消防设备的精细化管理。一方面，通过大数据挖掘技术梳理消防重点区域的消防设备配置，确定网络摄像头、消防栓压力探测器、消防水压与水位探测器、烟感探测器、可燃气体探测器等消防设备的安装位置，明确火灾报警系统等消防设施设备的安装数量，并将消防设备连接到城市消防大数据平台，构建消防安全云系统，实现消防设备云管理。另一方面，通过大数据可视化技术呈现消防设备的分布情况，助力消防设施安全性和有效性的监督与管理。比如，立体展现消防设备的区域分布，发现设备配置失当能够及时纠错。又如，对消火栓、自动喷淋装置等消防设备进行 24 小时监控，实时了解主要消防设备的运行状况。再如，动态化管理消防设备的资源配置，有效消除安全隐患，提高消防设备的使用效率。

（三）基于大数据技术实现消防信息全面感知

通过大数据共享技术和大数据可视化技术，加强数据信息的流通共享，将海量数据信息化繁为简，提高消防信息的可读性和易理解性，实现消防信息的全面感知。一方面，通过大数据共享技术，打通消防网、公安网、通信网、政务网、互联网之间的数据通道，实现重点单位、人口热力、装备实力、实时路况、物联传感、视频监控等数据资源的融合管理，以此构建有效的评估模型和预测模型，实现消防隐患的评估与预测，提升大众对消防信息的感知、认知。另一方面，通过大数据可视化数据，绘制可视化图形，增强消防信息的分维度感知，为消防工作的顺利开展提供便利，有效提升消防工作质量，提高消防工作效率。比如：绘制火灾隐患可视化图形，直观展现区域内火灾隐患；绘制消防力量可视化图形，直观展现区域内消防力量；绘制消防预警可视化图形，直观展现区域内消防预警系统；绘制灭火救援可视化图形，直观展现区域内消防救援轨迹。

（四）基于大数据技术构建火灾风险预警系统

通过大数据挖掘技术和大数据分析技术，加强风险巡查管理，突出风险警情管理，做好火灾风险预报，构建完善的火灾风险预警系统。一方面，通过数据挖掘技术，对消防辖区内小区、商铺、企业等区域的消防安全信息进行挖掘与整理，建立风险巡查管理机制，做到日常巡查有迹可查，并且能够对巡查对象可能发生的火灾风险进行预判，起到火灾预警的作用。另一方面，通过大数据挖掘技术和大数据分析技术，实时从"119"综合指挥系统中获取警情数据，统计分析警情任务安排，切实提高火灾救援的应急反应速度。此外，通过大数据分析技术，对消防大数据进行深度分析研判，实现管理流、业务流、数据流的高度融合，准确预判风险发生的可能性，同时利用大数据分析技术可以对历史火情的发生时间、发生区域、灾情等级、环境信息进行溯源调查，实现火灾风险的实时预判，分析火灾在不同区域、不同时间发生的概率，做好风险预报，切实提高应急反应能力。

（五）基于大数据技术指导灭火救援行动

通过大数据分析技术和大数据可视化技术，直观掌握火灾动态，及时了解协作部门的配合力量，准确分析火灾发展趋势，有效指导火灾救援行动。一方面，通过大数据可视化技术，可以准确地把握起火点周围的相关信息，比如周边消防水源、周边消防力量分布、周边道路分布、周边重点单位、可接触消防设备等信息，为火灾救援奠定基础。另一方面，通过大数据分析技术，可以准确研判消防队伍到达火警点之前的火势蔓延趋势，精准预测起火点可能对周边环境造成的二次火灾，提出救援行动的最佳交通路线，为火灾救援行动提供决策参考。此外，通过大数据分析技术和大数据可视化技术，可以及时制定和展示流程化救援作业方案，实时指导救援行动，灵活调整现场救援行动，实现消防作战指挥的扁平化、协同化和精细化，最终提高灭火救援工作效能。

第三节　智慧消防在消防监督管理中的应用

智慧消防采用现代信息技术，智能化采集、传输、处理与汇总大量信息，其构建的社会火灾防控体系能够满足现代消防的需求。因此，在消防监督管理工作中采用智慧消防具有重要意义，两者的结合能使救灾、减灾、防灾能力得到全面提升，且在提高消防救援战斗力、消防安全监管水平方面具有重要的实践意义。

一、智慧消防概述

智慧消防是对消防监督管理模式的升级和创新，秉承智慧消防理念，为推进"智慧城市"发展奠定扎实基础。智慧消防以技术为强有力支撑，在整个消防业务工作中，采用先进的技术手段，经过收集、分析和处理，促进防火监督快速响应启动，提高防火救援水平，包括火灾防控和灭火应急救援。

智慧消防具有以下几个特征。

（一）信息内容的全面性

消防数据需要通过网络获取，同时需要充分利用各类智能终端和大数据技术，收集和分解相关数据信息，实现消防数据的实时监控感知，出现问题后及时提供相应的保障，达到全面化监测的目的。因此，信息内容的全面性是智慧消防的首要特征。

（二）服务智能资源的共享性

智慧消防提供的是服务，因此需要其能够深入各个业务环节，完善信息系统，满足资源共享的需求；特别是在云计算和物联网技术的应用中，数据共享是其基础性的要求，只有这样才可以摆脱信息维护过程中存在的各类制约项，提高服务质量。

（三）智能的可控性

新时期利用数据和智能化策略来改造传统业务，是很多领域都在思考的问题，其根本在于智能的可控性方面，特别是对于海量的信息以及相应的消防信息分解，需要在智慧化的角度予以充分体现，对不同单位、不同个人、不同需求主体，要给予可控的个性化服务，只有这样才能够实现不同阶层的智能化项目。

二、智慧消防体系建设

智慧消防不断完善和发展，需要具备健全的体系，即要具备火灾预警自动化建设、应急救援智能化建设和后勤保障建设。

（一）火灾预警自动化建设

火灾预警自动化建设能够充分运用云计算技术、大数据技术、传感技术等，拓展和丰富移动互联网通信，对火灾实施全程监测和预警。火警预警体系综合利用射频识别等技术，将其融入原有的数据平台，扩充和丰富用户信息数据，对报警机制、消防监管等功能进行持续改进，真正做到人防、物防、技防的有机结合，推动火灾预警自动化、智能化建设。

（二）应急救援智能化建设

应急救援是防火监督工作的重要内容，需要各部门精准、高效地协作配合。应急救援智能化通过信息化、自动化等技术使应急指挥平台、消防信息网、指挥调度网等多种部门实现一体化建设。通过优化现有应急通信系统，使应急救援各部门实现消防信息资源共享，及时掌控灾情动态及发展态势，做好相关应急救援信息的分析工作，整体提升应急救援工作效率和质量。

（三）后勤保障建设

智能消防的最后一个环节是做好后勤保障工作。通过云计算、物联网等技术的应用，后勤保障部门通过智慧消防管理平台对消防车辆、消防设施、消防队伍等进行精准掌控和调度。通过为单位、个人、需求主体等提供个性化、可控化服务，以准备充分的后勤保障建设做好防火监督工作的"最后一站"，提高灭火救援战斗力以及防火监督管理水平。

三、智慧消防在消防监督管理工作中的具体应用

智慧消防在消防监督管理工作中的具体应用如下。

（一）火灾预警

火灾预警系统通过各种传感器、监测设备和人工智能算法等手段，对火灾隐患进行实时监测和预警。火灾预警系统通过安装在建筑物内部的传感器和监测设备，实时监测火灾隐患，如电路故障、烟雾、温度升高等情况，并及时向消防监控中心报警，帮助消防部门提前预警火灾风险，并采取措施进行处理，从而有效避免火灾的发生。火灾预警系统将

消防部门的监控画面传输至消防监控中心,以便消防人员实时监控火灾现场的情况,从而指挥和调度灭火救援工作。在火灾发生时,火灾预警系统会自动向消防监控中心发送报警信息,提醒消防人员及时开展应急响应工作;同时,系统自动指示消防设备和系统的运行状态,并及时进行维护和修复,以保证消防系统的正常运行。火灾预警系统根据建筑物的结构、用途和历史火灾记录等因素,对火灾风险进行预测和评估,帮助消防部门了解火灾风险的大小和分布,制订更加精细化、科学化的防火和救援计划。

(二)火灾自动报警系统

火灾自动报警系统通过各种传感器和监测设备,实时监测火灾隐患,并在火灾发生时自动发出报警信号。当监测到火灾风险时,系统会自动发出报警信号,通知消防部门及时处理;火灾自动报警系统通过网络和其他通信手段,快速向消防监控中心发送报警信息。消防部门根据报警信息及时指挥开展灭火救援工作,防止火灾事故发生和扩大;火灾自动报警系统向消防部门提供有关火场位置、火势等实时数据,帮助消防人员指挥灭火救援工作。

(三)智能化灭火装备

通过智能化灭火装备可以提高灭火效率和安全性。智能化灭火装备通过各种传感器和监测设备,实时监测火灾隐患,并快速定位火灾位置,帮助消防部门快速到达火灾现场,进行灭火救援工作;智能化灭火装备采用各种灭火技术和装备,如消防无人机、消防机器人等,在危险的环境中进行灭火作业,能够有效提高灭火效率。智能化灭火装备还通过各种智能化技术,如人工智能、机器学习等,提高灭火措施的精确性和有效性;智能化灭火装备可以在消防人员无法进入的危险区域内进行灭火作业，减少消防人员的伤亡风险；同时，智能化灭火装备还通过各种智能化技术，如虚拟现实技术等，提供实时的场景信息和数据，帮助消防人员进行决策和指挥工作；智能化灭火装备通过各种传感器和监测设备，获取有关火灾的实时数据和历史数据，并对其进行分析，以帮助消防部门了解火灾的发展趋势，从而制订科学、合理的防火和救援计划；智能化灭火装备通过各种智能化技术和装备，实现自动化消防管理，比如通过自动化设备监测和控制系统，对消防设备和系统进行实时监测与控制，保证消防设备和系统的正常运行。

（四）视频监控

视频监控通过各种视频监控设备和系统，实时监测火灾隐患以及消防设备的运行状况。视频监控通过摄像头、红外线监测设备，对建筑物、设备和场所进行实时监测，以便及时发现和处理火灾隐患。例如，对电气线路和设备进行视频监控，可以及时发现电线短路、电气设备过热等问题，以防止火灾的发生；视频监控通过各种监测设备和传感器，对灭火过程进行实时监测，包括火势扩散、灭火剂喷洒等情况，以便及时调整灭火措施，避免火势蔓延，提高灭火效率；视频监控对消防设备进行实时监测，包括火灾自动报警系统、灭火系统、排烟系统等，及时发现消防设备的故障和异常情况，并及时处理，以确保消防设备的正常运行；视频监控可以为火灾事故调查提供重要的证据，通过对火灾现场的监控记录和视频资料进行分析，了解火灾的发生过程、原因等情况，帮助消防部门制定更加科学、有效的防火措施；视频监控利用各种智能化技术和装备，实现智能化消防管理，比如通过视频分析技术，对视频监控数据进行分析和处理，实现自动化的火灾隐患检测和预警。

四、智慧消防应用中存在的问题及解决方式

智慧消防在应用过程中存在的问题可以分为信息安全问题和技术标准问题两大类。

（一）信息安全问题

随着智慧消防的不断发展和应用，信息安全问题受到越来越多的关注。在智慧消防的应用中，可能存在以下信息安全问题。

1. 数据泄露风险

智慧消防系统涉及大量的个人和机构敏感信息，如消防设备的位置、部署情况、监控数据等。一旦这些信息泄露，将会对消防安全和相关单位的利益造成严重影响。

2. 网络攻击风险

智慧消防系统通过互联网进行数据传输和处理，为"黑客"和病毒等网络攻击提供了机会。网络攻击可能导致系统瘫痪、数据被篡改或丢失等问题，严重影响消防工作的正常进行。

3. 系统漏洞风险

智慧消防系统可能存在各种漏洞和安全隐患，如软件缺陷、密码管理不当、授权不当等问题。这些漏洞可能会被"黑客"利用，导致系统遭到攻击和破坏。

（二）技术标准问题

智慧消防应用中的技术标准是确保消防安全及系统稳定的重要条件，也是影响智慧消防应用质量的关键因素，然而在应用中可能存在以下问题。

1. 技术标准不统一

智慧消防应用中可能存在多种技术标准，不同技术标准之间存在一定差异，导致各应用系统之间的兼容性问题，从而影响智慧消防系统的稳定性和应用效果。

2. 技术标准不完善

由于智慧消防应用的发展速度较快，一些关键技术标准可能尚不完善，或者还在不断改进。这些不完善的技术标准可能会影响智慧消防系统的安全性和可靠性。

3. 技术标准更新缓慢

由于技术标准更新缓慢，导致智慧消防系统无法及时融入新的技术标准和技术成果，从而限制了系统的应用效果和创新能力。

（三）解决方式

1. 解决信息安全问题的有效方式

可以采取以下措施来解决智慧消防系统的信息安全问题。

（1）加强数据和隐私保护。

智慧消防系统需要严格遵守相关的数据保护和隐私保护法规，采用安全可靠的加密技术和数据传输方式，确保个人和机构的信息不被泄露。

（2）建立完善的网络安全防护系统。

智慧消防系统需要建立完善的网络安全防护体系，包括网络防火墙、入侵检测系统、漏洞扫描等安全措施，及时发现和防范各种网络攻击。

（3）加强系统安全管理。

智慧消防系统需要建立科学的信息安全管理制度和流程，包括密码管理、权限管理、安全审计等措施，以确保系统安全可靠。

（4）定期进行安全评估和漏洞修复。

智慧消防系统需要定期进行安全评估和漏洞修复，及时发现并修复系统中存在的安全漏洞和隐患，以确保系统的安全稳定运行。

2.解决技术标准问题有效方式

可以采取以下措施来解决智慧消防系统的技术标准问题。

（1）统一技术标准。

智慧消防应用需要统一各项技术标准，包括数据格式、通信协议、设备接口等，以提高不同应用系统之间的兼容性，确保应用系统的稳定运行。

（2）完善技术标准。

针对目前存在的技术标准不完善的问题，需要加强研究和制定新的技术标准，新技术标准应涵盖智慧消防应用的各个方面，增强应用系统的安全性和可靠性。

（3）加快技术标准更新速度。

为了跟上技术的发展步伐，需要加快技术标准的更新速度，及时将新技术成果融入智慧消防系统，提高系统创新能力，增强系统应用效果。

（4）加强标准的质量管理。

智慧消防应用中的技术标准需要经过严格的质量管理，以确保标准的正确性和适用性，避免标准出现问题和不良影响。

五、我国智慧消防体系发展趋势

我国智慧消防体系的发展呈现出以下趋势。

（1）注重数据的深度挖掘，全方位提升应急处置能力。

充分利用大数据技术，快速、全方位地对各类消防数据进行采集、整合、处理加工，为火灾预防、研判分析、执法管理、决策支持等提供技术支撑，是智慧消防未来发展的一大趋势。经过近几年的发展，智能烟感、综合消防系统、自动报警装置等消防智能终端的出现，为消防行业基础数据深度挖掘提供了便利，促使智慧消防解决方案逐渐走向成熟并不断完善。

（2）与"智慧城市"战略深度融合，形成互联共享机制。

将智慧消防纳入"智慧城市"建设，建立城市消防大数据库，逐步形成共享、汇聚、融合的数据资源，是智慧消防未来发展的另一大趋势。依托城市运行"一张网"平台，强化消防设施物联网信息的分析和应用能力，为火灾防控、区域火灾风险评估、应急救援等提供数据支持。与"智慧城市"深度融合，形成城市应急管理的"一张图"，实现突发事件处理过程的统一指挥、统一调度、统一协调。

（3）提供有效措施，促进消防工作重点由"消"变"防"。

通过新一代信息技术与消防工作的融合，持续深化消防感知网络建设，合理评估消防水平，对可能发生的火灾、产生的后果及处置方案进行模拟和优化，促进火灾预警预测能力的全面提升，是智慧消防未来发展的第三大趋势。智慧消防将促进消防工作端口前移，逐步实现消防工作重点由"消"变"防"。

综上所述，将智慧消防技术运用到消防监督管理工作当中，不仅能够实时查看、管理消防数据，实现资源的有效共享，还可以提供有效的消防安全管理方案，推动消防监督管理的社会化发展。相关部门和人员要积极完善智慧消防系统的建设，使消防监督管理迎合信息时代的发展需求，全面改善消防安全管理水平，更好地落实消防监督管理工作。

6

第六章

消防监督技术装备

第一节 消防监督技术装备的种类

为确保消防监督检查工作的科学性和准确性，规范执法行为，提高消防监督执法水平和工作效率，消防监督执法人员在依法履行消防监督检查职责时不能完全凭借经验，要充分利用消防监督技术装备开展消防执法工作。

消防监督技术装备，是指用于建设工程消防验收和竣工验收检查、消防监督检查、火灾事故调查、消防宣传教育业务的技术装备的总称。

消防监督技术装备按其用途不同，可分为办公、通信和信息处理类装备，建筑消防设施检测类装备，消防安全检测类装备，消防产品现场检测类装备，火灾现场勘查类装备，消防宣传教育类装备以及个人防护类装备七大类。

一、办公、通信和信息处理类装备

办公、通信和信息处理类装备，主要用于消防行政审批信息公开、公安信息网络工程、电子政务等业务，主要包括台式计算机、打印机、扫描仪、复印机、传真机、投影仪、PPC（口袋电脑）掌上电脑、笔记本电脑、照相机、录音机、摄像机、多媒体触摸屏查询系统、无线演示控制器、档案密集柜及信访工作数字监控系统等仪器设备。

二、建筑消防设施检测类装备

建筑消防设施检测类装备，主要用于建设工程消防验收检查、竣工验收检查、消防监督检查业务，主要包括消火栓测压接头、喷水末端试水接头、数字照度计、数字声级计、数字测距仪、数字风速计、数字微压计、点型感烟探测器功能试验器、点型感温探测器功能试验器、线型光束感烟探测器滤光片、火焰探测器功能试验器、超声波流量计、防火涂料测厚仪、漏电电流检测仪、红外测温仪、便携式可燃气体检测仪、防爆静电电压表、接地电阻测量仪、绝缘电阻测量仪、数字万用表、钳型电流表、秒表、卷尺及消防设施检测专用车等仪器设备。

三、消防安全检测类装备

消防安全检测类装备用于大型群众性活动消防安全检查业务，主要包括漏电电流检测仪、红外测温仪、数字测距仪、便携式可燃气体检测仪、防爆静电电压表及红外热像仪等仪器设备。

四、消防产品现场检测类装备

消防产品现场检测类装备，主要用于消防产品现场检测业务，主要包括点型感烟火灾探测器功能试验器、点型感温火灾探测器功能试验器、线型光束感烟火灾探测器功能试验器（滤光片）、火焰探测器功能试验器、数字照度计、数字声级计、超声波流量计、防火涂料测厚仪、数字万用表、专用燃气喷枪及消防产品身份证监督检查类装备等仪器设备。

五、火灾现场勘查类装备

火灾现场勘查类装备，主要用于火灾事故现场清理、提取物证和现场分析鉴定等工作，主要包括便携式气相色谱仪、便携式红外光谱仪、微量易燃液体探测仪、可燃气体探测仪、可燃气体检测管、薄层色谱分析装置、炭化深度测定仪、金属硬度检验仪、数字温度计、现场勘查工具箱、现场勘查灯、碘钨灯、金属探测器、静电电压表、便携式金相显微镜、照相机、照相冲洗设备、火灾现场物证提取装置、物证存放柜、火场痕迹演示系统、火灾调查知识查询系统及火灾现场勘查专用车等仪器设备。

六、消防宣传教育类装备

消防宣传教育类装备，主要用于开展消防宣传业务，配合社会媒体进行消防宣传报道，对社会进行消防知识教育和培训，主要包括数字电视摄像机、电视无线采访传声器、摄像机电视新闻灯具、数字采访录音机、有线传声器、照相机三脚架、编辑录像机、录像带、摄像机电池、非线性视频编辑器、非线性音频编辑器、电视图形字幕机、电视图像监视器、数字调音台、消防宣传设备专用车及消防安全教育专用车等仪器设备。

七、个人防护类装备

个人防护类装备，主要用于建设工程消防验收、消防监督检查、消防产品监督检查和火灾事故调查等活动中人员的个人防护，主要包括火场勘查头盔、消防手套、消防胶靴、防毒面具、毒性气体探测仪、火场勘查服、火场勘查鞋、个人剂量报警仪、急救药箱、防护眼镜、防静电工作服、强光手电筒、口罩等仪器设备。

第二节 消防监督技术装备的配备

一、消防监督技术装备的配备依据

各级消防救援机构应依据《消防监督技术装备配备》（GB 25203）的要求配备消防监督技术装备。

二、消防监督技术装备配备级别及其原则

（一）消防监督技术装备配备级别

消防技术装备配备级别分为一级、二级、三级、四级、五级五个级别。

（二）消防监督技术装备配备原则

配备消防监督技术装备应遵循以下原则。

（1）直辖市、省会市、副省级市消防救援机构的防火监督部门消防监督技术装备的配备级别不应低于一级。

（2）省、自治区消防救援机构的防火监督部门，编制员额在400人以上的地级市消防救援机构的防火监督部门防火监督技术装备的配备级别不应低于二级。

（3）直辖市所属区、县消防救援机构，编制员额在200～400人的地级市消防救援机构的防火监督部门，以及编制员额在250人以上的地、州、盟消防救援机构的防火监督部门，防火监督技术装备的配备级别不应低于三级。

（4）编制员额不足200人的地级市消防救援机构的防火监督部门，编制员额不足250人的地、州、盟消防救援机构的防火监督部门，其他区、县、旗消防救援机构防火监督技术装备的配备级别不应低于四级。

（5）防火监督技术装备的配置应保障消防救援机构的内设职能部门能够独立开展消防监督业务。

（6）防火监督技术装备在购置时应遵循相互配套、操作简便、易于携带的原则，宜采用车载型装备。

三、消防监督技术装备的配备要求

办公、通信和信息处理类装备，消防监督专用设备，以及个人防护类装备配备的种类和数量应符合《消防监督技术装备配备》（GB 25203）的有关规定。

消防产品身份证监督检查类装备是实施消防产品身份证管理制度必不可少的保障条件。其配备的最低要求是：各消防救援总队、消防救援支队、消防救援大队均至少配置1套检查仪器（包括消防产品身份信息管理客户端软件、专用识别作业设备、电子密钥及蓝牙适配器）及1台专用手提电脑。

第一节　消防宣传教育概述

消防宣传教育是预防和减少火灾事故、降低火灾危害的一项治本措施，也是促进社会主义政治文明和精神文明建设的重要举措，具有不可替代的先导性和基础性地位。1992年10月，公安部消防局向全国发出了《关于开展"119"消防宣传活动的通知》，将每年的11月9日定为全国的"119消防宣传日"。

消防宣传教育既是消防工作的重要组成部分，也是我国推进消防社会化工作的基础。广泛开展消防宣传教育，对于强化全民消防意识，提高消防安全素质，增强全社会抗御火灾的能力，最大限度地预防和降低火灾危害，确保人民群众的生命和财产安全，促进社会和谐稳定具有十分重要的意义。

一、消防宣传教育的含义

消防宣传教育，是指各级政府、有关行政部门、新闻媒体以及各单位、社会团体以提高公民消防法治观念、消防安全意识和消防安全素质为目的，运用各种宣传教育形式，面向全社会普及消防法律法规和消防安全知识，使公众树立自觉维护公共消防安全的意识的行为。

消防宣传教育工作包括：各级消防救援机构在人民政府和公安机关的领导以及有关部门、团体的协助下，根据工作需要面向公众开展消防宣传教育工作；国家有关行政部门及其所属机构根据法定义务面向社会开展消防宣传教育工作；机关、团体、企业、事业单位及基层自治组织根据自身特点和需要开展消防宣传教育工作；等等。

二、消防宣传教育的重要性

消防宣传教育工作在整个消防事业中占有重要地位并发挥着巨大作用，人们常用"消防工作，宣传先行"和"消防工作，宣传系于一半"来凸显消防宣传教育工作的重要地位。

（一）消防宣传教育占据着消防安全工作的先导地位

消防宣传教育是消防工作的先导，为各项消防工作的展开提供有力的思想引导和舆论支持。消防工作的方针、政策，政府关于消防工作的各项指示、命令、通知、规定，都是通过消防宣传教育工作向全社会传递的。因此，消防宣传教育是社会火灾防控体系中一道重要的精神防线。

（二）消防宣传教育是推进消防社会化工作的必要途径

消防宣传教育工作能够使各级政府、各部门、各单位和广大公众了解消防法律法规及各项消防规章制度，进而督促每一个社会成员依法履行自己的消防安全责任和义务，做好本岗位的消防安全工作，自觉维护公共消防安全，构建消防工作社会化网络。

（三）消防宣传教育是提高全民消防安全素质的根本措施

加强对公众的消防安全教育，提高公众的消防安全意识，是预防和减少火灾发生的根本措施之一。只有通过消防宣传教育的各种有效手段，以人们喜闻乐见的方式，对公众进行消防科学知识宣传、消防技能培训，才能逐步增强公众的火灾防范意识，提高其自防自救能力。

（四）开展消防宣传教育可以营造良好的消防安全环境

消防监督管理的顺利推进离不开消防监督人员有意识的消防宣传，它应贯穿于消防监督管理的全过程。近年来，应急管理部联合其他部委大力开展消防宣传"进机关、进学校、进网站、进社区、进企业、进农村、进家庭"活动，为营造良好的消防安全环境打下了坚实的基础。

三、消防宣传教育的基本原则

消防宣传教育应以坚持"实事求是、因地制宜、循序渐进、以人为本、注重实效"为根本。具体而言，消防宣传教育应遵循以下原则。

（一）坚持社会化原则

消防工作的社会性和群众性决定了消防宣传教育必须走社会化之路。消防宣传教育是一项基础性系统工程，面广量大。因此，只有建立政府统一领导，应急管理部门指导督促，社会各相关部门、单位、团体密切协作、齐抓共管，面向全体公民普遍开展教育活动的消防宣传教育机制，形成"政府主导、媒体联动、教育渗透、全民参与"的社会化消防宣传格局，才能真正广泛、深入、持久地做好消防宣传教育工作。

（二）坚持正面宣传原则

正面宣传可以对凝聚人心、鼓舞斗志、服务大局发挥积极、有益的作用。我国新闻界对正面宣传的辨析定位大致有两种方法：一种是根据报道题材来衡量区分，另一种是根据社会效果来衡量区分。一般而言，正面宣传应具备以下四个要素：一是宣传焦点应集中在社会积极部分或光明的一面；二是宣传基调是提倡和鼓励；三是依据当前的社会道德水平和社会秩序，倡导符合社会主义核心价值观的观念和行为；四是追求平衡、和睦、稳定的宣传效果。

（三）坚持针对性、实效性原则

宣传教育工作坚持针对性、实效性原则是党中央对宣传思想工作的总体要求，是消防宣传教育工作的着力点和努力方向，也是衡量消防宣传教育工作效果的一个重要尺度。第一，要针对不同时期、不同地域、不同对象的特点，形成有地方特色的全方位、立体型，覆盖全社会、科学合理的宣传教育布局和规划，尽可能地扩大消防宣传教育的社会影响；第二，要突出重点，针对不同对象开展有的放矢的消防宣传，推动重大消防安全问题的解决；第三，要针对火灾的一般规律和火灾发展形势，采取灵活多样、扎实有效的多种形式进行宣传教育，从而增强吸引力和感染力，以取得良好的宣传效果。

（四）坚持经常性、广泛性原则

消防宣传教育要坚持经常性、广泛性原则。消防宣传教育，一是要把其内容渗透到消防工作的方方面面，如在火灾调查、建设工程消防监督管理、消防监督检查等一系列消防监督管理工作中，要贯穿消防法律法规以及消防安全知识的宣传，潜移默化地影响单位消防安全管理水平及公众的消防安全意识；二是要广泛发动公众参与，使消防宣传教育由"要我做"变成"我要做"，建立层层消防宣传网络，环环紧扣，层层联网，逐步形成常态消防宣传教育与专项宣传活动相结合、互促进的良性循环。

第二节　消防宣传教育的内容

深入社区、农村，面向公众开展消防安全宣传教育既是消防工作的重要组成部分，也是有效预防辖区内发生火灾的重要手段。无数火灾案例表明，公众的消防法治观念淡薄、消防知识匮乏是造成火灾多发，特别是群死群伤火灾事故发生的主要原因。因此，消防宣传教育应以人为本，消防宣传教育的内容要紧密结合本地区的消防工作实际，根据火灾发生的原因及火灾暴露出来的问题，确定侧重点，抓住主要矛盾，组织开展针对性强、普及面广、简单实用的宣传教育工作，使消防宣传教育更加贴近实际、贴近生活、贴近百姓，增强基层力量的消防安全意识和自防自救能力。

一、消防宣传教育的基本内容

消防宣传教育涉及面广、内容丰富。消防宣传教育通常包括以下几个方面的内容。

（一）国家消防工作的方针、政策

国家消防工作的方针、政策主要包括：党和国家制定的有关消防工作的方针、政策，有关消防工作的重大决策、部署和号召，各级党委、政府领导关于消防工作的批示、讲话及指示精神，等等。有关消防工作

的方针、政策、决策和部署关系到消防事业的发展全局以及社会安定、人民群众的生命和财产安全，是消防工作应遵循的重要依据，因此，应贯穿于整个消防宣传工作。对消防工作方针、政策的宣传有利于全民了解消防安全整体形势，可以为政策法规的顺利推行和实施奠定舆论基础。

（二）消防法律法规

消防法律法规是国家法律的重要组成部分，是所有社会成员必须遵循的行为准则。消防宣传教育应侧重于消防法律法规的不可违背性及遵守的必要性，以及社会各单位和公民的消防安全责任与义务等内容。其目的是营造"有法可依、有法必依、执法必严、违法必究"的消防法治氛围。

（三）火灾预防知识

火灾预防知识包括人们生活中的消防安全常识以及生产经营领域的防火专业知识。

1. 消防安全常识

消防安全常识主要是指人们日常生活中用火、用油、用电、用气等方面的消防知识，以及火灾多发时节的防火注意事项等内容。消防安全常识的宣传对象是社会公众，宣传内容应侧重预防性措施，目的是提高公众的消防安全意识，尽可能减少由于人的不安全行为引起的火灾。

2. 防火专业知识

防火专业知识主要是指生产经营过程中的火灾危险性及防火技术措施。防火专业知识的宣传对象主要是生产领域的作业人员，宣传内容的设计应有针对性，目的是使各个行业的作业人员熟悉专门的消防安全知识，熟练掌握消防安全操作规程，以保障安全生产的顺利进行。

(四) 火灾扑救、疏散逃生和自救互救知识

1. 火灾扑救知识

火灾扑救知识主要是指燃烧的本质、要素、条件等火灾理论基础知识，以及使用灭火器、消火栓灭火的方法以及常见火灾的扑救方法及注意事项等。开展初期火灾扑救知识宣传，有助于提高公众扑救初期火灾的战斗力，对于减少人员伤亡和财产损失具有十分重要的意义。

2. 疏散逃生和自救互救知识

疏散逃生和自救互救知识主要是指安全疏散路线、疏散指示标识识别，火场逃生的各种途径及火场自救与互救的方式方法等内容。宣传疏散逃生知识和技能，能够提高公众应对火灾的自救能力，从而最大限度地减少火灾中的人员伤亡。

(五) 火灾案例警示

人们对火灾危害的认识往往是从火灾事故教训中得到的，而要提高人们的消防安全意识和防火警惕性，开展火灾案例教育是一种最具说服力的方法。

全世界每年都会发生许多重大的火灾事故，并引起社会的极大关注。消防宣传教育要抓住这些典型的火灾事故案例，进行大力宣传，向公众展示火灾带来的危害和后果，警醒公众要重视消防安全。通过火灾案例宣传，把火灾发生的背景、环境、起因、过程和结果告诉公众，让公众了解事故发展的全部经过，引以为戒，并从中吸取教训、总结经验，起到举一反三的作用；同时，火灾案例的警示作用也可以使公众深刻感受到火灾的巨大危害，有利于提高全社会对防火工作的重视程度。总之，实际生产、生活中发生的火灾事故，对全社会具有切实有效的警示意义，是开展消防宣传教育不可忽视的重要内容。

二、消防宣传教育内容的设计要求

消防宣传教育的内容设计要本着求真务实的原则，宣传内容不仅要通俗易懂，还要具备知识性、真实性和针对性。

（一）知识性

任何事物的发生、发展都有其内在的原因和规律，火灾的发生也不例外。在进行消防安全教育时，必须设法让人们知道火灾发生、发展的原因和规律，掌握预防火灾发生的有效措施。这就要求消防安全教育的方法和内容要注重知识性。例如，在居民日常生活中，有的人会因电表熔丝熔断而用铜丝代替，如果只是说这样做很不安全，却不说或说不出相应的道理，就达不到消防安全教育的根本目的。因此，只有通过富有知识性的消防宣传教育，公众才能掌握消防安全的科学原理，才能举一反三，自觉维护消防安全。

（二）真实性

消防宣传教育工作是教育人的工作，是通过各种渠道和形式的教育活动来提高人们的消防安全意识。因此，宣传材料的内容、讲授例证必须按照事物的本来面目进行说明，用事实真相教育人，不可随意夸大或扭曲客观事实，只有这样，公众才会信服并乐于接受教育，才能从中获得知识、受到启迪，从而取得良好的教育效果。

（三）针对性

消防宣传教育工作在不同时期应有不同的重点，所以，在进行消防宣传教育时，要注意区分，抓住其中的主要矛盾，有针对性、有重点地设计宣传内容。

1. 重大节日期间的教育内容

在每年的元旦、春节、"五一"、国庆等节日来临之前或节日期间，应在辖区内采用悬挂条幅的形式，提醒居民注意安全用电、用气、用火，加强安全检查，以防止火灾发生。

2. 火灾多发季节的教育内容

夏、冬两季不但是用电高峰季节，而且是火灾多发季节；清明、冬至时节，城镇居民家中有烧香祭祖的惯例，农村有清明上坟烧纸的风俗，此时也极易引发火灾。此外，春季也是精神障碍疾病的高发季节，少数神志不清者也会因玩火而引起火灾。因此，在此时段要加大对重点对象的教育力度及安全防范力度。

3. 寒暑假期间的教育内容

寒暑假期间，中、小学生在家休假，玩火、谎报火警等现象时有发生。因此，可以在寒暑假期间举办冬令营、夏令营等活动，加强对中、小学生的防火、灭火知识宣传。

4. 重大国事、外事活动期间的教育内容

在举行重大国事、外事活动期间，应加强消防宣传教育，杜绝重特大火灾事故的发生，并减少一般火灾事故的发生，避免因此产生不良的社会影响。

5. 利用火灾案例加强适时教育

火灾是用金钱和生命换来的教训。一旦发生重大火灾事故，应及时召开火灾现场会，向公众进行具体、现实的消防安全教育，这也是促使大家了解火灾严重危害、掌握消防安全知识的最佳时机。

第三节 消防宣传教育的形式

在消防宣传教育实践中,宣传形式无定式,多种多样。按照宣传手段的不同,消防宣传教育有发布新闻、张贴标语、发放资料、召开会议、绘制漫画等形式;按照宣传表达方式的不同,有口头语言、文字、声音和图像等形式;按照宣传渠道的不同,又有利用新闻媒介、举办文艺演出、融入执法环节等多种渠道。开展消防宣传教育应采用多种形式,不拘一格,凡是能够使公众了解消防知识、重视消防安全、提高社会消防安全素质及防控火灾能力的宣传形式都可以运用;但宣传形式的选择应从实际情况出发,因地制宜,利用现有条件,尽量选择新颖独特的消防宣传形式,以增强消防宣传教育的吸引力和感召力,使消防宣传的内容更容易被公众接受。

一、举办消防科普讲座

针对公众由于缺乏消防知识而导致火灾这一常见起火原因,可采用请消防民警或聘请有关专家开设相应讲座的方式,普及消防安全知识。讲座通常应包括以下几个方面的内容。

(一)燃烧和火灾的基本知识

燃烧和火灾的基本知识主要包括燃烧的概念和条件、燃烧的主要产物及其毒性、火灾的概念及危害、火灾发生的直接原因、火灾蔓延的途径、火灾的类别和特点以及防火的基本原理等内容。

（二）防火安全知识

防火安全知识一般包括消防安全标识、建筑防火措施、易燃易爆危险化学物品辨识及其危险性、电气防火知识以及常见火灾隐患的识别和整改等内容。

（三）灭火的基本知识

灭火的基本知识一般包括火灾报警的方法、内容和要求，灭火的基本方法以及常用消防设施的功能及操作使用方法等内容。

（四）疏散逃生知识

疏散逃生知识主要包括影响火场逃生的心理和行为误区、逃生自救的基本原则和方法以及常见火场救生器材的使用等内容。

二、建设消防宣传板报、画廊等消防宣传阵地

利用消防宣传板报、画廊进行消防知识宣传应围绕辖区的消防工作中心或针对某一时期、某一方面消防安全暴露出来的问题进行，可采用不同类型的标语、照片、绘画、书法、漫画、宣传图片并辅以文字说明等形式制作而成。消防宣传板报、画廊的内容可随着季节变化，或者根据重大节日宣传的实际需要更换。消防宣传板报、画廊既可以是固定式的，也可以是流动式的。固定式的消防宣传板报、画廊可以设置在社区街道路口、文化活动中心、居委会门前等场所；流动式的消防宣传板报、画廊可与消防宣传车结合开展，用载有广播或录像设备的消防宣传车将

消防宣传板报拉到社区集贸市场、住宅小区、公共娱乐场所等处进行消防宣传。这种宣传方式，图文并茂，形式活泼，内容生动，针对性强，深受人们欢迎。

三、张贴消防警示标语

人们在与火灾的长期斗争中，总结出了许多富有哲理性的消防安全警示语，这些警示语是无数火灾事故汇聚成的警策。这些警示语通俗易懂，朗朗上口，便于广大群众熟悉记忆。在辖区内主要道路、街道，人员密集场所张贴消防警示标语，已成为开展消防宣传教育的主要形式之一。近年来，又出现了与广告公司合作，运用市场化运作的方式，开展消防公益广告宣传的宣传形式，即由社会单位出资制作宣传牌，宣传内容包括单位广告和消防警示标语两个方面，设置在主要道路和居民小区。张贴消防警示标语具有简明扼要、针对性强、通俗直观等特点，能够时刻提醒人们注意防火，有利于营造一个提高消防安全意识的环境氛围。

四、利用新闻媒体进行消防宣传教育

媒体传播采用现代科学技术作为传播手段，具有承载信息量大、覆盖面广、传播速度快等优势，通常用于宣传消防法律法规，普及消防科普知识，开展全民消防教育。媒体宣传也是消防宣传教育最常用的一种形式，主要包括电视宣传教育、广播宣传教育、报刊（报纸和杂志）宣传教育、网络宣传教育和移动通信宣传教育五种方式。

（一）电视宣传教育

电视宣传教育，是将消防宣传教育内容制作成公益广告、专题访谈、公共讲座、娱乐视听、科教服务等各种类型的电视节目，从而多方位、多视角、多样化地展现消防宣传教育内容的一种宣传方式。在利用电视开展消防宣传教育时，应根据宣传内容采用恰当的电视节目类型，力求取得最佳宣传效果。

（二）广播宣传教育

广播宣传教育，是利用无线广播和有线广播进行消防新闻播报、现场报道，或利用专题广播栏目开办消防安全知识讲座、进行对话及接听热线等方式，向广大公众普及消防法律法规及消防安全知识的一种宣传方式。

（三）报刊宣传教育

报刊宣传教育，是利用各类报纸和杂志开辟固定消防专版、专栏或发表各类新闻稿件，普及消防法律法规和安全知识，宣传消防工作的方针和政策的一种宣传方式。其主要表现形式有消息、通讯、评论、调查报告、新闻图片及典型事故案例剖析等。消防报刊是报刊宣传教育的重要组成部分，也是消防宣传的专业阵地。具有公开刊号的全国性消防报刊主要有《人民公安报·消防周刊》《中国消防》和《消防科学与技术》。此外，还有众多的由各省、自治区、直辖市消防总队或消防协会及部分市级消防支队主办的内部发行的地方性消防报刊。

（四）网络宣传教育

网络宣传教育，是利用计算机网络发布有关消防法律法规、消防安全知识及相关新闻事件，以争取最广泛的公众关注的一种宣传教育形式。其主要方式有以下几种：在互联网上开设消防网站，制作消防网页；利用公共网站发布消防相关文字或图片及视频新闻；组织开展网络消防知识竞赛、网上答疑、网上评选、网络消防动漫大赛等活动。

（五）移动通信宣传教育

移动通信宣传教育，是利用手机发送短信、接收短信、传送图片、接收视频节目等功能，宣传消防法律法规及安全常识的一种宣传教育方式。移动通信宣传教育采取的方式主要是通过通信运营商向用户群发简短的具有提示性的消防安全警示、消防法规公告、火灾预警通知及防火措施等信息。

五、开展消防宣传教育活动

消防宣传教育活动是一项有目的、有计划、有步骤地组织众人参与消防宣传的社会活动。它通过立体生动的方式传播消防宣传教育内容，具有鲜明的目的性、广泛的社会传播性、寓教于乐的趣味性等特点。消防宣传教育活动能够使人们在实物观摩、亲身体验或娱乐互动中潜移默化地渗透消防知识，是人们乐于接受的消防宣传教育形式，是公众获得消防安全知识的重要渠道。

（一）消防公开咨询活动

消防公开咨询活动是消防机构在接待日公开面对公众，以有问有答的方式宣传消防法律法规及消防科学技术知识，消防专业人员与公众零距离接触的一种宣传教育方式。消防公开咨询活动通常选择在周末或节假日，在繁华的市区开展，由消防救援机构的工作人员和消防专业技术等的人员组成消防咨询小组，公众可向咨询小组提出有关消防法规和其他消防技术问题。咨询活动以社会效益为主，提供无偿服务，多以口头宣讲、回答提问、发放宣传图书和资料等方式进行。

（二）消防竞赛活动

消防竞赛活动是以竞赛的方式，调动公众主动了解消防法规、学习消防知识以及掌握相关技能的积极性的一种宣传教育方式。利用消防竞赛活动进行消防科普宣传教育，形式轻松活泼，广大公众乐于接受。

1. 消防安全知识竞赛

利用消防安全知识竞赛向社会、向公众传播消防知识和消防法规是一种非常有效的方法。《消防法》颁布后，全国许多地区和部门，包括一些工厂、企事业单位，结合学习《消防法》举办了各种知识竞赛，既普及了消防知识，也调动了公众学习、贯彻、执行消防法规的积极性。乡镇街道消防监督管理机构也可仿效这种宣传方式，以管辖单位、社区为参赛单位，以消防法规以及防火灭火、疏散逃生常识为竞赛内容，开展多种形式的竞赛活动，可以达到一人答题众人受益的教育目的。这一宣传教育形式对于活跃居民文化生活也大有裨益。

2. 灭火技能竞赛

灭火技能竞赛是利用辖区内合适的场地，让居民掌握扑救初期火灾基本技能的一种活动，如用湿麻袋扑灭油桶火灾，使用各类灭火器扑灭不同对象的火灾，等等。这种融体育竞赛与灭火技能为一体的竞赛活动，观看性、可操作性、实用性较强，可在有条件的情况下推广这类竞赛。

3. 消防安全知识征文竞赛

举办消防安全知识征文竞赛，可以起到互相介绍防火、灭火经验，普及消防知识，传递交流有关信息，提高居民自我防范意识等作用。

（三）消防文艺演出活动

消防文艺演出活动，是采用文艺演出的形式宣扬党和政府重视消防工作及消防事业的巨大发展，赞扬消防救援人员出生入死、抢救人民群众的生命财产的光辉事迹的一种活动。消防文艺演出活动是公众喜闻乐见的方式，具有生动活泼、寓教于乐、内涵丰富、发人深省的独特魅力。

六、组织参观消防站点、消防博览馆

近年来，各地纷纷开始推行消防站点定期向社会开放的工作。在这些开放的消防站内，设置了烟雾逃生训练室、高楼缓降逃生训练器、家庭火灾灭火训练设备、厨房灭火演示室、消防宣传教育展板、报警学习器及消防知识测试等设施。这些消防站的开放，在社会上引起了广泛关注，反响强烈，起到了宣传消防知识的作用，产生了良好的社会效应。此外，还有一些有条件的地区建设了消防博物馆、展览馆、防灾教育基地等，开展长期的消防知识普及教育工作，让市民以及青少年、儿童通过特制的模拟设施和模拟环境，进行防火、灭火、报警和逃生自救等消防模拟体验，让公众在看得见、摸得着的教育中提升消防素质。

七、消防宣传教育形式的要求

消防宣传教育要坚持从实际出发，因地制宜、灵活多样地采取各种形式，深入地开展宣传教育工作。

（一）坚持经常性

消防宣传教育要经常开展，不但要把消防宣传教育内容渗透到消防工作的方方面面，而且要广泛发动公众参与，使消防宣传活动由"要我做"变成"我要做"，真正建立层层消防宣传网络。参与消防宣传教育的主体既要有消防民警、居（村）民委员会成员，也要有单位代表和公民志愿者，要做到环环紧扣、层层联网、一抓就灵，逐步建立互动关系，形成良性循环。

（二）注重趣味性

消防宣传教育的形式应具有趣味性。所谓趣味性，就是对教育内容进行加工，针对不同的对象、时间、地点、内容，用形象、生动、活泼的艺术手法或语言，将不同听众或观众的注意力吸引到宣传内容上的一种手法。同样的内容、同一事物，不同的宣传方式会产生不同的效果，注重趣味性，使所宣传的内容对听者、看者具有吸引力，使人想听、想看，以达到启发公众、教育公众的目的。

（三）讲究时效性

火灾事故总是在某种条件下发生的，它往往反映了某个时期消防工作应关注的重点。所以，消防宣传教育应特别注意利用一切机会，结合不同时段的消防工作重心，抓住切入点进行，开展及时有效的消防宣传教育工作。

参考文献

[1] 韩海云. 公安派出所消防监督管理[M]. 北京：中国人民公安大学出版社, 2017.

[2] 景绒. 消防产品监督管理工作实务指南[M]. 北京：中国人民公安大学出版社, 2012.

[3] 孙建军, 王杰, 金业. 消防监督检查与管理工作思考[M]. 汕头：汕头大学出版社, 2022.

[4] 徐晶, 顾作为, 李广龙. 消防安全管理与监督[M]. 延吉：延边大学出版社, 2021.

[5] 郑端文. 消防监督管理工作实务指南[M]. 北京：中国人民公安大学出版社, 2012.

[6] 赵静, 朱小彤, 李娜. 消防监督管理及模式创新研究[M]. 秦皇岛：燕山大学出版社, 2023.

[7] 徐放. 智慧消防技术体系[M]. 北京：中国计划出版社, 2023.

[8] 叶江彪, 袭普春. 消防监督检查指南[M]. 北京：中国建材工业出版社, 2017.

[9] 王文利, 杨顺清. 智慧消防实践[M]. 北京：人民邮电出版社, 2020.

图书在版编目（CIP）数据

如何引领教师专业发展：记录一段躬身深耕的教育时光 / 姜心悦著. -- 北京：中国广播影视出版社，2022.10

ISBN 978-7-5043-8914-5

Ⅰ.①如… Ⅱ.①姜… Ⅲ.①教育工作－文集 Ⅳ.①G4-53

中国版本图书馆 CIP 数据核字(2022)第 167789 号

如何引领教师专业发展
——记录一段躬身深耕的教育时光

姜心悦　著

责任编辑	许珊珊
责任校对	张　哲
封面设计	贝壳学术
出版发行	中国广播影视出版社
电　　话	010-86093580　010-86093583
社　　址	北京市西城区真武庙二条9号
邮　　编	100045
网　　址	www.crtp.com.cn
电子信箱	crtp8@sina.com
经　　销	全国各地新华书店
印　　刷	天津雅泽印刷有限公司
开　　本	710毫米×1000毫米　1/16
字　　数	180（千）字
印　　张	12.25
版　　次	2022年10月第1版　2022年10月第1次印刷
书　　号	ISBN 978-7-5043-8914-5
定　　价	62.00元

（版权所有　翻印必究·印装有误　负责调换）

前　言

——以《"和初心对话·与使命同行"红色家书》代为前言

　　最美人间四月天，在这个春暖花开、万象更新的季节里，我怀着无比激动的心情，迎接党的百岁华诞。作为一名中国共产党党员，我为您一百年来取得的辉煌成就由衷骄傲！为您一百年来的坚贞不屈、矢志不渝，向中国、向世界交出的历史答卷倍感自豪！正值您的百岁生日，我满怀赤诚，以这封红色家书，对话自己的入党初心，并回顾自己走过的二十六年的教育教学教研之路，向党组织汇报自己的思想工作情况。

　　入职之初，我便全身心地投入教育教学工作中，因为我深知："教师"这个称呼，不仅代表知识的传授，更代表一份责任、一份使命。我以自己优秀的师德、卓越的师能、热情饱满的工作态度获得学生的喜爱、家长的信赖、同行的好评和领导的认可。2006年10月，我通过了党组织的考核，成为一名光荣的中国共产党党员。在那个时刻，我就决心紧跟党组织的步伐，为教育教学事业不懈奋斗！

　　入党后，我一直以优秀党员的标准要求自己，模范遵守《教师职业道德规范》，爱岗敬业，勤奋工作，身体力行，不断学习和提升自己，从城厢中心初级中学到文峰学校，从文峰学校到盛隆小学，我无条件地服从组织的工作安排，也从一名普通教师逐渐成长为一名校长，真可谓"辛勤与耕耘一路，拼搏与奋斗同行"！我感恩自己赶上了一个伟大的时代，也感谢党组织对我的信任与培养，我只有用更强烈的事业心和责任感，更忘我的工作、无私奉献的精神，向党组织汇报！

2020年1月，我开始主持教研室、教科研中心的工作，我迅速转变工作角色，以高度的使命感履行岗位职责，不断提高对自己的要求，兢兢业业、忘我工作，以研代管、研训结合，努力做到提前思考、尽早安排、狠抓落实；积极拓宽工作思路，改革工作机制，优化工作方法，创新教研模式，提升教科研人员的整体素质，我带领教科研中心的全体人员将全市课堂教学改革引入发展快车道，并着力提高教育教学质量。

我努力加强自身建设，提高综合素养，引领教育发展。通过学习，我提高自己的政治敏锐性和鉴别能力，工作作风踏实，识大体、顾大局，尊重领导、团结同事，严于律己、宽厚待人，坚持原则、秉公办事，做到摆正位置、有名不争、有功不居、有责不推，事事自省；不断提高自身的法律意识，规范自己的一言一行，牢固树立思想道德和党纪国法两道防线，针对机构改革后的局面，我和同事们倾力打造了莱阳市教育科学研究中心"三合三心·先锋教研"的党建品牌，以党建品牌为抓手，凝聚人心、鼓舞干劲，增强了队伍的向心力和战斗力。

我立足岗位，守土尽责，全力抓好疫情期间的教学工作。面对严峻疫情，作为网课组组长，我从正月初三开始投入工作，组织学科教研员和骨干教师开发了包含文化类、艺体类、德育类、心理及家庭教育类在内的小、初、高各学段1800余节课程资源，充实到教学平台，为线上授课提供了坚实保障。

我重视活动引领，措施激励，聚焦教学质量提升。通过摸底排查、深度调研，决定实施教研员、校长、教师三支队伍的综合素养提升工程。出台《"1+1+1"教研员学习方案》；建立校长学习机制；成立学科建设指导委员会，组织全市5000余名教师进行了"面对面"全员培训。组织出台了《莱阳市中小学教育教学质量提升工程实施方案》，通过实施"八大工程"，加强考试研究，重视质量分析，成功构建了莱阳市中小学教育教学质量提升的关键举措和配套措施。我重视心理健康教育，推进家校协同育人。组织成立心理健康教育骨干教师团队，开展家庭教育宣讲团活动，进行了系列卓有成效的工作，通过"空中三课堂"指导班主任、家长做好学生心理疏导工作；每月组织家庭教育骨干教师在线上向全市学生家长推送家庭教育课程等。

一年多的时间里，真可谓"努力与拼搏同行，奋进与耕耘一路"！我们的教育、教学、教研工作整体快速向前推进，基于核心素养的课堂教学改革也有了初步的成果，教研团队茁壮成长，教学质量稳步提升，综合实践活动以及家校共育工作也彰显特色。请党组织放心，新的征程，我将继续以饱满的工作热情、严谨的工作方法、务实的工作作风，全面贯彻党的教育方针，落实立德树人的根本任务，尽心尽力、尽职尽责、尽善尽美，以更加优异的成绩向建党一百周年献礼！

祝我们伟大光荣的中国共产党风雨不倒、永葆荣光！祝我们伟大光荣的社会主义祖国繁荣昌盛、盛世久安！

2022 年 4 月

| 目　录 |

第一章　坚定政治站位 / 1

　　锻造"三合三心·先锋教研"党建品牌 / 1

　　充分发挥先锋作用，努力争当教研先锋 / 5

第二章　淬炼师德修养 / 11

　　凝心聚力，落地生根；务实笃行，彰显特色 / 11

　　叩问初心，牢记使命 / 15

　　学而不辍，未来可期 / 16

　　薪火相传担使命，韶华不负追梦人 / 17

　　春路雨添花，花动一山春色 / 21

第三章　打造领航工程 / 25

　　学有指引·行有方向·做有路径 / 25

　　兴校必先强教，兴教必先强师 / 29

　　以改革创新推动教师培养工作高质量发展 / 31

集大成，得智慧 / 32

做好终身学习的践行者，做强教育教学的引领者 / 35

心有所信，履践致远 / 39

第四章 加强队伍建设 / 43

用心用情做教育，齐肩共进话成长 / 43

奋楫笃行，循序而精 / 46

研训一体，助推发展 / 47

青蓝以深耕，唯实且励新 / 49

行思并进，携手同行 / 52

研训一体共奋进，墩苗跟岗强师能 / 57

万山磅礴必有峰，登峰瞭望山水长 / 59

第五章 强化教学研究 / 63

培基固本强特色，科学谋划促发展 / 63

统筹规划·规范管理·均衡发展 / 70

东方欲晓，莫道君行早 / 79

联盟教研展风采，课例交流促提升 / 80

踔厉奋发强职能，笃行不怠谋发展 / 81

第六章 深化教学改革 / 87

积极推行新时代教学方式变革的教改实验 / 87

统一思想，精心部署；强化保障，有序推进 / 88

聚是一团火，散是满天星 / 91

聚焦教学方式变革，助力课堂教学改革 / 95

使命在身·责任在心·重担在肩 / 101

肩负责任与使命，坚持探索与实践 / 103

第七章　聚焦教学创新 / 107

学习德融数理新模式，探索梨乡德育新路径 / 107

问渠那得清如许，为有源头活水来 / 109

知者行之始，行者知之成 / 112

指向"科学""有效"，促进幼小衔接 / 114

深化区域教研，重构县域联盟共同体 / 117

创新联盟教研模式，构建县域教研新格局 / 122

第八章　遵循研教相融 / 127

共通·共融·共赢 / 127

强化教科研职能，推动教育内涵式发展 / 128

厚植深耕，强基提质 / 135

创新教研范式，提升科研品质 / 136

第九章　致力五育协同 / 145

切实增强高考生心理健康辅导的针对性和实效性 / 145

勤动手，百花放 / 146

引领心路，放飞希望 / 148

绿薇高蕾鸣新蝉 / 150

启动"心"按钮，开启新生活 / 151

纸上得来终觉浅，绝知此事要躬行 / 152

请系好人生的第一粒扣子 / 153

第十章　推进家校共育 / 163

教育无小事，枝叶总关情 / 163

家校共育，携手同行 / 169

构建"五位一体"协同育人机制，汇聚全方位育人的强大合力 / 171

在希望的田野上 / 175

又是春风浩荡时 / 178

参考文献 / 181

后　记 / 183

第一章　坚定政治站位

20210302　"今日党课"我来讲

锻造"三合三心·先锋教研"党建品牌

2021年是中国共产党成立100周年，是"十四五"规划开局之年，也是全面建成小康社会、开启全面建设社会主义现代化国家新征程的关键之年。在这个大背景之下，我们在年前顺利完成了机构改革，在座的各位都是本次机构改革的亲历者、参与者、见证者。具体到我们现在刚成立的莱阳市教育科学研究中心，整合了莱阳市教学研究室、莱阳市教师培训中心、教科室、职教室这四个科室的全部人员和岗位职责。我有三点感受：一是职能更多，二是责任更重，三是力量更强。就目前情况来看，新单位已经组建，职能职责已经明确，工作力量也基本全部到位，接下来就是要努力探索我市教科研中心工作的新思路、新途径、新方法，重点来解决"怎么干"的问题，从而有新气象、新发展、新作为。我们将以锻造"三合三心·先锋教研"的党建品牌为突破口，充分发挥党员干部的模范带头作用，以点带面，辐射莱阳教科研中心的全体工作人员。所以，深入挖掘、深度解读、深刻理解我们党建品牌的内涵意义，就显得尤为重要和必要。

一、"三合"

"三合"指的是思想工作、党建工作要先合心，再合力，底线是合规。

（一）"合心"

简单讲，"合心"就是齐心、同心，是从情感的认同到最终的价值认同。大而言之，"一心向党、倾心向党、永葆初心"是必备的政治品德和政治素养。小而言之，我们在单位和同事在一起的时间比和家人都要多，既然有幸相聚莱阳教科研中心，大家共创一份事业，这是缘分，因为这份工作才有缘成为大家庭的一员，因此就要珍惜，就要真正把单位当成自己的家，为了这个大"家"的繁荣兴旺，我们都要调整心态，熟悉新的工作环境，适应新的工作要求，尽快融入集体。作为一个新组建的单位，大家在人生经历、职业态度、工作方式、思维模式、生活习惯等各方面都有差异，如何实现"心往一处想"，起点是情感的认同，只有从情感上真正把自己当成是单位的一员，找准处室定位和个人定位，相互信任不拆台，共同承担责任和使命，才有可能形成共同的目标趋向和价值追求。到底该如何给自己定位呢？除了自己所分管的具体工作，我们还有一个共同的身份——莱阳市教科研人员。我们每一个人的身份首先是教师，而不是行政干部；其次，应该是教师中的首席，是首席教师。我们的工作环境除了我们这个大集体，更离不开学校、教师和学生。所以，我们更要扮演好一个学习者、服务者和指导者的"教科研人员角色"，要把内心的信仰和认同，转化成真实、具体的行动。

（二）"合力"

合力就是要求大家要有合作精神，牢固树立"一盘棋"思想，心往一处想，劲就往一处使。今年是"十四五"的开局之年，今年的机构改革也好，我们党建品牌的确立也好，都有很好的纪念意义。党员群众，特别是领导干部，都要自觉地站在全局的高度看问题，以"全面提升教育教学质量"这一中心工作为总基调，把自己负责的工作抓好、抓实，守好自己的"一亩三分地"的同时，相互支持、相互帮助。木桶理论告诉我们，一只木桶能装多少水，并不取决于最长的那块木板，而是最短的那块。我们只有相互配合，形合力，才能实现教科研中心整体工作效能的提升。工作上，大家务必做到坦诚交流、真诚沟通、凝聚共识，决不允许当面不说背后乱说，会上不说会下胡说，更不能做有损信任、不利团结、激化矛盾、相互拆台的事情。我一直相信互相取暖抱团发展，坚决反对单打独斗。

（三）"合规"

思想是行动的先导，"三合"的第三点，就是合规。"合规"就是讲规矩、讲规范。一切思想和行动都要规范，符合规矩和规则，无规不成方圆。党的十八大以来，党中央高度重视思想政治工作，强调要把思想政治建设摆在首位。我们要筑牢思想根基，把思想和行动统一到集体的决议上，确保令行禁止，具体包括：坚持把政治纪律和规矩放在前面，强化自我管理，廉洁自律，提高政治敏锐性和政治鉴别力，不该说的不说，不该做的不做，不该信的不信；夯实主体责任，坚持学、思、践、悟，坚持清白做人、干净干事，本色做人、角色干事；严格遵守规章制度，自觉遵守工作纪律，保持敬畏之心，共同维护单位和个人的良好形象。

二、"三心"

"三心"指的是围绕教科研中心"研究、指导、服务"这三项基本职能，打造"潜心研究、精心指导、诚心服务"的"三心"教科研队伍。

（一）"潜心"研究

教科研能力是一种来源于教育实践而又有所超越、有所升华的创新能力，我们作为专业的从业人员，更要自觉提高对自己的要求，专业水准要真正达到"平等中的首席"。"潜心研究"强调的就是要加强学习，通过专业阅读、学习撰文、培训听课、调查研究、讨论交流等途径加强个人修养，提升思想境界和人生格局，提高教科研理论水平和实际工作能力，从而成为爱岗敬业、博学多才、精通业务的优秀教科研人员，也促进整个教科研中心形成实事求是、潜心钻研、勇于创新、善于总结的教研风气。教科研人员要有教科研人员的素养和气质。气质从哪里来？很简单，从读书和学习中来，在教育实践中自然而然地生长。

（二）"精心"指导

教科研人员要尽职尽责，厚植深耕，有精品意识，树立精致教研理念。要深入学校、教师和学生中间，组织开展培训讲座、课题研讨、经验交流等教研活动；各科教研员要做好命题研究，研究新高考、新课改理念，提高试题质量，试题的结构及深浅度都对老师的教学及学生的学习起着十分重要的导向作用；鼓励教科研人员上示范课、研讨课，真正实现专业引领、辐射带动；通过完善区域联合教研和教科研人员联系学校制度，实现教研工作重心下移，对基层学校实施精确定位、精准扶弱、精心指导；定期组织教科研工作视导，深入学校和课堂了解基本情况，及时提出指导性、建设性的意见和建议；严格按照既定的评价办法和工作流程，对学校的教学、科研工作进行专项检查督导，做到科学评估、客观评价，为学校改进教育教学提供参考和依据，通过首席引领、首席教研，为区域教育科研的改革创新作出积极贡献。

（三）"诚心"服务

教育是"传统农业"，需要精耕细作、精细管理；教育是"尖端工业"，要具备精益求精的大国工匠精神。人民教育家陶行知先生以"捧着一颗心来，不带半根草去"的赤子情怀，为中国教育探寻新路，这是一种完全不计回报的付出，我们在工作中也要学习和践行这种忘我的奉献精神。不忘教育初心，明晰教研人的责任和使命；改进工作作风、提高教研质量、强化服务意识，全心全意为学校办学服务、为教师教学服务、为学生发展服务；放下架子，深入基层，特别是偏远、薄弱学校，更要进行深入调研，切实解决学校教育教学的实际问题，真正做到"诚心服务"，用心做教育，做拥有真心、诚心的教研人，促进莱阳教育的均衡发展和优质发展。

在前期的党组会议上，局党组赋予我们教科研中心权力，真正落实研训一体化，科学计划，重点落实，集思广益，全力以赴抓教研，带队伍，抓管理。我们教科研中心的全体成员，要利用开学前的这几天，从自己分管工作的实际出发，创新工作思路，开好局、起好步，尽快把工作计划再进行深度思考和系统梳理，确保科学、有效。当然，在落实中更要注重过程管理，不怕我们不行，关键是我们要及时发现问题，进而去分析问题、解决问题。

"党建引领，教研先行。"正值建党100周年，百年风雨百年荣光，100年的历程充满艰辛与坎坷，我们的党历经战火洗礼和历史考验，但依然坚如磐石，巍然不倒！2021年是农历的辛丑牛年，我们的"三合三心·先锋教研"党建品牌的创建初衷，正好与习近平总书记勉励大家大力发扬的为民服务、无私奉献的孺子牛精神，创新发展、攻坚克难的拓荒牛精神，艰苦奋斗、吃苦耐劳的老黄牛精神高度契合，很有价值，也很有意义。党员干部要调动干事创业的积极性，把党建品牌的创建与工作实际相结合，用初心凝聚人心、以发展鼓舞干劲、用责任激发担当，开创教科研工作的全新局面！老师们，让我们以"不怕苦、能吃苦"的牛劲、牛力辛勤耕耘，以"时不待我、只争朝夕"的使命担当，以"守土有责、守土尽责"的责任担当，创新进取、奋发有为，尽善尽美，为梨乡教育的发展贡献智慧和力量！

20220306　年度党建品牌创建典型的汇报发言

充分发挥先锋作用，努力争当教研先锋

2021年莱阳市教体系统进行机构改革，由原莱阳市教学研究室党支部和原教师培训中心党支部合并成立的莱阳市教育科学研究中心党支部，共有党员48名，教职员工78名。

教科研中心党支部成立之初，就创立了"三合三心·先锋教研"党建品牌，"三合"指工作要先合心，再合力，底线是合规；"三心"指的是锻造"潜心研究、精心指导、诚心服务"的教科研队伍。2021年，莱阳教科研中心在"三合三心·先锋教研"党建品牌统领下，围绕教科研工作的创新和发展，

不断拓宽思路，坚持以人为本，突出工作重点，提高了队伍的凝聚力和战斗力；以迎接建党100周年为契机，加强思想建设，夯实教科研人员的初心使命，激发干事创业的活力，充分发挥出了党组织战斗堡垒作用和党员的先锋模范作用，提升了教育教学研究和教师干部队伍建设水平，加强了指导和服务职能，助推我市教育教学质量提升。

一、以党建工作为引领，加强教科研人员队伍建设

（一）加强政治和业务学习

采用"1+1+1"学习、"理论＋业务"、暑期集中培训等形式，深入学习习近平新时代中国特色社会主义思想和教育教学专业理论知识，坚定理想信念，提升政治站位，打造又红又专的教科研人员队伍。

（二）以锻造"三合三心·先锋教研"党建品牌凝心聚力，加强各部门契合度

一是教研人员与培训人员高度契合，打造研训一体化工作新模式。二是加强各学段之间教研和培训的有效衔接，上下联动更加紧密，确保学生平稳跨入快速适应新学段的学习和生活。三是职教与高中教研相互促进，提高职专高考班文化课教学成绩，提升了教学质量。

（三）开设"先锋教研"大讲堂

"先锋教研"大讲堂每月一期，以提高全体教科研人员整体素质为根本，以打造讲政治、爱学习、懂业务、会生活、重团结的团队为目标，为教科研人员博学明辨、交流思想、展示才华搭建平台，营造全员研究、终身学习的浓厚氛围，使全体教科研人员业务能力有提升、综合素质有改善、思想境界有提高。2021年共进行了四次分享活动，分别是：《在路上，只因心向光明》（赵林楷）、《行进在教研之路上》（王迎立）、《学科团队建设及思考》（于胜华）、《创新联盟教研模式，构建县域教研新格局》（任伟玲）。"先锋教研"大讲堂展示了教科研人的专业素养、工作智慧和职业操守，激发了全体教科研人员专业成长的动力。

（四）积极参与"业务大练兵"活动

教科研人员先后七次担任"业务大练兵"主讲，向教育和体育局全体工作人员介绍了如何观议课、学分管理、学科核心素养、骨干教师团队建设、高考评价体系等相关业务，增进了科室之间的交流合作。

二、发挥党员先锋作用，助力教师队伍成长

（一）发挥党员名师名校长名班主任的先锋作用

积极推进乡村教师提高培训、新教师培训、面对面培训、远程研修、职业学校教师培训等活动，通过骨干教师队伍中党员的示范辐射，促进全市校长教师队伍素质提升。

（二）促进学科德育

通过思政课教研员上示范课和研讨课，开展思政课学科教学大比武活动，为提升思政教师专业素养搭建平台；在各学科教研员的引领下，立德树人，推进核心素养课堂教学改革，促进学科德育教学。

（三）开展敬业奉献、争做"五星级"党员活动

深入学校和课堂，走进教师和学生，鼓励党员教研员通过上研讨课，承担市级以上重点研究项目，参加区域联合教研和学校集体备课，全面了解学校教育教学生态，为学校发展、区域教育发展建言献策等活动，争做"五星级"党员，示范带动整个教科研队伍发展。

三、开展建党百年主题教育活动，提升党员的使命感

（一）开展"红色家书"活动

围绕"当初入党为什么、如今在党做什么、今后为党留什么"，全体党员向党组织递交了一封红色家书，所有家书集结成册印刷装订，其中张玉锦同志的家书《以师心守初心》被组织部选中，发表在莱阳党建公众号上。

（二）组织"百年党史我来讲"活动

历史教研员于胜华老师多次受邀做"奋斗百年路 启航新征程"专题讲座，

与教科研中心、教育和体育局以及全市机关党员一起回顾了党的发展历程；刘娜老师做了"学史明理 学史增信 学史崇德 学史力行"专题讲座，解读了中国共产党强大的组织管理能力，激发了党员的责任感与使命感，焕发教科研队伍的生机与活力。

（三）开展"叩问初心·牢记使命"主题演讲比赛活动

14名青年党员教师做了精彩演讲，重温自己走进教科研队伍的初心和使命，激发了敢于担当、勇于奉献的干事创业精神。

四、做好党建常规工作，创建良好政治氛围

（一）把党风廉政教育贯穿于各项工作之中

通过履行"一岗双责"、加强规范化建设、班子成员率先垂范、认真开展谈心谈话、政务公开、严格工作纪律等方式，增强党员自我约束能力，保持党性纯洁，自觉弘扬主旋律，积极传递正能量。

（二）认真召开组织生活会

制定组织生活会方案，支部班子成员逐一与党员进行谈心谈话，开展批评和自我批评，公开公平地进行民主评议党员，激发了党员的归属感和价值感。

（三）严格执行"三会一课"制度

严格执行"三会一课"制度，提升党员素质、增强党内团结、凝聚党员力量，增强党支部的创造力和战斗力。2021年共上党课4次，召开支部委员会14次，开展主题党日活动9次，党员集体学习19次，提升了党员的党性修养和政治觉悟。

（四）抓好党建常规工作

持续抓好"学习强国"平台的每日学习；做好每月党费收缴工作；认真完成森林防火、安全督导、贫困户结对帮扶等工作；持续做好"双报到双服务"工作，以群众需求为目标落实共建共驻项目。

莱阳教科研中心在"三合三心·先锋教研"党建品牌的引领下，将持续

发挥基层党组织的战斗堡垒作用，不断开拓创新研训工作，为办梨乡人民满意的教育、为梨乡教育的长足发展贡献教科研人的智慧和力量。

第二章　淬炼师德修养

20210526　在莱阳市"中华文化涵养师德"提升工程启动仪式上的讲话

凝心聚力，落地生根；务实笃行，彰显特色

中华文化涵养师德提升工程是烟台市为加强师德师风建设、提升教师队伍素质、落实立德树人根本任务而创新开展的一项师德培训工程。其始自2019年，时限3年，2021年是最后一年，也是由烟台市级层面全面推广铺开到县、市级层面的关键之年。今天我们在此举行启动仪式，就标志着莱阳市中华文化涵养师德提升工程正式拉开序幕，下面我给在座的领导和老师们说一下此项工作前期的开展情况和后期要重点推进的几项活动。

一、前期工作的开展

2019年4月，我市选派29名"种子教师"参加了北师大"京师好老师生命成长营"集中研修，随后又安排其中的10人参加了新媒体百日跟进式培训（线上百日《论语》学习），老师们每天诵读推送篇目，聆听专家讲解，提交学习体会，定期撰写家书，3个多月的切己体察，他们对自己的生命意义、职业价值和人生理想进行了重新定位，取得了不错的培训效果。

2021年2月底，我们接到《烟台市教育局教师工作科关于推进中华文化涵养师德提升工程的通知》，立即成立领导小组，按照烟台市局的部署积极开展了各项工作，到今天为止，我们顺利完成了第一阶段任务，主要包括：

（一）确定《实施方案》

莱阳市教育和体育局出台了《莱阳市中华文化涵养师德提升工程实施方案》，于3月9日下发全市各学校，方案从指导思想、目标任务、实施步骤、保障措施四方面对我市如何开展提升工程进行了明确与规划。

（二）遴选"种子教师"

4月中旬，本着"骨干带头"和"高度自愿"的原则，我们从全市遴选了108位校长、教师，担任莱阳市级"种子教师"，为今后全市开展各项中华文化涵养师德活动储备有力可靠的人才资源。

（三）再次组队参加北师大培训

5月中旬，我们又组织了10位烟台市级"种子教师"到北师大进行集中培训，他们晨读晚修，与经典对话，同大师交流，刻苦努力，得到了领导的高度评价。

（四）举行启动仪式

今天，我们有幸邀请到邹城进修学校的王校长给大家做专题讲座，市教育和体育局分管政工和教师队伍建设的王书记参加会议，使启动仪式兼具政治性和学术性。同时我们也把这100多位"种子教师"请到了主会场，在此我一并对种子教师们提三点要求：一是要求大家保质保量地完成6—9月的线上培训任务；二要积极协助学校领导，组织好本校的中华文化涵养师德工程的各项活动；三要创新性开展多种多样真正走进师生心灵的活动，引领更多人自觉学习中华文化，并不断提升文化自信和道德水平。

二、后期工作的推进

（一）开展《论语》百日线上培训

会后项目组要立即组建线上学习团队，成立百人微信群、各级小组学习群等线上组织，安排好指导教师和组长，明确职责分工，以正向主动的姿态迎接马上就要展开的线上百日培训，即6—9月，烟台将组织全市1000名骨干教师，分10个组，同步开展为期100天的《论语》线上培训，届时希望在座诸位能按时提交作业，积极参与线上线下分享交流活动，取得优异的培训成绩。

（二）开展全员暑期诵读《论语》活动

7—8月，各学校利用暑假，倡导全市教师每天读《论语》10则，并在学校学习群上传、分享音频文件。

（三）组织"《论语》涵养师德"演讲比赛

9月，各学校以教师节和"推广普通话宣传周"为活动契机，积极开展"《论语》涵养师德"主题演讲比赛，在活动中进一步深化传统文化学习，发现师德典型，实现教师群体从读经典到悟经典的提升。

（四）开展"工作生活中的《论语》智慧"主题研讨活动

10—11月，各学校以教师沙龙、主题研讨、小组分享等多种形式，创新性地开展以"工作生活中的《论语》智慧"为主题的各种活动，促进教师在日常的教育教学工作和生活中不断践行优秀传统文化。

（五）总结经验，提炼成果

第2—4项活动都是以学校为单位开展的校本培训活动。在座的各位都是学校推荐的热爱传统文化的骨干教师，所以在学校开展这些活动时，大家一定要以提炼经验成果为导向，加大典型案例的搜集力度，提炼出具有鲜明特色的师德培训典型经验，最好能够形成可推广、可借鉴的校本师德教育新模式。

三、措施要求

上述工作的有效开展，离不开基层学校和全体教师的大力支持，下面我再谈几点措施和建议。

（一）领导重视，加强管理

师德是广大教师做好教育教学工作的原动力，其水平高低彰显了学校管理的软实力。杰出的校长不是只会抓成绩，而是会从凝聚人心入手提升成绩，中华文化涵养师德提升工程就是这样一项凝心聚力的生命成长加油工程。2021年烟台将此项工作列入县、市、区重点督导考核项目，我市教育和体育局也将其列入学校年度师德考核项目，所以请各位校长高度重视此项工作，开动脑筋，长远谋划，切实将中华文化与师德培养、学校德育、课堂教学有机融合起来，不要把这样一项利校、利师、利生的三好工程，变成纸质工程、面子工程，甚至是遭人抱怨的"鸡肋"工程。

（二）灵活创新，寓德于智

师德养成是在"认知—情感—行动"的不断循环提升中实现的，其间还必须伴随教师主体的执着与努力。所以在开展中华文化涵养师德提升工程时，必须严格落实读经典、悟原理、改习气三个环节，从诵读经典入手，引导教师思考中华文化中的君子之道与现代师道的关系，反思自己的教育初心与使命，进而主动学大师风范，行圣贤之道，并逐渐以自己高尚的师德和深厚的文化气质，吸引、感化学生，此之谓德教，所以有人说"身教重于言教，德教重于身教"。

（三）发掘典型，注重引领

"种子教师"在中华文化涵养师德提升工程的实施中起着举足轻重的作用，是学校开展各项工作的重要推手，所以一方面"种子教师"要积极作为，率先垂范；另一方面学校要为"种子教师"开展各项工作提供有力支持。同时大家还要在不断的实践、推进中，总结经验，发掘身边的师德典型，讲好身边的师德故事，形成强大正能量，让师德真正厚重起来。

最后，希望各学校和全体"种子教师"，按照"突出主要任务、明确时间节点"的工作要求，上下联动，凝心聚力，务实笃行，真正把我市中华文化涵养师德提升工程落地生根，做出实效，形成特色！

20210630　在"叩问初心·牢记使命"主题演讲比赛上的总结发言

叩问初心，牢记使命

老师们，明天就是伟大的中国共产党成立100周年，今天我们欢聚一堂，以"叩问初心·牢记使命"主题演讲比赛的形式迎接、庆祝这个光辉的节日。

一百年前，风雨飘摇的旧中国诞生了中国共产党，她像一盏明灯冲破了漫漫长夜的黑暗，像初升的朝阳给沉睡的大地带来了希望的曙光。一百年来，中国共产党带领中国人民取得了辉煌的胜利，走上了中华民族伟大复兴的道路，踏上了全面建成小康社会的新征程。一百年的丰功伟绩，证明了中国共产党是一个伟大、光荣、正确的党！

回顾过去，我们豪情满怀；展望未来，我们信心百倍。我们每一名共产党员、每一位教科研人员，都要牢记党的历史，坚定理想信念，更加自觉地为党的教育事业不懈奋斗。从刚才16位青年教师的演讲中，我感受到了大家对党的热爱与忠诚，对自己本职工作的敬业和认真，对自我成长的渴望和追求，看到了青年教科研人身上的进取精神和蓬勃朝气，希望大家永远保持这种精神状态，幸福地工作和生活。

这次演讲比赛是我们教科研中心党史学习教育活动内容之一，希望老师们通过学史明理、学史增信、学史崇德、学史力行，处处以党员的标准要求自己，做有家国情怀、有理想信念、有职业追求的教科研人，在实现个人生命价值的同时，为教科研工作的发展、为莱阳教育的振兴奉献智慧，作出自己应有的贡献。

| 如何引领教师专业发展——记录一段躬身深耕的教育时光 |

20210902　在市委"专题读书班"上的交流发言

学而不辍，未来可期

　　此次，我参加了市委理论学习中心组专题读书班3天的集中学习，通过学习习近平总书记在庆祝中国共产党成立100周年大会上的讲话等文件，深刻认识到习近平新时代中国特色社会主义思想是从新时代中国特色社会主义全部实践中产生的理论结晶，是推动新时代党和国家事业不断向前发展的科学指南，是引领中国、影响世界的当代中国马克思主义、21世纪马克思主义。[①] 深入领会到在工作学习中，要把坚持马克思主义与发展马克思主义统一起来，习近平新时代中国特色社会主义思想就是马克思主义中国化最新成果，具有实践性、时代性、创造性的鲜明品格，充分体现了当代中国共产党人的政治立场、价值追求、精神风范，充盈着高尚真挚的人民情怀、家国情怀、民族情怀、天下情怀，作为新时代的党员教育工作者，我们必须坚定马克思主义、中国特色社会主义信仰不动摇，传承和弘扬中华民族精神力量不动摇。[②]

　　重点谈以下四个方面：

一、提高了对党的理论学习的重要性的认识

　　我会坚持不懈学原著、读原文、悟原理，不断改造主观世界，提高理论素养，提高政治敏锐性和政治鉴别力，坚持用科学理论来指导今后的工作、生活和学习，不断用党的创新理论武装头脑，坚定自己的理想信念，跟党走、听党话，同时加强自己的党性修养，认真学好《论中国共产党历史》《毛泽东、邓小平、江泽民、胡锦涛关于中国共产党历史论述摘编》《习近平新时代中

[①] 都晓：《党史教育的行动指南——深入学习习近平总书记关于党史学习教育的重要论述》，《新西藏》2021年第5期，第39—42页。

[②] 李艳红：《新时代中国特色社会主义"四个自信"与中国话语体系构建》，《中共乐山市委党校学报》2019年第5期，第78—83页。

国特色社会主义思想学习问答》《中国共产党简史》等内容。

二、进一步改进工作作风，增强服务意识

服务不仅仅停留在热情的态度上，还要时刻把群众的利益和愿望放在头等位置，把群众的情绪和呼声作为第一信号，进一步解放思想、更新观念，开阔思路，对工作、对事件迅速反应，马上行动，多在工作细节上下功夫，创造性地做好工作。

三、养成勤于思考的习惯，增强工作的主动性和预见性

真抓实干，抓好各项工作的落实，创造性地开展工作，强化问题导向、实践导向、需求导向，把自己摆进去、把职责摆进去、把工作摆进去。

四、严守纪律规矩，从严约束自己

学史明理、学史增信、学史崇德、学史力行，树立党员干部的良好形象，始终保持共产党人的政治本色。对照党史学习教育目标，在坚定理想信念、增强历史自觉、弘扬优良传统、加强党性锤炼等方面不断完善自己，达到学党史、悟思想、办实事、开新局的目的。

20210904　在2021年莱阳市老教师荣退暨新教师入职仪式上的讲话

薪火相传担使命，韶华不负追梦人

非常高兴参加今天的"老教师荣退暨新教师入职仪式"。眼前这温馨的一幕，让我不禁想起刚刚结束的东京奥运会，这届奥运会给人印象最深的也是薪火传承，新老交接——苏炳添、巩立姣等老将们老当益壮，以突破历史

的最好成绩站好了最后一班岗，刘倩、全红蝉等新人以初生牛犊不怕虎的拼搏精神勇夺金牌，责无旁贷地接过了"更高、更快、更强、更团结"的奥运精神接力棒！今天，我们的荣退和入职仪式也是一种传承，是教育精神的传承，梨乡教育就是在老教师们的坚守与奋斗中，在新教师的快速成长中，不断开创新局面，不断跨越新发展！

下面，我向各位领导、各位老师汇报我市的新教师培养工作。

一、立足实际，科学设计培养路径

自2016年至今，我市新入职教师1447人（目前全市教师总数不足6000人），面对如此庞大的新教师队伍，市教育和体育局不断调整工作思路，多措并举，以强化师德、提升师能为核心目标，牢牢抓住"入职头三年"这一职业发展关键期，切实助力新教师踏上专业成长快车道。

（一）领导重视，城乡同频发展

莱阳市教育和体育局各级领导高度重视新教师培养工作，出台了新的《莱阳市新教师培养管理办法》，组成领导小组，构建起全局上下统筹协调、联动配合、全力支持的新教师培养新格局。2020年，市教育和体育局实施农村新教师"墩苗"培养工程，将农村新教师与培养基地学校的优秀骨干教师进行结对，实行在岗跟班加压、加速、高效培养，加快了农村新教师专业成长节奏，为提升农村教育质量，实现城乡教育均衡发展做好了师资储备。

（二）统筹规划，导师专业引领

教科研中心统筹规划新教师年度培训方案。自2016年至今，共组织集中专题讲座72场，新教师心理团队辅导10次，全市先后调配了近1200人次市级及以上骨干教师参与新教师培训。2020年下半年，在新教师跟岗培训暨农村新教师"墩苗"工程中，21所培训基地学校共安排带教"师父"232名，为新教师提供了校内专题讲座300多场，涉及师德师风、教学技能和班主任工作诸多方面。

（三）聚焦课堂，夯实教学技能

教科研中心一直高度关注新教师的课堂教学能力提升，通过组织专题讲座、名师示范课、打磨展示课等培训活动，切实助力新教师打下坚实的业务基础，养成良好的教研习惯，形成严谨的教风学风。自2016年至今，组织新教师观摩市级骨干教师示范课900余节，新教师打磨、录制展示课2226节，开展教学基本功比赛和演讲比赛10场；在2020年新教师跟岗培训暨农村新教师"墩苗"培养工程中，新教师录制教学大比武视频课190节，每人至少听学科指导教师示范课84节，至少参加过3次校级及以上教学业务比赛。

这种以夯实课堂教学技能为出发点的培训使新教师快速成长起来，自2016年至今，就有52人次的入职两年内新教师在烟台市级及以上教学类奖项评选活动中获奖，155人次的入职两年新教师在莱阳市各类教学奖项评选中获奖。

二、立足长远，科学规划成长路径

市教育和体育局为新教师的成长谋划了诸多培养路径，搭建了展示平台，希望新教师能以高度的责任感，立足长远，科学规划自己的专业成长之路。

（一）修师德，完成角色转换

调研发现，新入职教师，特别是没有一点儿教学工作经验的新教师，对教师职业的心理认知存在一定误区。比如当初报考教师是因为羡慕教师这个职业，却不知道一名好老师的背后需要默默的付出与奉献。还有一些新教师是刚刚毕业的大学生，由父母、老师关心呵护的学生变成需要关心呵护学生的老师，不仅要学会与其他教师合作，还要独立完成学校布置的各项任务。简而言之，就是要转变为对学生负责、对同事负责、对家长负责、对学校负责、对社会负责的全能人才！这就需要新教师们向在座的荣退老教师学习，淡泊名利，潜心教育，规范言行，以德施教，用爱心和智慧倾毕生之力，打造祖国未来的"梦之队"。

（二）锤炼本领，站稳三尺讲台

教师最重要的任务就是要会上课、会育人，而新教师在解读教材、驾驭课堂、管理学生等教书育人方面还是一名新兵。新教师必须静下心来，俯下身子，用心钻研教材，精心设计教法，虚心向老教师请教，实实在在地在一堂堂常规课中千锤百炼，磨砺教学技巧，夯实教学基本功。在这里，我还要告诉大家一个快速成长的秘诀，那就是：多承担公开课、汇报课！新教师要有"丑媳妇不怕见公婆"的勇气，敢于暴露不足，才能得到名师、专家的当面指导，而名家们一出手往往是直中要害，这可是新教师提升专业水平最快捷的途径了。

（三）对标名师，明确职业发展方向

德国教育家第斯多惠提出了一个至今依然有深刻意义的观点，他认为："教师必须在自己的工作岗位上努力进行终身自我教育，教师只有诚心诚意地自我教育，才能诚心诚意地去教育学生。"因此，我希望新教师能够树立终身学习、终身成长的专业发展信念，科学规划自己的专业成长路径：第一年，安稳度过职初适应期，获得职业认同，能够站稳讲台；第二年，进入专业发展抽穗期，获得专业认同，教学成绩有突破；第三年，全面成长，独当一面，本市教坛初绽锋芒。至于后面的第五年、第十年规划，则需要新教师立足当下，放眼长远，自己去规划和实现美好的人生蓝图。

亲爱的新老师们，给大家提了这么多要求，不是为了增加压力，扩大紧张。请大家放心，莱阳教育人非常热心，更加用心，你们的专业成长之路不是孤军奋战，市教育和体育局早已为大家安排了强大的支持团队——学科教研员，他们是学科教学的首席发言人；名师团队，他们是全市教育教学领军人物；诸位入校后，学校也为大家的专业成长做了详细安排。相信在如此强大的"亲友团"支持下，大家一定会不负期望、不辱使命，迅速成长起来！

习近平总书记说："发展教育事业，广大教师责任重大、使命光荣。"希望新入职的老师们，传承好老一辈教育人的责任使命，忠诚党的教育事业，坚决贯彻国家教育方针，坚定履行教书育人神圣职责，以实际行动为梨乡教育事业贡献力量！

在第三十七个教师节即将来临之际，我也代表教科研中心祝在座的各位老师节日快乐，祝荣退的前辈们身体健康，生活幸福！祝新入职的老师们工作顺利，前程无远弗届！

20210925　在2021级新教师培训开班典礼上的讲话

春路雨添花，花动一山春色

亲爱的各位新老师上午好！今天在2021级新教师培训开班典礼上与大家再次见面，真的很高兴，也很兴奋！自从参加了9月4日的老教师荣退暨新教师入职仪式后，好长时间我的心情未能平静，因为从在座的每个人身上，我看到了一种新生的力量，一种蓬勃昂扬的朝气，这种力量深深地感染着我，让我不由得心生爱惜之情。在返程的路上，我便跟马主任分享说，我太爱这帮孩子了，请允许我称呼大家一声：孩子们。假如这是我们自己的孩子刚刚入职，那该如何培养他们迅速健康地成长？我们教科研中心师训室必须拿出一套完善的培养方案，帮助大家尽快度过入职适应期。在今天的开班典礼上，有教科研中心负责师训的徐章主任，今天给大家做第一期教学常规培训讲座的是教科研中心的王建涛主任，从来没有一期的新教师开班典礼是3个主任一起上阵，可见阵势磅礴。在此，我代表教科研中心的全体成员向2021级152名新教师加入莱阳教育这个大家庭表示热烈的欢迎和祝贺！亲爱的老师们，你们不仅是莱阳教师队伍的新生力量，更是梨乡教育的未来和希望，如果说"少年强则国强"，那么，新教师强则梨乡教育必强！

借此机会，我想再跟大家分享几条专业成长的经验，也可以说是对大家的期望吧。

一、熟悉环境，尽快获得职业认同

《孙子兵法》讲："知彼知己，百战不殆；知天知地，胜乃不穷。"这里的"彼"和"天""地"，都是指环境，这句话就是告诉我们：面对新的工作环境，新教师要想取得突破，最重要的不是贸然创造、创新、别具一格，而是尽快地"知"环境。

我认为，大家要"知"环境，首先要"知"莱阳教育的大环境。莱阳现有中小学59所，其中独立小学18所，独立初中11所，九年一贯制学校22所，高中3所，中等职业学校1所，特殊教育学校1所，体校1所，民办学校2所，在职教师5900余人，在校学生约6.6万。自2021年以来，市教育和体育局带领全系统上下，以习近平新时代中国特色社会主义思想为指导，认真贯彻落实国家、省、市教育规划纲要，按照"质量导向、学教并重、凸显素养、整体优化"的教改发展新思路，以立德树人为根本任务，以提升教育质量、推进教育公平为主线，凝心聚力、攻坚突破，担当作为、狠抓落实，开创了全市教育发展的新局面。

新教师还要尽快地"知"自己学校的小环境和自己执教的微环境——所任教的班级。每一所学校，无论位于城区还是乡镇，在多年的历史变迁和教育实践中，常常都积淀了独特的学校文化，包括教育理念、校规校纪、师生面貌，等等，这些或有形或无形的文化特质会始终影响在这里工作的人。所以，我希望大家能够迅速地适应所任职的学校，尽快融入工作团队，这样才算真正入了职场的"门"。而你执教的班级，每一个孩子都是一个完整的生命个体，独立承载着不同家庭的基因、文化和教养方式等，他们与你何其有缘，成为你生命新航程的第一批学生，了解他们、熟悉他们，进而才能更好地爱他们、教育他们，并在此过程中收获对教师职业的认同。

二、抓住平台，尽力取得专业突破

多年来，我市高度重视教师队伍建设，特别是对新入职教师的培养，倾注了大量的人力、物力和政策支持，上一次在老教师荣退暨新教师入职仪式上我讲到：新教师的专业成长不是孤军奋战，市教体局和教科研中心早已为大家安排了强大的支持团队——学科教学首席发言人的教研员团队、全市教育教学领军人才的名师团队，还有大家所在的学校为大家配备的两位全天候"师父"。虽然我最后说"相信大家在如此强大的'亲友团'支持下，一定会不负期望，迅速成长起来"，但是这段话还隐藏着一个重要的前提，即支持团队也好，各种培训也罢，充其量就是大家专业成长的"空气、阳光和水"，这些平台和机会对每个人都是公平的，但是，就像并不是每一颗种子都能发芽、每一朵花儿都能结果一样，要想破土而出、崭露头角，最关键的要素还是靠自己！可以说，每一位教师的成长说到底是自己对自己培养的结果。所以，希望在座的诸位，能够珍惜每一次培训机会，珍视每一位指导教师，紧紧抓住市教体局和教科研中心搭建的青年教师成长平台，努力向上、再向上，向前、再向前！

三、常思勤写，尽量积累教育智慧

苏霍姆林斯基在《给教师的建议》一书中，提了100条教育教学建议，其中第49条就是"建议每位教师都写教育日记"，他本人就从刚跨进学校大门从事教育工作的第一天开始，坚持记了32年的教育日记，琐碎到学生的身高、体重、后进生的细微变化、每一个知识点巩固的方法，等等，苏霍姆林斯基称，这些琐碎的随笔和札记是一个教师思考和创造的源泉，是珍贵的教育财富，是应该珍藏在教育博物馆和科研所的无价之宝，也正是这些琐碎成就了这位世界著名的教育家。所以老师们，不论你有多忙，时刻提醒自己：每天抽出10分钟、半小时，哪怕每周抽出1小时，静下心来，思考一下、沉淀一下、记录一下，这既是积累教育智慧的好办法，也是让自己从焦虑与繁乱中走出来的好办法。

老师们，教师是新时代中国知识分子的重要代表，习近平总书记说，教师是"三寸粉笔，三尺讲台系国运；一颗丹心，一生秉烛铸民魂"的事业，北宋著名儒学大师张载先生也曾为知识分子定位了"为天地立心、为生民立命、为往圣继绝学、为万世开太平"的人生志向，这种一脉相承的文化基因，敦促大家必须练就"粉笔"与"讲台"的育人硬功，必须恪持"丹心"与"秉烛"的奋进动力，必须担当"系国运"与"铸民魂"的伟大强国使命！从今天开始，每个人给自己做个规划，要想在几年之后脱颖而出，成为教坛新秀、骨干教师、名师名班主任，必须要有长江后浪推前浪的志气，有初生牛犊不怕虎的勇气，有小荷才露尖尖角的锐气，否则在温水煮青蛙的得过且过中，会很快泯然众生、平庸无为！

"春路雨添花，花动一山春色。"最后，我想用正在举行的十四届全运会会歌中的一句歌词，作为我对大家的期望和祝福：祝愿大家向往更快更高更强，追着未来出发！

第三章　打造领航工程

20210402　在莱阳名师名校长名班主任工作室授牌仪式上的讲话

学有指引·行有方向·做有路径

今天，我们在这里举行莱阳名师名校长名班主任工作室授牌仪式。首先，我代表教体局向入选的 6 位工作室主持人和全体工作室成员表示热烈的祝贺！

莱阳市教育和体育局一直把教师队伍建设，特别是教育领军人才建设作为教育事业发展重要的基础工作来抓，成立名师名校长名班主任工作室，就是要以此为载体，在名师名校长名班主任的引领下，加快培养一批师德高尚、业务精湛、结构合理、善于学习的专家型教育领军人才队伍，为提升全市教育教学质量提供有力的人才支持。关于工作室建设项目，我谈几点想法与大家共享。

一、为什么要推进名师名校长名班主任工作室建设

（一）是新时代教师队伍建设的现实要求

以习近平同志为核心的党中央高度重视教师队伍建设，在全国教育大会上，习近平总书记发表重要讲话，指出"坚持把教师队伍建设作为基础工作"，

凸显教师队伍建设的分量之重、地位之高。2018年发布的《中共中央国务院关于全面深化新时代教师队伍建设改革的意见》,是新中国成立以来党中央出台的第一个专门面向教师队伍建设的重要政策性文件。[①] 这些重要论述和政策文件是当前和今后一个时期我们抓好教师队伍建设的根本遵循。近年来,莱阳市教育和体育局认真贯彻落实国家、省、市的相关部署要求,统筹设计,重点规划,围绕加强教师队伍建设,先后出台了《关于实施"莱阳名校长建设工程"的意见》《关于实施"莱阳名师建设工程"的意见》《关于印发中小学名班主任人选培养管理办法》等十几个文件,教师队伍建设的成效正在逐步显现。今天,我们在这里举办名师名校长名班主任工作室授牌仪式,就是开启教师队伍建设新征程、全力打造教育领军人才的一项重要举措。

(二)是提高教育教学质量的必然选择

《莱阳市中小学教育教学质量提升工程实施方案》指出:"强化专家型校长队伍建设,为全市教育教学质量提升把稳方向;加强名师队伍和班主任队伍建设,为全市教育教学质量提升厚植根基。"因此,我们要通过名师名校长名班主任工作室建设工作,打造一批精于教学、善于管理、专于研究、勤于指导的教育领军人才,这将作为一项重要的长期性、战略性部署,既是深化教育改革、实施素质教育的关键一环,也是提升教育教学质量,办好人民满意教育的基础工程。[②]

(三)是提升教师校长队伍素质的有效途径

自2010年以来,我市先后培养齐鲁名师名校长和烟台名师名校长名班主任等各级各类骨干教师437人。骨干教师队伍梯次结构明晰,总体数量尚可,但也存在不少问题:一是齐鲁名师名校长数量不多,莱阳名师名校长需要突破二次发展瓶颈,完成到名家的蝶变;二是年轻优秀教师队伍逐步壮大,

---

① 赵永勤:《习近平关于教师队伍建设的思想研究》,《现代教育科学》2019年第8期,第70—75页。

② 李梅:《新时代中小学校长的责任担当和价值取向》,《北京教育:普教版》2019年第1期,第2页。

需要更多成长机会，加快成才的步伐；三是名师名校长名班主任的示范引领作用发挥得还不够充分。所以，我们要通过建设名师名校长名班主任工作室，搭建"教坛新秀—学科带头人—名师名校长名班主任"一体化培养平台，通过组织教学研讨、课题研究等途径，引导和激励各层次教师树立终身学习的意识，主动学习，善于学习，在团队共同成长中实现自我超越，最终实现青年成才、骨干成名、名师成家。

二、如何做好名师名校长名班主任工作室建设工作

（一）多方联动，启动工作室建设工作

1. 莱阳教科研中心要做好指导管理工作

莱阳教科研中心作为工作室建设工作的牵头部门，要切实负起牵头责任，认真做好工作室建设的谋划、过程监管和考核评估等工作，从各方面支持工作室开展各项活动。

2. 主持人所在学校要支持工作室开展工作

今天的授牌仪式，特别邀请了各名师工作室主持人和名班主任工作室主持人所在学校负责教学的副校长参加，就是要传达这样一个信号：今后莱阳市教育科学研究中心将以工作室建设为抓手，全力推进教育领军人才建设工作。能够被选为首批工作室主持人，这既是主持人本人的荣誉，也是主持人所在学校的荣誉。2020年省教育厅组织的特级教师评选，也明确把各级工作室主持人作为优先推荐条件之一，可见省教育厅对工作室建设工作的高度重视。为此，各工作室主持人所在学校要加大支持力度，为工作室提供必要的工作场所、设施和活动经费，全力支持工作室主持人开展活动，保障各项工作有效开展。今天到会的还有各学校师训负责人，希望大家能从本次活动中受到启发，创新性地开展学校师训工作，提高学校师训工作的实效性。

3. 各工作室要积极作为、主动作为

今天我们在这里举行的首批名师名校长名班主任工作室授牌仪式，标志着6个工作室正式组建成立并着手开展工作。刚才，3位主持人代表做了发言，

希望各工作室积极作为、主动作为，把各自的工作室抓起来、动起来，在工作中善于总结和反思，为今后新成立的工作室探索成功经验和模式。前一阶段，有些工作室已经先行一步，做了大量工作，授牌仪式结束后，我们将观摩林世峰名师工作室活动，大家可以借鉴经验并提出宝贵建议。我们也邀请了姚红梅、王晓明、李向荣三位烟台名师工作室主持人参加活动，希望各级工作室主持人多沟通多交流，共同成长，服务梨乡教育。

（二）明确职责，推动工作室建设工作高质量发展

1. 工作室主持人要当好排头兵

工作室成立初期，很多工作都需要开创性地开展，这就需要主持人当好工作室建设的排头兵，带领工作室成员发挥团队力量，共同成长。工作室主持人要制定切实可行的工作室发展规划方案，并指导每位工作室成员制定个人发展规划及年度计划，认真组织实施，确保工作室建设取得实实在在的成果。

2. 工作室成员要融入团队加快成长

此次遴选各工作室成员，从专家评审、汇总审核、反馈给工作室主持人征求意见、再汇总审核等各个环节，应该说我们下了很大功夫，目的是要把那些专业发展需求强烈和发展潜力大的好苗子选出来，通过一段时间的培养，为我市名师名校长名班主任队伍积蓄后备力量。为此，各工作室成员要倍加珍惜这个机会，积极主动地协助主持人做好各项工作；要切实利用好工作室这个平台，努力实现自身专业发展的进一步提升。

同志们，推进名师名校长名班主任工作室建设工作，目的就是要以工作室建设为抓手，将名师名校长名班主任先进的教育教学理念、丰富的教育教学实践以工作室为中心，对工作室成员进行传导和引领，让他们学有指引、行有方向、干有途径。同时，工作室成员要继续向本校内的教师进行二次传导和引领，逐步扩大工作室的辐射能量。相信我们的工作室一定能成为"研究的平台、成长的驿站、辐射的中心"，带动更多教师、校长快速成长，为莱阳教育持续健康发展培根强基，为梨乡教育教学质量提升赋能奋力，提供坚强有力的人才支持！

20210722　在莱阳市教学主任培训上的讲话

兴校必先强教，兴教必先强师

百年大计，教育为本；教育大计，教师为本。教师是教育发展的第一资源，是人才培养的关键力量，是提升教育教学质量的动力源泉。中国梦的实现，关键在人才，基础在教育，根本在教师。《关于全面深化新时代教师队伍建设改革的意见》指出："坚持兴国必先强师，深刻认识教师队伍建设的重要意义和总体要求。"

本次暑期教学主任培训，培训对象是各学校的教务主任、教科研主任、级部主任。通过前面六位优秀代表的发言，我仿佛看到了他们所勾勒出的教学主任日常繁重的工作和自身卓越成长的画面，这里跟大家分享我的几点感悟。

一、教学主任要认清岗位职责，自我加压

教学主任这个群体在学校工作中处于承上启下的重要位置，是连接校长和教师之间的"桥梁"和"纽带"。我们履行好职责，发挥好作用，对推进教学工作、提升教育教学质量有着不可替代的作用。教学主任是学校实施教育教学工作的核心成员，责任大、担子重、职责广，要负责制定并实施学校教育教学工作计划，检查并总结学校教育教学工作，做好教学常规指标落实和考核等工作，是学校提升教育教学质量的"定海神针"。所以，教学主任要充分认清自身岗位职责，自我加压，坚持在干中学、在学中干，通过不断地探索实践，提升能力素养，提高自身本领，把经历变成经验，把阅历变成能力。

二、教学主任要认真落实教学计划，抓牢教学常规管理

教学主任是学校教学计划的制定者和落实者，是规范教师教学行为的执

行者。从学期初到学期末，教学主任要认真执行教学工作计划，严格按照学校的规章制度去抓牢教学常规管理。组织、指导各年级和教研组实施教研计划，解决教师在教育教学中遇到的疑难问题。做好日常巡课制度，定时巡课与不定时巡课相结合，不定时跟班听课，加强对教学工作的监控，使学校教育教学工作更有针对性、实效性，并及时总结教育教学过程中的经验。

三、教学主任要关注教师发展，促进教师专业成长

学校要发展必须有一批高素质的教师队伍，教学主任要关注教师发展，利用自身职责和权限为教师搭建成长平台。要推动学校加大新教师的培养力度，开展"师徒结对"活动，组织新教师教学基本功比赛、新教师培训等活动，对新教师的教学方法、教学手段、基本功等方面进行全面的考核评价，提高新教师的成长潜力。组织开展教学研讨活动、示范课展评活动、各教研组集体备课等活动，促进教师专业成长。组织开展教学质量分析活动，通过分析查找教学中存在的不足，使教师在分析中反思，在反思中成长，在成长中提高。

四、教学主任要营造浓厚的教科研氛围，扎实推进课程改革

教科研工作在理论创新、指导实践等方面有着不可替代的作用，是学校教学工作创新的源泉，是课程改革的先导。教学主任要在学校营造浓厚的教科研氛围，抓好各级课题的申报、立项和研究的过程管理。课程改革对教师提出了更高的要求，教学主任要敢为人先，自身要积极学习新的教育教学理论，大胆探索，创新教育思想、教育模式、教育方法，形成教学特色和办学风格，并通过组织理论学习、案例交流、教学反思、观议课等多种形式的活动，扎实推进课程改革。

五、教学主任要注重个人修养，提高业务能力

教学主任自身的修养和业务能力在教师中有着表率的作用，我们常说，通过教学主任的言谈举止，我们就能看出一所学校的学风是否严谨、教师队

伍是否向上、教学行为是否规范。所以，教学主任要注重个人修养，提高业务能力，要多阅读一些教育名著及教育教学刊物，了解最新教育动态，紧跟教改步伐，主动学习课标，加强理论修养，内化教育素质。养成记教学反思、随笔的习惯，把教学过程中遇到的各种问题、困惑、启发和感悟，都随时记录下来，将零散的、具体化的实践过程，上升到文字的、理论的高度。

同志们，教学主任的工作是一项压力大、责任重、任务多的工作，曾子曰："士不可以不弘毅，任重而道远。仁以为己任，不亦重乎？死而后已，不亦远乎？"作为教学主任，我们要深知我们肩上的担子有多重，我们要拿出更多的耐心和细心，继续一如既往地履行好自己的职责，为学校服务、为教师服务、为学生服务。

最后，衷心地祝愿我们莱阳的教育越来越好，我们大家越来越好，谢谢大家！

20210724　在局领导班子会上就教师培养工作发言扼要

以改革创新推动教师培养工作高质量发展

在今天的班子会上，就教师培养，我想重点谈以下六点：

第一，依托为期两年的新教师"岗前培训""试用期培训""岗位期培训"，通过专题讲座、"青蓝"工程课堂教学指导活动、"青蓝"工程新教师观摩骨干教师示范课活动、骨干教师分学段分学科点评新教师汇报课等活动，使新教师的培训工作更有成效，更符合新课程改革的需要。

第二，深入推进各学段、各学科教师的"面对面"全员培训工作，使这项师训工程卓有成效，走向科学化、规范化、序列化，从而助推教师专业成长，帮助老师们实现理论视野更开阔、知识素养更全面。

第三，以名师名班主任名校长、骨干教师培养建设工程为载体，以《莱阳市名师名校长名班主任考核管理办法》为导向，充分发挥骨干教师队伍的辐射、带动作用，引领前沿的教学理念，促进课堂教学改革的高质量发展。

第四，分层次进行"莱阳市乡村教师提高培训活动"。通过"农村学校集体打磨一节课——精选名师组成专家团队现场听课——课后由当地教研组长和名师团队评课并进行研讨——授课教师后续到名师所在学校听课学习——最后培训中心组织名师团队继续进行听课指导"的工作流程，切实完善乡村教师课堂教学方式，提高乡村教师驾驭课堂教学的能力。

第五，通过举办全市班主任业务提高培训，全市小学、初中教导主任业务提高培训等专项培训活动，促进全市班主任和中层领导干部，用现代教育理论科学指导和管理教育、教学工作，把素质教育的要求真正落实。

第六，利用好"互联网+"远程研修平台。项目组要拓宽工作思路，采取行之有效的措施，加强动态管理，完善对学校和学科工作坊研修工作的考核评价办法。线上指导依托研修平台的工作坊完成，组织线上答疑、研讨交流，梳理热点问题，发现典型经验；线下活动采取现场课堂、现场教研、专家讲座、专题论坛、案例开发等形式，探索问题解决的操作性方案，并通过简报、生成性网络课程资源分享、网络直播等方式，推广创新经验，进一步提升我市中小学（含幼儿园）教师的专业素质。

20210726　在暑期校长培训会上的讲话

集大成，得智慧

各位校长上午好！为全面贯彻党的教育方针，落实立德树人根本任务，遵循干部成长发展规律，打造一支学习型、专家型莱阳市校长队伍，根据《莱阳市中小学教育教学质量提升工程实施方案》《关于建立校长学习机制的方案》《2021年莱阳市教师培训工作计划》等文件精神，按照"着眼长远、立足当前、破解难题、增强内涵"的思路,结合我市教育系统工作实际,我们组织了2021年暑期校长培训。

校长是一校之长,他是学校精神文化的引领者,优秀思想的播种者,教师专业发展的促进者,学生健康成长的捍卫者,新时代为国育才的崇高追求者。[1]钱学森说"集大成,得智慧"。校长的智慧来自时代的使命担当、终身的阅读、科学的人本精神、持续的实践探索、不懈的反思研究、勇敢的创新超越,希望我们在座的每一位校长都能不断进步、不断成长、不断幸福。

老师、学生、家长、校园、文化、机制、教材、课程、教室……共同组成学校特有的教育生态,而校长是这个生态的核心管理者、设计者、创造者。校长通过他的行为,管理、设计、创造这个教育生态,通过教育生态影响、塑造老师和学生。"一位好校长就是一所好学校",校长是一所学校的灵魂,是聚焦教师精神的一种力量,所以,我们在座的每一位校长肩上的担子很重,但我们一定要不负重托,不辱使命。[2]

7月22日,我们举行了鲁孟慧名校长工作室启动仪式暨首期校长发展论坛,鲁校长和工作室各位校长的交流发言,让我非常感动。之所以感动,是因为从各位校长的发言中,我感受到了校长们学习的热度、思考的深度、谋划的高度。

莱阳市教育和体育局一直高度重视校长队伍建设,先后出台了《烟台名师名校长名班主任工作室建设实施方案》《关于建立校长学习机制的方案》等文件,通过钉钉建立了校长学习群,定期发布学习文章和任务。成立名校长工作室,在名校长的引领下,加快培养一批师德高尚、业务精湛、结构合理、善于学习的专家型校长队伍。

---

[1] 李艳清:《校长领导力提升与履职的路径探索》,《辽宁教育》2021年第5期,第75—77页。
[2] 张贤志:《教育即服务——江苏省苏州青云实验中学陈荣华访谈》,《教育视界》2019年第12期70—72页。

一、校长要热爱自己的职业

我国正在进行全面深化基础教育改革，需要我们不断学习、不断思考，而校长作为一校之长，如何担当起这一使命，这是新时代的叩问。校长是学校精神文化的引领者，优秀思想的播种者，教师专业发展的促进者，学生健康成长的捍卫者，新时代为国育才的崇高追求者。在新时代为国育人的理念下，校长要努力修养好自己的"人品"，做到热爱自己的职业。孟子说："爱人不亲，反其仁；治人不治，反其智；礼人不答，反其敬。行有不得，皆反求诸己。"校长要对教育事业倾注无限的热爱，努力探索新时代人才培养的路径和方法，提升自己的教育智慧，扛起时代赋予的历史重任。

二、校长要有坚定的、正确的育人观

教育的根本目的是立德树人。为党育人、为国育才，这是我们教育人的核心价值观和一切教育的出发点。校长要坚定信念，树立正确的育人观，引导和指导教师将社会主义核心价值观教育融进教育教学的全过程，为把每一个孩子培养成为社会主义现代化事业的合格建设者与可靠接班人打下坚实基础。

三、校长要参与并积极推动课程改革

课程是实现教育目的的重要途径，是组织教育教学活动的最主要的依据，是集中体现和反映教育思想和教育观念的载体，因此，课程居于教育的核心地位。新时代的课程改革，改变课程过于注重知识传授的倾向，强调让学生形成积极主动的学习态度，在学生获得知识与技能的同时，学会学习并形成正确的价值观。校长要成为学校深化课程改革的发动机，领导学校教师积极探索有效的教学行为和学习行为，努力把学生培养成学习的主人、发展的主体，建立和谐的师生关系，实现教师与学生相融合、教与学相融合。

四、校长要关注教师专业发展

教师队伍建设是一个学校工作的重中之重，教师是学校发展的第一生产力，校长要把教师队伍建设，始终放在极其重要的位置，校长要善待教师，关注教师成长，多从教师角度思考问题，赢得教师支持，建立和谐的干群关系。校长要把教师的专业成长放在心上，要为教师的成长搭建最为宽广的舞台，通过开展教师发展论坛、教师成长展示、观摩培训、提供专业书籍等方式，促进教师专业成长，这是新时代教师发展的要求。

一位校长，对于学校的发展，起着至关重要的作用。校长的远见卓识，决定了全校几十位、百余位，甚至几百位教师的终身发展，而学校的办学理念、文化建设等又直接影响每一位学生的终身发展。祝愿我们每一位校长都能不负重托，不辱使命！

20211018　在莱阳市小学教导主任培训班开班仪式上的讲话

做好终身学习的践行者，做强教育教学的引领者

经过充分酝酿和精心筹备，全市小学教导主任培训班今天开班了。在此，我代表莱阳市教体局对全市小学教导主任培训班的开班表示衷心的祝贺！向参加此次培训的88位教导主任和中青年骨干教师表示热烈的欢迎！

局党委非常重视这次培训，把它作为加强莱阳市教育系统干部、教师队伍建设，努力打造高素质、专业化小学教导主任团队的一项重大措施。借此机会，我想从统一思想、明确意义、服从组织与管理三个方面，对大家提出以下要求与希望：

一、统一思想，提高参加培训学习的自觉性和紧迫性

为全面提高我市小学领导队伍的管理能力和业务水平，进一步提升我市小学教导主任的整体素质，深入推进素质教育，提高教育教学质量，提升学校办学品位，我们精心安排、组织开办了这期小学教导主任业务培训班。在目前各学校工作比较繁忙的情况下，安排统一的时间，把大家集中起来，实属不易。各位学员一定要统一思想认识，明确参加此次培训学习的必要性和重要性，从而提高参训的自觉性和紧迫性。

2021年是深化教育综合改革、谋求教育工作突破发展的关键之年。新学期之初，全市各项教育工作有条不紊，紧锣密鼓，扎实推进，呈现生机勃勃、欣欣向荣的景象。教育的发展，特别是小学教育的长足发展，凝聚着全市小学教育工作者的辛勤劳动，更是浸透着我们这个团队全体成员的扎实工作、勤勉付出。近年来，随着教导主任队伍的新老交替和我市教育事业蓬勃发展的迫切需要，一大批中青年骨干教师走上了教导主任的工作岗位。由于教导主任工作专业性强，涉及教学业务管理、教学常规管理、教师组织管理、学籍管理等纷繁复杂的方方面面，因此，如何切实提高教导主任的整体素养和科学管理的水平，发挥教导主任在教育教学中的统筹作用，对教导主任的培训就迫在眉睫，成为我们干训工作的重中之重。

小学教导主任是学校的中层管理者，是校长的好帮手，是教育教学管理的中坚力量，在学校中起着承上启下的紧要作用。一所学校有了好校长，就有了成功的灵魂基础；再有好的教导主任，那么这所学校的兴盛和发展就有了支撑和保障。"教导主任"，顾名思义，既要教、又要导。既要在校长的领导之下教育管理教师和学生，又要对教师、学生的成长加以引导，起导向和引领的作用。可以说，教导主任是在校长和教师、学生之间搭起的一座桥梁，是校长办学理念贯彻到教师、学生中的主要渠道和关键纽带。举办这次小学教导主任业务培训班，我们也会紧紧围绕基础教育改革发展的实际需要，通过理论构建、问题引领、岗位实践、参观考察、交流研讨等培训方式，帮

助教导主任和中青年骨干教师掌握教育教学的基本理论，拓宽知识结构、丰富管理经验，在全面推进学校素质教育，促进教育改革发展中更好地发挥教导主任领军人的作用。

二、提高认识，明确此次培训活动的重要意义

（一）组织这次培训，是提高小学教导主任理论水平的需要

"大学之道，在明明德，在亲民，在止于至善"，教导主任一方面是教学工作者，另一方面又是教师教学工作的指导者、管理者。如果没有丰富的理论知识作为支撑，又如何谈得上对教师的指导与培养？岗位的重要性决定了教导主任必须具备先进的教育教学理念。

（二）组织这次培训，是提高小学教导主任实际管理能力的需要

教导主任肩负着学校教育教学工作的组织、协调、检查、评价的职责，应该是管理教育教学的能手，特别是随着义务教育课程的逐步深化，通晓行政管理工作，科学安排教导处的日常工作，组织各学科的教学研究活动，管理学生的学籍平台，建立教师的业务档案，为教师的专业成长搭建平台，还要善于协调与各处室的关系……面对如此纷繁复杂的工作，如何提高自身的管理能力，已经成为一个迫切需要解决的问题，此次培训也正是基于这样的考虑。

（三）组织这次培训，也为大家提供了互相了解、相互借鉴、切磋交流的机会

古人云："独学而无友，则孤陋而寡闻。"教导主任的工作千头万绪，外出学习也经常脱不开身，集中参加这样的专业培训就显得机会难得。更重要的是，通过这次培训学习，大家可以在今后的工作中加强联系、互通有无、取长补短、共同提高，为学校管理出谋划策，也为梨乡教育事业的跨越发展贡献智慧和力量。

三、遵守纪律，服从管理，圆满完成培训任务

大家都是领导干部，都有很高的思想觉悟，相信各位学员都能正确处理好工作与学习的关系，上课期间要关闭手机，严格遵守培训纪律，自觉维护课堂秩序，尊重讲课的专家和教师，营造严谨和谐的学习氛围。要把学习作为一种政治责任、一种精神追求，用科学理论武装自己，用先进理念管理学校，真正做到静下心来教书，潜下心来学习。我再强调三点：

（一）严格组织纪律

所有参加培训的学员，在培训期间都要服从领导和管理，自觉遵守培训纪律和作息制度，严格请假、点名考勤制度。培训期间一律不准请假，对个别确有特殊情况的，请跟我请假。对违反培训纪律的，给予通报批评，取消本次学习资格。

（二）安心培训学习

事业的发展，整体素质的提高，是同重视学习、加强学习密不可分的。举办这次活动很不容易，局党委、教科研中心从暑假前就开始筹划安排，多方联系，严密部署。"既来之则安之"，希望大家珍惜学习的机会，认真听课、积极反思，明确责任、担当使命，既学知识、又长才干，不断提升自己。

（三）联系工作实际

这次集中培训时间虽短，但内容丰富，既有专家讲座，又有我市名校长、名教导主任的经验交流，还会安排大家到蓬莱进行实地考察。教学管理是一项充满爱与智慧的事业，大家一定要联系自身的工作实际，讲求培训学习的针对性、实用性，用离我们最近的优秀经验，解决我们自己工作中的现实问题。还要用科学的态度深入研究新情况，探讨新思路，谋求新发展。在互相学习、互相交流中不断提高科学决策的能力、领导发展的能力、协调各方的能力和解决实际问题的能力。做到理论视野更开阔，知识素养更全面。

我相信，在干训室的精心组织下，在各位学员的共同努力下，这次小学教导主任培训一定会取得圆满成功！祝大家学习愉快，工作顺利！

20211019 在全市小学青年班主任暨乡村教师业务集中培训上的讲话

心有所信，履践致远

各位老师、各位班主任上午好！经过充分的酝酿和精心的筹备，全市小学青年班主任暨乡村教师业务集中培训班今天正式开班了。首先，我代表莱阳市教育和体育局向各位授课老师表示衷心的感谢！向参加培训的各位青年班主任及乡村教师表示热烈的欢迎！

面对互联网与信息技术的飞速发展，学生获取知识与信息的途径、速度的不断加快，面对现代社会的快速进步，我们青年班主任怎样做学生成长更好的指导者、引领者？如何建设团结协作、积极向上、思维创新、好学善问的班集体？这是摆在我们班主任面前的主要问题。为加快青年班主任的专业成长，为帮助青年班主任在工作中施展教育情怀、展现人格魅力、实现教育理想，按照市教育和体育局总体的工作部署，干训室经过长时间的调研和多方面的协调努力，决定开展这次全市小学青年班主任暨乡村教师业务集中培训。借此机会，我想谈三点：

一、明确意义，取得培训实效

我们组织小学青年班主任暨乡村教师进行业务集中培训，目的是加强班主任师德建设，提升班级管理水平，培养一大批高素质的青年班主任教师，从而提高班主任的带班艺术和建设班级文化的能力；提供适应时代发展、学生发展的教育策略与活动设计。与此同时，班主任能够进行心理自我调适、发现自我与学生特长、实现与学生的共同成长等。为此，我们设置优质的课程资源，邀请知名的教育专家，采取全新的学习模式，把高层次的专家报告和一线班级建设经验相结合、课上交流与课外研讨相结合、活动中学与过程中学相结合、集中学习与返校实践相结合，为今后老师们的教育教学工作提供滋养、注入活力，争取培训效益最大化。

二、立足提高,增加培训动力

在座的各位老师,都是经过层层推荐,从一线基层中选拔出来的优秀教师,代表着个人和学校的形象,应该增强责任感和使命感,提高对学习的认识,珍惜学习的机会,增加学习的动力,一定要抱着虚心学习、广泛交流、深入研讨、充分借鉴、为我所用的态度,投入紧张的学习培训中。各位老师要尽快实现角色的转换,把自己从老师的角色拉回到学生的角色中来,从一个管理学生的角色转到作为被管理者的学生身份中来。著名教育学者胡适在《不要抛弃学问》一文中指出:"吃饭而不求学问,三年五年之后,你们都要被后来少年淘汰掉的。到那时再想做点学问来补救,恐怕已太晚了。"易卜生也曾说:"你的最大责任是把你这块材料铸造成器。"老师们,把握现在就能成就未来,要想成为莱阳教育的中坚力量、中流砥柱,就意味着你要不甘于做教书"匠"的平庸,就要付出巨大的努力,做出相应的行动。我希望通过此次培训,老师们能够锐意进取、勇于实践,既理论过硬、经验丰富,又智慧引领,更好地发挥辐射和带动作用,把自己锻造成真正的优秀教师、骨干教师,为莱阳教育的长足发展贡献青春、贡献智慧、贡献力量。

三、服从管理,完成培训任务

老师们,你们都是学校的骨干力量、中坚力量,都有很高的思想觉悟,相信在座的各位都能正确处理好生活与工作、工作与学习的关系,要把学习作为一种政治责任、一种精神追求,用科学理论武装自己,用先进理念管理班级,真正做到静下心来教书,潜下心来学习。我还要再强调以下两点:

(一)遵守培训纪律

所有参加培训的学员,在培训期间都要服从领导和管理,听从安排,严格按照培训班要求,自觉遵守培训纪律和作息制度,严格请假、点名考勤等制度,干训室做好考勤,作为评价的依据。培训期间一律不准请假,对个别确有特殊情况的,请跟我请假。参训的每一位学员,一定要从思想上真正重视起来，做到尊重老师、虚心求教、认真听讲，积极做好笔记；要认真听从组织人员的安排，圆满完成这几天的学习任务。

（二）密切联系实际

本次培训，我对干训室的要求只有一个，那就是提高培训质量，让大家学有所获。我们安排的活动也是比较丰富的，培训班将会对各位学员的作业进行量化打分，并颁发结业证书。大家在学习中一定要联系自身的工作实际，讲求学习的针对性，将所学的知识与实际工作进行充分结合，促进自己的理论素养、业务素质和执行能力的全面提升。

老师们，平台已经搭建，让我们以此为起点，整装出发！相信神圣的教育土地上会留下我们跋涉的足迹。让我们以此为力量，借力起飞，让梨乡教育的晴空留下我们飞翔的痕迹。我相信，在干训室的精心组织下，在各位学员的共同努力下，这次培训一定会取得圆满成功！最后，祝老师们学习愉快，工作顺利！

第四章　加强队伍建设

20200629　在莱阳市新聘教师培训结业典礼上的发言

用心用情做教育，齐肩共进话成长

今天，历时两年的新教师培训即将圆满结束，在这齐肩共进、风雨兼程的两年里，大家克服困难、积极参与、好学勤勉，看到你们的职业素养快速提升、教学成绩日渐优异，我们项目组全体老师感到欣慰并由衷祝福！今天我们在这里举行结业典礼，我想跟大家共同回顾一下这两年的培训学习情况。

一、以提升新教师课堂实效为核心，量身打造专业培训课程

课堂是教育教学的主阵地，在集中培训期间，我们按照新教师专业成长的特点，紧紧围绕课堂教学这块主阵地开展了形式多样、内容丰富的系列活动，分别举行了"教学常规""教师职业道德""校长眼里的新老师""如何备课""规划在教育教学中的应用""班主任工作常规"6场系列专题讲座；为了使新教师更好地把握教材，我们要求新教师通读所授学段学科所有教材，

撰写教材分析，并由骨干教师进行课程标准和教材分析的专业引领；我们组织了听评课教学指导活动，采用"学员自行录课，导师集中点评，同学科新教师互相评议切磋"的方式，引领新教师更清晰地看到自己在授课方面的提升点；每学期我们还组织了新教师听2节名师的示范课活动，先后有152名各级名师或学科骨干教师参与了这两项培训活动，共讲授示范课370余节，点评指导新教师展示课880余节……骨干老师们两年来面对面、手把手地"传帮带"，使新教师们较快较好地适应了学校的教育教学环境和教学常规要求，树立起了正确的教育观念和新课程理念，有效备课、驾驭课堂的能力也得以稳步提升，有的甚至成为学校的教学小能手，为你们将来在教海劈波斩浪、扬帆远行打下了坚实的基础。

二、心上成长，充分发挥培训过程的隐性课程价值

在培训组织实施过程中，功利性价值比较容易实现，但是其中隐藏的德行成长价值却容易被忽视。比如，大家在跟着导师们培训学习的时候，是否感受到他们对教育的那份执着与情怀，是否感受到他们对学生的那份牵挂与关爱，是否感受到他们对我们这些新老师的殷切期望与无私相授？所以，项目组设置的"青蓝"工程系列课程，不仅是让名师做你们的专业导师，更是让他们成为你们的师德导师。

再比如，项目组根据成人学习的特点，设置了必修课程和选修课程，当必修课程与学校的其他工作、与你个人私事起冲突的时候，你将如何选择？这时人性中鱼与熊掌兼得的贪婪常常令我们产生各种纠结、抱怨，甚至一些严重的后果，学会抉择是我们人生的重大课题，项目组有意设槛旨在提升大家的选择能力。这样的设置项目组其实是冒了很大的风险的，但是我们始终觉得，如果做老师的，都没有坚定的心性、没有正确的三观、没有遇事豁达的取舍，又怎么能培养出有理想、有道德、有人生智慧的学生呢？所以为期两年的新教师培训既是业务的培训又是德行的培训。

三、用心用情做教育，取得累累硕果

两年，在我们的生命长河中是微不足道的短暂时光，但是有意义的两年会成为我们人生道路上的重要里程碑！大家的教师生涯在这两年里启航，虽有艰辛，却收获颇丰：魏可老师、王懿敏老师在第二届"全国中小学生经典阅读行动"中，分别荣获高中组国家级二等奖、三等奖；崔娜老师在"山东省教育教学信息化大奖赛"中，荣获山东省教育资源应用课例二等奖；王春晓老师在烟台科学实验优质课评选中，获得烟台科学优质课；于雪娇老师在"第五届烟台市微课程设计网络大赛优秀微课"活动中，荣获烟台市优秀微课；张泽伟老师被烟台市委共青团授予"烟台市优秀共青团员"荣誉称号；刘丹老师、殷飞老师、吕俊颖老师、王文静老师，在烟台市学科德育案例征集评选活动中荣获二等奖；王懿敏老师在烟台市高中语文优质课程资源评选活动中获二等奖；刘婷婷、尹莲老师的课被评为莱阳市优质课……我们还有一大批的老师在日常教学中，勤奋用心，成绩突出，被任职单位授予"先进个人""优秀青年教师""优秀班主任""教学能手"等称号。让我们以热烈的掌声对他们表示衷心祝贺！

除了这些工作上的成绩，有的新老师还收获了爱情、家庭和可爱的小宝宝，我们因着你们的成功而骄傲，因着你们的幸福而喜悦！

老师们，两年的培训工作已经圆满结束，但我们的学习没有结束，思考没有结束，情谊更没有结束。在今后的工作和生活中，希望我们能继续为大家提供力所能及的帮助，相信老师们一定能够成长为莱阳教育的栋梁之材！

最后，祝福大家身体健康、家庭美满、事业有成！

| 如何引领教师专业发展——记录一段躬身深耕的教育时光 |

20200923　在小学语文教师"面对面"全员培训上的致辞

奋楫笃行，循序而精

在这个天高云淡、硕果飘香的收获季节，很高兴能有这样一个机会，全市近500名小学语文教师，一起相聚在美丽的古柳中学校园。我代表莱阳市教育和体育局欢迎大家的到来！

今天是周末，老师们放弃休息时间，参加我们组织的培训学习，这种执着追求专业成长、努力提升业务能力的精神令人感动！老师们辛苦了！

今天讲座的两位名师：张立利校长和孙彦华老师，为引领我市小学语文学科的快速发展，付出了很多心血与智慧；为此次培训，她们花费了大量的时间和精力进行精心准备，这种忘我的境界，这种义不容辞的责任感和担当精神，令人由衷敬佩！我建议大家用掌声向她们表示衷心的感谢！

教育是国之大计、党之大计。教师肩负着新时代办好优质教育的重大使命，是推进全市教育改革发展的主力军、生力军。只有高水平的教师，才能有高质量的教育；只有一流的教师，才能有一流的教育！一直以来，全市广大教师以开拓创新的精神，勇于拼搏，积极探讨，有效地推进了教育教学改革与发展；以求真务实的精神，紧密联系教学实际，把工作的着力点放到研究解决教学中的突出问题，为梨乡教育的发展积蓄了强劲的能量；以勤勉敬业的精神，对工作高度负责，兢兢业业、勤勤恳恳，无私奉献，出色完成了各项教育教学工作，也涌现出一大批爱岗敬业、为人师表的先进典型。群星竞相闪烁，方有夜空的美丽；百川齐心东流，才有沧海的壮观。是全体教师的心血和汗水，凝结成梨乡教育的累累硕果。"功成不必在我，功成必定有我"，老师们用实实在在的行动，赢得了全市人民的信任和尊重。这里，也更有我们在座的全体小学语文教师的智慧与奉献、辛勤与操劳。

当前，教育改革持续深入推进，面对新的发展形势和历史机遇，希望我们全体小学语文教师牢记使命，不忘初心，勇担重任，以打好学生一生的学习基础、培养全面发展的时代新人为己任，加强学习、提高素养，持续增强积极主动意识，做终身学习的楷模，成为新时代学生知识的引领者；也希望大家爱岗敬业、甘为人梯，与时俱进、锐意创新，团结一致、开拓进取，切实增强责任感和使命感，不断践行为人师表的宗旨，着力改进教育教学方法，做教书育人的典范，成为新时代学生素养的塑造者。让我们努力争创一流的工作业绩，为梨乡教育事业的发展贡献自己的力量！

语文教师应该是一个高素质的团队，相信老师们都有很高的觉悟，一定能够处理好学习与生活的关系，能够听从安排、服从管理、认真参训、学有所获。

最后，祝大家学习愉快，工作顺利，家庭美满，万事如意！

20200923　对《莱阳市教师"研训一体化"实施意见》文件的解读

研训一体，助推发展

2020年2月，莱阳市教育和体育局印发了《莱阳市教师研训一体化实施意见》（莱教〔2020〕9号），现就有关内容解读如下。

一、出台《莱阳市教师研训一体化实施意见》的价值和意义

莱阳市教育和体育局以党的教育方针为指导，积极探索区域内"研训一体化"工作新思路，完善研训机制，明确工作职责，有机融合教学研究、教师培训和教育科研诸方资源，形成以教研室、教师培训中心等相关科室为主体，中小学校（含幼儿园）为基地的研训一体化工作新格局，从而有效促进莱阳市教师队伍专业化发展，实现梨乡教育教学质量全面、均衡、可持续发展。

二、《莱阳市教师研训一体化实施意见》的主要内容

《莱阳市教师研训一体化实施意见》的内容，包括指导思想、主要内容和组织形式、工作分工与职责、保障措施四大项。

三、"研训一体化"工作主要涵盖的内容及组织开展形式

"研训一体化"主要涵盖新教师培训、学科教师"面对面"全员培训、校本研训三项内容。

新教师培训分为岗前培训和跟岗培训两个阶段：岗前培训由教师培训中心与相关科室联合研制培训方案，教师培训中心牵头，组织新教师在上岗前进行集中培训；跟岗培训由教师培训中心、教研室和培训基地学校联合研制培训方案，培训基地学校全方位负责新教师的教学、教研等培训工作和日常管理工作。新教师培训期满考核，由教师培训中心、教研室和培训基地学校共同完成。

学科教师"面对面"全员培训以教研室和其他相关科室从学段层面、区域层面、学科层面分别进行。其中，音乐、体育、美术、心理健康等学科以及学前、职业教育涉及的教师"面对面"培训，由体卫艺科、教科室、学前科、职教室等相关科室根据学科或专业特性组织实施。

校本研训由各学校负责组织实施。

四、"研训一体化"工作的具体分工及各部门要承担的职责

《莱阳市教师研训一体化实施意见》中，对政工科、教师培训中心、教研室、体卫艺科、教科室、学前科、职教室、装备中心、新教师培训基地学校、各中小学校（含幼儿园）等科室、学校的具体分工和相关的职责，进行了清晰、精准的界定。完善的研训机制，明确的工作职责，为"研训一体化"工作的分工协作提供了依据。

五、全面落实"研训一体化"的措施保障

《莱阳市教师研训一体化实施意见》中,规定了三项措施:

第一,加强领导,统一认识;

第二,优化培训基地学校建设;

第三,突出关键,精准施训。

三项措施,保障"研训一体化"工作的顺利开展、有效落实。

六、《莱阳市教师研训一体化实施意见》的创新点

"研训一体化"是集合优质培训资源,助力教师专业化发展,进而大幅提升教育质量的重要师资培训方式,是市教育和体育局整体工作的重要组成部分。体现了以下创新点:

第一,《莱阳市教师研训一体化实施意见》立足我市教育发展的客观实际,加强了市教育和体育局对教师研训工作的统一部署领导;

第二,完善了研训机制,明确了分工职责,规定了主体责任,健全了保障措施,理顺了研训体制;

第三,整合了优秀的研训资源,创新性地将"研训"有机融合,助力教师专业发展,促进我市教育走持续发展的道路。

20200924 对《莱阳市新教师培养管理办法》文件的解读

青蓝以深耕,唯实且励新

3月27日,莱阳市教育和体育局印发《莱阳市新教师培养管理办法》(莱教〔2020〕21号),现就相关问题做如下解读。

一、《莱阳市新教师培养管理办法》出台的背景和依据

近年来，我市新入职教师人数大量增加，特别是非师范类新教师占比较大，为了促使新教师快速适应教育教学工作岗位，全面提升新教师专业水平，根据《教育部关于大力加强中小学教师培训工作的意见》（教师〔2011〕1号）和《山东省中小学教师继续教育学分管理办法》中的相关规定，我们研制出台了本文件。

二、《莱阳市新教师培养管理办法》的主要内容

《莱阳市新教师培养管理办法》主要从培养对象、培养目标、培养模式和内容、职责分工、考核与结业五个部分对新教师培养管理进行了规范。

三、《莱阳市新教师培养管理办法》关于新教师培养期时限与阶段是怎样规定的以及每一阶段包括的培训内容

莱阳市新教师培养期为一年，分为岗前培训和跟岗培训两个阶段，具体实施时间和组织方式要根据当年我市新教师招聘情况和各学校教育教学需求确定。

岗前培训的主要内容包括：教师职业道德规范、教师专业标准、教育政策法规、教学常规、学科《课程标准》、学科教材分析与梳理、导师引领磨课、试卷编制等。

跟岗培训的主要内容包括：课堂教学实践与教学技能实训，班主任工作实践与班级管理实训，参加培训基地学校组织的观摩示范课、学科组集体备课、听评课等教研活动。

学员的自主学习贯穿整个新教师培养期。

四、培训基地学校在新教师跟岗培训期间的职责

第一，成立校级新教师跟岗培训领导小组，全面负责新教师入职一年内

的任用、日常管理和年度考核工作。领导小组成员包括校长、分管副校长、教导主任、政教主任和相关学科教研组长、年级组长等。

第二，培训基地学校要为每位新教师配备一名学科教学指导老师和一名班主任工作指导老师（可以为同一人兼任），而且每位指导老师带教新教师不宜超过3名。

第三，按照培训进度，定期组织师德培训、教学常规培训、班主任工作常规培训和集体备课、听评课等教研活动。督促指导新教师跟岗培训期间的自主业务学习。

第四，负责新教师跟岗培训"日常表现"部分的考核，新教师到岗后要告知相应的考核内容及规定。

五、《莱阳市新教师培养管理办法》关于"培训考核"的规定

新教师岗前培训考核成绩总分为100分，由考勤（15分）、日常表现（15分）、作业（50分）和课堂模拟教学活动（20分）四部分组成。由教师培训中心负责考核。学员成绩达到85分以上为合格，记继续教育学分72分。

新教师跟岗培训考核成绩总分为100分，由日常表现（60分）、业务比武成绩（30分）和作业（10分）三部分组成。日常表现主要包括新教师在培训基地学校的日常教学工作、班主任工作、参加校本培训和教研活动情况以及师德师风等方面，由培训基地学校领导小组负责考核；业务比武在新教师跟岗培训第二学期举行，由教师培训中心牵头，组织教研员和培训基地学校指导教师成立评委团，深入每位新教师的课堂现场，对其把握教材能力和驾驭课堂能力进行综合评定；作业主要包括需要提交的个人学习计划、读书笔记、学习体会、教学反思等，由教师培训中心进行收缴和评定。新教师成绩达到85分以上为合格，记继续教育学分120分。

六、如何保障《莱阳市新教师培养管理办法》落实落地

莱阳市新教师培养管理工作由新教师培养管理工作领导小组统一组织协

调，政工科、教师培训中心、教研室、职教室、装备中心等相关科室与培训基地学校密切配合实施。领导小组应根据市教育和体育局年度工作总体部署及当年所招聘新教师的实际情况，充分保障新教师培养管理费用，合理拟订培训实施方案，设置培训课程，协调调度讲课专家，"研、训、教"一体化推动培训进程。

20200929　在2020级新教师"墩苗"工程暨跟岗培训启动仪式上的讲话

行思并进，携手同行

今天，来看望参加2020级新教师"墩苗"工程暨跟岗培训首次集训的老师们，我非常高兴。在此，我代表教体局各级领导，对大家表示衷心的祝贺，祝贺你们在招聘考试中以优异的成绩脱颖而出，祝贺你们踏上教师这个责任重大又无比神圣的工作岗位！在这里，我也对大家加入莱阳教师队伍表示最热烈的欢迎！

9月初，你们迎着初升的朝阳，迈着青春的脚步，踏上了神圣的讲坛，肩负起教书育人的光荣使命，成为我市教育系统的一支新生力量。看到你们一张张年轻的、漂亮帅气的面孔，我想起自己刚参加工作时的情景，至今历历在目。我们那时的成长几乎全靠自己摸索，根本没有你们现在这么好的条件和资源的支持，所以我真是很羡慕你们。从你们朝气蓬勃的精神面貌上，从教体局对新教师培训的重视程度上，我看到了梨乡教育的未来和希望。局领导对大家寄予了殷切厚望，借此机会，我想和大家谈谈莱阳教育事业的发展现状，同时也对大家提几点要求、几点希望。

一、梨乡教育的现状

2020年以来,莱阳市教育和体育局带领全系统上下,以习近平新时代中国特色社会主义思想为指导,认真贯彻落实国家、省、市教育规划纲要,按照坚持一个统领、突出两个重点、狠抓三个建设、推进四项改革、实现五大提升"一二三四五"的教育工作总体思路,以立德树人为根本任务,以提升教育质量、推进教育公平为主线,凝心聚力、攻坚突破,担当作为、狠抓落实,开创了全市教育科学发展的新局面。以2020年夏季高考为例,全市650分以上总计21人。成绩的取得,得益于市教育和体育局"质量导向、学教并重、凸显素养、整体优化"的发展思路以及对教师队伍建设的高度重视。近年来,我们大力推进各级各类名师、名校长、名班主任、兼职教研员、学科带头人队伍建设,全市骨干教师队伍规模已达到407人,在教育教学一线充分发挥着示范和引领作用。对青年教师,我们也加大实施"青蓝工程"培养力度,成立专门项目组负责新教师培养,为新教师配备"双导师",至今已经完成了2010—2018级全部新教师的岗前期、试用期和岗位期培训,2019级新教师的岗前期、试用期培训已经完成,岗位期培训正在进行中。

教师是立教之本、兴教之源,为建设德高身正、仁爱尽责、业务精湛、锐意进取、改革创新的新教师队伍,夯实大家的专业基础,促进全面提升专业素养,适应教育教学工作岗位的迫切要求,结合我市教育发展的新要求,根据《莱阳市新教师培养管理办法》,从2020年开始,我们组织开展2020级新招聘教师跟岗培训。

新学期之初,全市各项教育工作更是有条不紊,紧锣密鼓,扎实推进,呈现生机勃勃、欣欣向荣的景象。还有一点值得大家关注,目前我市中学教师平均年龄为44岁,其中农村中学教师平均年龄44岁;小学教师平均年龄45岁,其中农村小学教师平均年龄46岁。这种情况下,在座的各位老师将在5到10年后成为莱阳教育的中坚力量,这预示着你们可能将要承担更多的工作,肩负更重的责任。同时,你们也会面临更大的发展空间、更多的成长机会,成为莱阳教育系统优秀教师、优秀管理者的机会也将更大。压力与机遇并存,在这种情况下,局领导对大家抱有更殷切的厚望。

二、对大家提出几点希望和要求

(一)希望大家能够树立正确的职业价值观,热爱教师职业

在你们刚踏上工作岗位时,一定是豪情壮志、踌躇满怀,对未来充满无限憧憬。我们要清楚地知道,教师是一种职业,更是一种事业,这是一个在平凡中见证伟大,在默默无闻、呕心沥血的奉献中彰显精神的事业。它既需要昂扬的激情,也需要滴水穿石的坚持。教师是个较为清贫的职业,永远发不了大财,出不了大名;教师还是一个成果后滞的职业,你的努力有可能在短期内很难看到成效,也不太可能在短期内成名成家。可能你分配到的学校离市里比较远,环境没有理想中那么舒适;可能初为人师,备课、上课、管理学生等日常事务会把你忙得焦头烂额;可能学生不如你想象的那么聪明,甚至不太听话惹你生气……面对这些困难和挑战,我们要用正确的职业价值观、人生观和世界观引导自己,多关注美好、积极的一面。教师这个职业,需要我们付出太多,但这种付出也会给我们带来莫大的快乐。学生是最纯洁、最美好的群体,只要我们真心对待他们,就一定能收获桃李满天下的幸福。无论你是出于职业选择、生存压力、对教育事业的热爱还是别的什么原因,到了工作岗位,我们的称呼就只有一个,那就是——教师。现在教师的职业压力比以前要大,如果怀着爱心、责任心、感恩心去工作,我们就会心情愉快、身康体健;相反,如果满腹牢骚和抱怨,消极的情绪就会给我们的工作和生活带来负面的影响。所以希望大家能够尽快地融入教育、理解教育,享受工作的快乐、职业的尊严与幸福。

(二)希望大家正确认识培训的价值和意义,珍惜机会,认真学习

为了让新教师们在初上讲台时更有信心、更有底气,减少初入职的不安和焦虑,尽快适应教育教学工作的需要,教体局非常重视新教师的培训工作。承担培训任务的师训室更是精心筹划,打造最适合新教师的培训内容。2019

年的集中培训是4天，学习内容十分全面，有教师职业道德、教育教学理论、班级管理、课程标准解读、备课上课等内容，2020年由于特殊原因，此次集训时间缩短为2天，主要内容是：大家在骨干教师的引领下，进行课堂教学基本模式的探索、教材的疏通和备课上课的研讨。其他的培训内容，我们还会在以后的集训中陆续安排。

教师是个特别需要终身学习、持续成长的职业，所以教师培训有着重要的价值。它首先是教师专业成长和自身成长的需要。作为教育战线上的新兵，你们需要通过培训对日常教育教学工作有所了解，对教育政策有所认识，对如何备课、上课进行系统的学习和演练。通过培训增长专业知识，获得优秀教师的经验，把握离我们最近的资源，解决自己教学中、课堂中的问题，从而少走弯路。

培训还是学生成长和社会发展的需要。国际化、信息化、城市化、市场化给教育和教师带来了许多挑战。通过互联网，可以了解世界每一个角落的信息，不需出门，便可知天下事。过去信息闭塞，学生对外面的世界知之甚少，老师讲什么，学生听什么。而现在，有的孩子，信息的掌握量与成人不相上下，甚至超过了父母和老师，老师真是不太好当了。课堂是人文时空，不可避免地，大家会面临许多新情况、新问题，也会遇到许多困难和挑战，所以我希望大家把培训当作一种充电和加油，当作提高自己人生价值而进行的必不可少的智慧投资。

（三）希望大家学习规划自己的人生，不断成长、勇攀高峰

在这两天的培训中，为我们上课的老师是我们莱阳教师队伍中的佼佼者，他们有的是特级教师，有的是名师、名班主任，相信大家会被他们的专业能力所惊叹、折服，被他们的个人魅力所感染、鼓舞，进而心生羡慕与崇拜。"临渊羡鱼不如退而结网"，每位优秀教师的成长都是积极主动的，成功的背后是他们几年、十几年甚至几十年对事业的默默奉献、执着追求。我们不能光羡慕他们，更要实实在在地向他们学习，尤其学习他们的成长过程、职业经历和人格操守，对自己的人生做出规划。通常来说，新教师达到教育稳定期

需要 3—6 年，而达到成熟期则需要 6—10 年。前面我提到过，教育是一个成效严重滞后的工作，要想取得成就，往往需要经历一段漫长的积累和酝酿的过程，时间长就会懈怠、倦怠、麻木。因此，无论是适应、稳定还是成熟，我们都要有自己的规划，需要思考自己要达到什么目标，目前的特点是什么，目标应该怎样达成，在什么时间内达到什么程度，等等。有了这样的规划，你就不会因为对自己了解不清而自卑或自负，也不会因为没有目标而无所事事、虚度光阴。什么样的人可以成为教育专家？我是这样理解的：一要热爱教育；二要懂得教育；三要始终站在教育教学的第一线。希望各位新教师从今天起、从现在起就开始思考自己的职业规划，做一个有方向、有目标、有追求、有梦想的教育者。

我还要代表教体局对组织这次培训的项目组提出工作要求：请大家高度重视新教师培训工作，严格考勤，严肃纪律，精心备课，认真上课，以自己的言传身教做好"新教师踏上工作岗位后的第一任引路人"，为新教师的专业成长提供优质服务。

大儒张载的"横渠四句"是：为天地立心、为生民立命、为往圣继绝学、为万世开太平，教育工作者，确实是天地的良心。教师的成长，是一个"慢生长"，希望通过培训、通过学习、通过教学实践，大家都能找到自己职业起点的文化建构和人格建构，从而诠释出最优秀的教师品质、最先进的教育理念、最扎实的学科素养、最出色的教学技能！

最后，祝大家学习愉快、圆满完成各项培训任务！祝大家在工作岗位中找到自己的成就感和归属感！

20210114　在2020级新教师跟岗培训暨"墩苗"培养调研会上的汇报发言

研训一体共奋进，墩苗跟岗强师能

一、总体情况

一班莱阳一中2人、莱阳九中2人、实验中学4人、文峰学校16人、文昌中学13人，五所基地学校37名新教师，其中墩苗培养11人；五班古城小学13人（原14人，赵罗妮辞职）、西关小学9人、和平小学7人、盛隆小学3人、特殊教育学校1人，5所基地学校33名新教师，其中墩苗培养8人。10所基地学校，截至12月30日，全部完成调研。

二、呈现特点

通过座谈和查阅资料，我们比较全面地了解了各学校跟岗培训工作开展情况、学员的工作和生活状况。从表面来看，呈现出了以下特点：

第一，学校高度重视新教师的培养，将之纳入学校的师训工作、校本培训和学校的整体工作中；

第二，能按照我们下发的进度表开展工作，跟岗培训工作已经全面铺开、整体推进；

第三，跟岗培训工作能够扎实开展，持续提高，不断完善，呈现体系化、序列化、规范化的特点，甚至出现有培训亮点的特色学校；

第四，学员的各种簿册的填写也数量充足、格式规范、项目填写相对完整、内容充实，教学基本功也越来越扎实。

当然，也存在一些明显问题：个别学校培训工作不够扎实深入；学员簿册应付检查、后补现象比较严重，做不到随听随记；在簿册填写上，主要问题仍然是"板书设计""作业设计"比较应付，"教后反思""培训感悟"等内容空话、套话比较多，缺乏实实在在的联系教育教学实际进行的反思；

观议课记录，只有观课，缺少议课环节。这些问题，我们在点评时已经指出并指导，并提出要求，相信会有所改进和提高。

三、工作建议

（一）要进行精细化指导

部分指导教师专业化程度不高，建议对指导教师进行培训指导，指导教师对徒弟应该进行的是精细化的指导，而不是现在相较比较随意、盲目的状态。

（二）要重视跟岗培训的实效性

很多学校开展的培训，流于形式，力度不够，实效性打折，建议学校做好顶层设计，整体建构，将零碎、零散的培训活动重新梳理，形成完整的培训计划和体系；多给新教师搭建平台，提供机会，以教学、教育、教研的活动促进新教师的专业成长和业务能力提升；学校应该对新教师的各种簿册进行定期检查、评价，并通过及时反馈提出整改意见。

（三）要高度重视师德培训

爱岗敬业、职业情怀等师德教育必须进行，在招得来、留得住的同时，让新教师明确：不能误人子弟是最起码的职业良心和职业底线。

（四）要完善评价机制

对指导教师和新教师采用多元评价，指导教师评价要激励工作积极性，新教师评价要促进良性发展。

新教师跟岗培训工作，还是要通过开拓思路、细化管理、丰富形式、有效激励、科学评价、动态考核等办法加以完善，争取有成效、有价值。

四、几点希望

针对座谈情况和谈到的问题和建议，我对大家提出以下几点希望：

（一）练好教学基本功

讲好普通话，写好粉笔字和硬笔字。普通话、粉笔字是新教师最亮丽的一张名片；提升语言的表现力，粉笔字要工整美观，也会在潜移默化中熏陶和感染学生。

（二）善于积累

各种簿册，不要应付，更不要去补写，要养成随学随听随写随记的习惯，原生态的记录是最宝贵的第一手资源，要给自己的未来储备丰厚的专业财富。

（三）端正教风

细节决定成败，教风一定要扎实严谨，工作作风一定要踏实肯干，教学其实就是把简单的事情做到极致，把重复的事情做到完美，让优秀成为你的特质、成为你的职业习惯，你在专业领域才能走得更远。

（四）多多读书

教师是影响学生生命成长的最重要的他人，不仅要读专业书籍，也要读文学典籍、经典名著，从而形成强大的专业成长力和行为影响力，教师乐观充实、昂扬饱满，学生才有可能精神明亮。

（五）快速成长

今天，我们是代表莱阳市教育和体育局、代表局长来看望大家，新教师是莱阳教育的未来和希望，我们对大家寄予厚望，希望大家也自我加压，热爱教育、奉献教育，在实现个人价值的同时，为梨乡教育的发展贡献智慧和力量。

20210714 在2020级新教师跟岗培训暨"墩苗"培养工程结业典礼上的讲话

万山磅礴必有峰，登峰瞭望山水长

今天，是2020级新教师跟岗培训暨"墩苗"培养工程圆满结业的日子，首先，我代表莱阳市教育和体育局各级领导向新教师们表示热烈的祝贺！祝愿你们在教育岗位上稳扎稳打，刻苦磨炼，最终顺利完成各项培训任务，成为我市教育系统的一支崭新力量！

大家知道，入职的第一年是人们职业适应的关键期，对教师来说，就是师德养成和专业发展的奠基之年。打下坚实的业务基础，养成良好的教研习惯，形成严谨的教风学风，才能够保证新教师在未来的职业生涯中行稳致远，才能够保证莱阳教育后继有力、均衡发展！从《2020级新教师跟岗培训暨"墩苗"工程分析报告》中看到我们这级新教师在短短的一年中，在教学大比武、党建比赛等方面取得的成绩，真的很兴奋。所以，在这里我也要向为新教师培训付出大量心血的基地学校的领导和指导老师们表示最衷心的感谢！

一、结业之际，我想对新教师提两点希望

（一）希望大家做有高度的老师

一年的跟岗培训，大家的专业素养和师德水平提升了一定高度，但是还远远不够！习近平总书记说："好老师心中要有国家和民族，要明确意识到肩负的国家使命和社会责任。"所以，作为一名教师，思想一定要有高度——有坚定的政治信仰，远大的理想信念，积极做中国特色社会主义共同理想和中华民族伟大复兴中国梦的传播者；作为一名教师，师德要有高度——以德立身，无私奉献，自觉坚守精神家园、坚守人格底线；作为一名教师，学识也要有高度——"水之积也不厚，则其负大舟也无力"，所以新老师们一定要始终处于学习状态，站在学科发展的最前沿，刻苦钻研、严谨笃学；作为一名教师，行动也要有高度——率先垂范、以身作则，以自己的模范行为引领更多的学生和家庭，共同践行社会主义核心价值观。

（二）希望大家做有温度的老师

教育是需要温度的，做有温度的老师，可以给教育带来阳光，给学生送去温暖；可以保持一颗火热的初心，尽职尽责，锐意进取；可以驱散冷漠，给学生心灵埋下真善美的种子，引导学生扣好人生第一粒扣子。

教师是学生创造和建构自己社会生命和精神生命的陪伴者、领路人，希

望大家在未来的执教生涯中，一定温和而坚定地对待学生的每一次失误，长善救失，循循善诱；一定要理解并尊重学生的人格，拉近与学生之间的距离，我们新教师的优势是，更懂得学生。不歧视、不打击、不讽刺挖苦、不放弃每一个学生，让学生的生命历程因为有你的教育、你的支持，而更加温暖、更加有力量！

二、回顾一年的培训，还想对基地学校和"墩苗"新教师任职学校提出两点希望

（一）希望各学校能够理性地看待新教师的专业成长

各位校长、各位领导，这是实施墩苗工程的第一年，也是各学校在疫情同时，克服各种困难的关键一年，坚决支持把我们的新教师送到基地学校进行集中培养，在此，应该感谢我们的校长们。各位领导，新教师的成长具有自身发展的客观规律，我们不可能通过一年的跟岗培训就把新教师培养成了独当一面的骨干教师或者是名师，何况新教师入职基础不同，有的可能一年就展示出优秀的教育才华，有的可能五年才能独立带班。所以，作为他们的领导，大家在给新教师提要求、压担子的同时，也一定要有耐心，给新教师留出成长的时间，允许他们有更大的成长空间。善待新教师，就是善待学校的未来，就是善待梨乡教育的未来！

（二）希望各学校继续抓好新教师后续培养工作

前段时间我们统计了一个数据，自2016年至2020年的5年间，我市入职新教师1183人，而目前全市各级各类教师总数不足6000人，这是什么概念？也就是说，5年内的新教师占比教师总数已经达到了1/5，换句话说，就是我市目前每5名教师中就有1名是2016年以后的新教师！所以校长们，青年教师的培养太重要了、太迫切了！

教科研中心正在制定市级层面的新教师培养三年行动计划，力求以"一年站稳讲台；两年教学突破；三年全面成长"为层阶目标，夯实新教师专业进阶成长的梯度。在这里，我也希望培训基地和农村新教师任职学校的校长

们，高度重视新教师的后续培养工作，制定新教师校本培养三年规划，从教学基本功入手，循序渐进，严格落实教育教学常规，引领新教师积极参与基于学科核心素养的课堂教学改革，尽早把他们领入成为骨干、名师的快车道！

校长们、老师们，习近平总书记说："一个人遇到好老师是人生的幸运，一个学校拥有好老师是学校的光荣，一个民族源源不断涌现出一批又一批好老师则是民族的希望。"在此，我衷心地希望——我们的新教师们，早日成长为"学生人生的幸运""任职学校的光荣"和"梨乡人民的希望"！

同时，我还衷心希望——我们的培训基地学校和农村新教师任职学校，能够早日拥有一批让学校感到光荣和骄傲的优秀青年教师！校长们，世上没有白费的努力，更没有碰巧的成功，不要揠苗助长，不要急于求成，只要一点一点去做、一步一步去走，新教师的成长，学校发展的成功，不过就是水到渠成！祝福大家！谢谢大家！

第五章　强化教学研究

20210116　在烟台市小学教育教学工作会议上的发言

培基固本强特色，科学谋划促发展

小学段是基础教育的起始阶段，是整个教育的基础工程，也是孩子一生发展的奠基时期。基于此，我市遵循教育发展规律，立足学段特点和实际准确定位，着眼于促进下一学段的可持续发展，乃至孩子的终身发展上，科学谋划，明确目标任务，理清工作思路，制定针对性政策措施，做实培基固本工程，积极开创小学教育教学工作的新局面，取得了可喜成效。

一、主要经验与做法

（一）落实立德树人任务，推进德育创新发展

莱阳市教育和体育局坚定不移地把立德树人作为教育的根本任务，本着"全科育人，全员育人"的指导思想，扎实推进德育课程一体化建设。

1. 实施"学科德育联动工程"

着力构建各学科横向融通、各学段纵向衔接、课内外深度融合的德育课程实施体系，开创了全市学科德育课程建设百花齐放的良好局面。赤山初级

中学小学部的"健康体能训练"德育课程，实验小学的数学德育课程——"智慧课堂"，盛隆小学的"足球课程"，都以课堂教学为主阵地，实现学科德育的整体性推进和序列化实施，将传授知识和立德树人有机融合，达到无痕渗透、润物无声的育德实效。

2. 培植典型，创新德育品牌

倡导学校积极探索德育与学校特色文化建设互相融通的新途径，以德育铸魂，以活动提质，精炼特色，形成品牌，发挥典型学校的辐射带动效应，推进德育工作向纵深发展。开发区中学小学部的"尚品厚德"德育模式，引领农村学校德育新发展；盛隆小学以"悦成长"系列主题活动为载体，创建"盛悦德育"，被评为"烟台市十佳德育品牌"。

（二）打造教研文化特色，提高教育教学质量

我们始终突出教研工作主线，提升学校教研文化的核心竞争力，以"补短板，创特色"为重心，拉动"课程建设""教学研究""教研一体化"三驾马车，丰富教研的文化内涵，对学校进行全方位、个性化引领，撬动学校内涵发展、品牌发展的杠杆，实现教育教学质量的全面提升。

1. 聚焦课程建设，打造学校特色文化

按照"突出一个亮点，打造一个品牌"的思路，着力加强课程建设，引导学校构建富有个性色彩的课程文化体系，形成"一校一品，多元发展"的课程建设新格局。实验小学的"三基色"课程群，将基础性、拓展性、研究性课程统整起来，发挥整体育人功能。文昌小学构建雅正（3+1）课程体系，由校内实施的"培元课程""七彩课程""行知课程"，外加延伸至家庭的"联动课程"，四管齐下，实现全方位、立体化育人。课程改革的实施，让学生享受到丰富多彩的课程带来的多元体验，形成育人合力，为塑造全面发展的人才奠定基础。

2. 立足课堂教学，醇厚学校教研文化

围绕教研员联系学校、集体备课、区域联合教研三大核心项目，倡导学校在集体教研中逐步提炼、整合富有自我识别色彩的教研风气、教研制度和

教研方式，推动学校教研快速提档升级。一是出台《关于教研员联系学校制度》，深入学校一线，实行阶段性蹲点驻校的教研形式，指导学校全方位改进工作思路，推动学校教研工作的开展。二是将加强集体备课的指导、督查作为攻坚克难重点项目，教研员直接参与学校集体备课，依据学校的需求，精准选择不同的教研主题、教研内容和教研形式。三是盘活区域资源，创新区域一体化协作机制，打破学校、城乡界限，组成"乡镇校际联合教研联盟"和"城乡校际联合教研联盟"，采用"两条腿"走路的方式，定期开展不同层面的教研活动，实现区域内各学校"资源共享、优势互补、互助发展、共同提高"。

3. 教科研一体化，力促教研品质提升

强化顶层设计，积极构建科研教研一体化网络体系，以科研为先导，教研为基础，以科研带教研，以教研促科研，建立起科研教研一体化工作格局。[①] 大力推行教育科研一把手工程，校长挂帅带头抓、亲自抓，形成"人人有课题，个个在研究"的教育科研良好局面。倡导学校在解决教学工作中遇到实际问题时，形成接地气的实验课题予以研究。实验小学以"整本书阅读"研究为抓手，推动单元拓展课型走向常态化；第三实验学校积极实施语文拓展课程研究，开发《心源》系列课程，纳入课内教学，促进课堂教学提质增效。借力课题的研究提升教研品质，培养教师自我研究意识和自觉研究习惯。

（三）聚焦师资队伍建设，提升教师专业素养

围绕激发和调动教师的主动性、积极性、创造性为出发点和重心，以提升教师专业发展为着力点，切实做好教师培训工作，努力缔造结构合理、梯次配置、均衡发展的教师队伍，坚定不移地走提升教师专业化发展之路。

1. 加强"下沉式"普训力度，提升教师综合素质能力

出台《莱阳市小学教师面对面培训活动实施方案》，深入学校一线，采取"一校一策""菜单式"等多种培训方式，广泛搭建交流平台、推广课改

[①] 肖芳：《为打造绿色生态教育谱写新篇章》，《甘肃教育》2019年第9期，第2页。

经验、共享教学资源。

2.锻造四支队伍，助力教育教学质量整体提升

（1）打造"领头雁"名师队伍，塑造教师专业标杆典范

制定《莱阳市名师培养计划目录》《莱阳市名师大讲堂活动》等一系列方案，遴选优秀教师，组成名师团，定期开展名师大讲堂活动，通过名师的带头引领和专业示范，在全市范围内迅速形成一个具有合力的师资升级"互动网"，为全市教师树立标杆、打造典范。

（2）发挥"核心层"骨干教师作用，铸造教师专业发展的中流砥柱

对骨干教师实行"双向联动"管理，各学校将骨干教师作为后备人才重点培养，下任务、压担子，让骨干教师有更大的平台施展才华。同时建立全市骨干教师联席制度，加强骨干教师和广大基层教师的切磋和交流，促进各类骨干教师保持成长动力与业务领先。

（3）狠抓"后备军"青年教师培养，为可持续发展奠定基础

加强新任教师岗前培训，依托为期两年的"岗前培训""试用期培训""岗位期培训"，让青年教师尽快地适应工作需求。大力开展"青蓝"结对工程，通过"影子培训"，对标优秀教师的专业能力，寻找薄弱点和短板，调整教学方法，进一步提高教学水平。

（4）加强农村"薄弱点"教师培训，均衡城乡教育教学发展

始终把农村教师队伍建设摆在首要位置，制定了《莱阳市乡村教师发展计划》，主要包含乡村教师专业发展目标、培养路径、资金保障、组织领导、验收考核5个方面，计划通过5年时间，对全市30余处农村小学的上千名教师实现全面素质提升。通过教研员联系点校制度、"流动教师"制度、扎根支教制度，零距离面对面开展驻点实地教研，乡村教师的精神面貌和凝聚力明显增强，教学质量显著提高。

（四）坚持多元联动发展，构建全面育人格局

高度重视科技、体育及文化艺术教育，通过举办各种文化艺术节、运动会、科技节、艺术展演等师生喜闻乐见的活动，为全市师生搭建呈现办学特色和

展示素质教育成果的平台。盛隆小学的"豆面灯碗艺术实践工作坊"荣获山东省"第六届中小学艺术展演活动"一等奖，并获全国优秀艺术实践工作坊，参加了在苏州举行的"全国第六届中小学艺术展演活动"。

大力实施心理健康教育工程，成立了教师心理沙龙；联合鲁花道德大讲堂、涵德齐鲁富足智心馆等社会专业公益机构开展家校活动，与山东省心理健康教育协会等专业部门进行合作，积极探索"三位一体"心理健康教育模式。

借力社会资源共建综合实践基地，积极组织社会大课堂活动。现开辟综合实践基地10处，通过结对实践学校，帮助基地场馆做好推介工作和实践课程开发。实验小学的《穿越白垩纪，与恐龙同行》获得山东省第一批研学旅行示范课程；盛隆小学的《文化传承创新，研学鲁花开启梦想征程》被收编入烟台市研学课程；推荐的光大环保能源有限公司和山东省北方植物园研学实践教育基地，获得烟台市研学基地称号。

二、存在的主要问题

（一）常规教研规范化建设有待提升

教研是学校的一项重要常规工作，是学校工作浓墨重彩的一笔。各学校都很重视对教研活动进行认真的组织和严格的管理，形成制度和常态。然而，由于学校师资力量的差异较大，有的学校缺乏领导层面的高质量引领，学校教研工作还存在着形式不活跃、策划不精细、实效性不高的现状，教师缺乏教研内驱力，研究氛围不够浓厚，严重制约着学校教育教学质量的提升。

（二）教师队伍专业化发展亟待加强

教师的专业能力和业务素质是教育教学质量的根本保证，提高教师队伍的整体发展就是提高教育教学质量。目前，教师专业化成长较为缓慢，学校对教师的量化考核管理很成熟，也不乏对教师的专业成长的关注，但是仅靠考核实现教师的自我专业化成长显然是远远不够的，各学校对教师队伍的整体发展规划不足，管理措施不到位，教师专业成长缺少科学的、规范的机制推动。

（三）全市教育全面发展尚未达到优质均衡

小学段的教育教学是奠基工程，是培养孩子良好的学习兴趣、学习习惯的重要时期，也是孩子全面发展的关键期。目前，仍有学校领导尤其是农村学校站位不高，重智育轻德育，重视知识传授，忽视能力培养，未能关注学生终身学习的可持续发展，学校工作未能做到全面抓、抓全面，真正促进孩子的全面发展。

（四）学校自主发展意识淡薄

过细的督导考核指标，统一的督导评价标准，容易导致"千校一面"，无法引导学校因势利导地实现多元发展、内涵发展。如何发挥督导考核的导向价值，变顶层设计为学校自主规划，推动学校的自我管理和自主发展，有效促进学校教育教学工作持续健康发展，切实提高基层学校的教育教学实力和水平，是摆在我们面前的一个课题。

三、今后的工作措施

（一）加强课程建设，提升学校发展内涵

全面贯彻《义务教育课程设置实施方案》，实行国家、地方和学校三级课程管理，做好国家课程校本化实施和德育一体化建设研究，创造性地对国家和地方课程进行改造和再开发，提高学校的课程建设能力。密切联系学校，下基层进行大范围、全方位的调研，因校制宜，精准定位，深挖学校课程建设的亮点，借助学校现有优势，提炼、完善和创新课程体系；帮助薄弱学校积极探索日常工作与课程建设互相融通的新途径，精炼特色，逐步形成富有学校个性色彩的课程体系，更加灵活、多样性地满足学生的发展需求，促进学生全面发展和个性发展，体现学校自身的教育思想，落实学校的自我教育主张。

（二）实施精细化管理，抓常规促专业成长

修订《进一步加强教学常规管理实施办法》，强化精细化教学常规和管理常规落实，向常规管理要习惯、提质量、求发展。着眼于"精"，突出常

规管理的重点；着眼于"细"，覆盖教学及管理的全环节；着眼于"化"，形成制度，内化为师生自觉行为。让精细化常规管理渗透到学校管理的每一个环节、每一个方面，科学制定备课、上课、批改、辅导、作业布置、教研活动的基本要求，做到有章程可依、有标准可循，实现教学常规管理的科学化，以规范教师的教育教学行为，促进教师专业成长，提高教学质量，推动学校可持续发展。

（三）实施精准教研战略，提高教育教学质量

下移教研工作重心，根植一线，加强教研员和学校、教师的密切联系与合作，发挥教研员专业引领和服务指导作用，增强教研工作的针对性和实效性，切实解决学校基层的教育教学实际问题。继续加强区域联合教研和教研员联系学校制度的落实，全面启动"精准教研"战略，针对学校不同的教育生态环境、不同的教研文化背景、不同的师资力量和学生群体，运用科学有效的方法，对学校基层发展实施精确定位、精确扶弱、精确管理。进一步聚焦课堂，深度剖析实际教学中存在的问题，精准把脉，减少盲目性，增强针对性，突出协作性，提高实效性，进一步深化高效课堂建设，促进区域学校教学质量的均衡化和优质化发展。

（四）实施发展评价，助力学校自主发展

改革常规督导评价机制，实施发展性督导考核，调动学校自主发展的积极性、主动性和创造性，激活学校发展的内在动力。精简基础性的考查指标，让教师们从烦琐的常规检查中解放出来，着眼于实处、精处、真处，引导学校教育教学工作静水流深。由学校依据自身的办学条件和特点，整体设计学校教育教学发展规划，制定本年度攻坚克难项目，上报督导科，督导室依据前期调研情况，认真核准，帮助学校完善、修订、设计年度落实目标，督导考核时，主要看学校自主制定发展目标的"达成度"。同时，采用多把尺子衡量学校发展，对学校实施发展性督导，推动学校走向自主发展、特色发展和内涵发展的道路。

各位专家，各位同仁，莱阳市在探寻小学教育教学的基本规律，做实培

基固本工程，激活学校主体发展内力，实现教育教学的规范化、精细化、科学化管理方面，进行了一些有益的探索和实践。在今后的工作中，我们将以这次会议为契机，在烟台市教育局、烟台市教科院的坚强领导下，不忘初心、牢记使命，凝心聚力，锐意改革，进一步推动梨乡教育高质量发展。

20210304　在莱阳小学教学工作会议上的讲话

统筹规划·规范管理·均衡发展

各位校长上午好！开学的第一周，我们便紧锣密鼓地召开教学工作会议，部署安排新学年的工作规划。2021年是十四五规划开局的第一年，站在历史性跨越、新奋斗的起点上，我们也要及早筹划，凝心聚力，扎实推动小学教育教学工作开好局、起好步。

今天的会议主要有以下几个方面的内容：

一是对2020年下半年工作进行回顾与整理；二是统筹部署2021年小学室工作要点；三是由各学科教研员分别就学科重点工作规划进行安排。

一、2020年下半年工作总结

2020年下半年，小学室以"专业引领、规范管理、均衡发展"为基本工作思路，切实增强工作的主动性、针对性和实效性，主要开展了以下几项重点工作。

（一）深入一线扎实服务，引领学校教研工作开展

本着"下移教研重心，提升教研水平"的工作思路，下半年，根据教研室的统一安排和学校需求，教研员深入一线课堂，在常规调研中发现问题，做好日常学科教研的指导工作。通过课例研讨、参与教研、理念引领等方式，针对教师的教学实践与困惑，精准归因、精准指导，有效指导和解决学校课

程建设与课堂教学中的新问题，提高教师学科教育教学水平。

聚力三大核心项目，推动学校教研活动开展：

1. 强化集体备课的教研实效性

10月，在实验小学组织集体备课现场会，通过现场演示、经验分享的方式，规范集备的形式和内容，为学校打造模板，营造浓郁的教研氛围，以集备的教研形式带动教师整体教研水平的提升。对于开展集备条件不充分的学校，我们又整合区域的同学科教师，组建学科集备小组，分片划组，实施网络集体备课。

2. 创新区域一体化协作机制

在新修订的督导考核细则中，我们将区域联合教研进行了细化考核，依据学校参与情况，以捆绑式考核的方式，发挥龙头学校的引领、示范作用，推进区域内各学校优势互补，共同成长。2020年下半年，五个区域共同体分项目开展切合校情的共同体研修活动，如新教材研讨活动、以"语文单元整合拓展阅读"为主题的研修活动、基于学科核心素养的课堂教学模式的研究，等等。目前，各共同体学校的自主校际教研已经蔚然成风，下一步将在内涵和提质上做文章，让实打实的教研深入课堂、深入教师，带动学生、教师、学校的发展。

3. 教研员联系学校

2020年度由于事务性工作和各项活动都偏多，而团队精力又十分有限，导致日常视导频率不高。对部分相对薄弱的学校指导不足，加之督导考核以及大比武优质课评选等大型活动的开展，实行阶段性蹲点驻校的形式联系学校未能践行，2021年小学室将分两批人员，走进学校，驻校一周时间，开展集中教研活动，亲历课堂，参与集备，为学校发展出谋划策。

（二）开展主题教研活动，推动课堂改革精准落地

1. 深化课堂教学改革

以"核心素养"研究与落实为抓手，开展了系列主题教研活动，进一步深化学科课堂教学改革。提升学生核心素养，不是一句口号，如何扎根？如

何落地？首先要理论先行，以先进的教学理念武装头脑。前期，我们通过推介学习资料、实地调研、问题大研讨的方式，逐步渗透课堂改革理念，探讨课堂转型。各学科聚焦学生学科核心素养，开展了一系列教研活动。11月，语、数、英、科学、道法、信息各学科分别组织"基于学科核心素养的课堂教学改革观摩研讨活动"，共打磨课例12节次，与会教师千余人，以试水实验课引路的方式，充分发挥名校、名师骨干在"打、磨、研、评"过程中的辐射带动作用，聚焦素养，问诊课堂，直面问题，确立研究方向。如语文学科以推进"单元拓展整合阅读"工程为抓手，开展了以"阅读策略"教学为载体，助推"核心素养"落地的课堂教学研讨会；数学、英语学科普及大单元教学理念，提出了实施深度教学的路径；科学学科就"大概念下的科学探究能力"的培养为主题，针对教学理念、策略等方面进行了研讨。

2. 借力比赛促进教研

（1）微课资源打磨

利用暑假时间，组织各学科微课进行课例打磨，统一视频格式、精选微课主题、规范授课模式、提炼课堂亮点，微课资源的开发丰富了线上教学资源，推进了信息技术与学科教学的深度融合，提升了教师教育信息化应用水平，对课堂教学起到了有益的补充作用。

（2）新秀比武磨课

10月，教研室组织教坛新秀大比武活动，遴选优秀教师参加烟台市的比赛。为提升教坛新秀课堂教学水平，组织名师骨干到第二实验小学进行了专项教学指导，针对各学科参赛选手的模拟授课，分别对教学设计的规范性、讲课流程、重难点把握、教学亮点提炼、板书设计和现场提问等几个方面进行了指导和磨课。小学语文、英语、科学3科教研员指导4名教师参加烟台市首批教坛新秀培养人选"教学大比武"决赛，1人获一等奖，2人获二等奖，1人获三等奖，很好地提升了我市教坛新秀培养人选的教育教学水平，进一步夯实了领军人才的综合素质。

（3）课堂教学比武

12月，根据市教科院《关于组2020—2021学年度中小学教学大比武活动实施方案》的要求，按照"人人参与、人人学习、人人提升"的原则，首先进行了校级课堂教学大比武。极少数学校举行了全员比赛，人人上阵，亮相课堂；多数学校，45周岁以下的教师基本参与，营造了"比学赶帮超"的教学氛围，大力推动基于学科核心素养的课堂教学改革，全面提升广大教师的教学水平。

为充分发挥教学大比武活动在课堂教学改革和教师专业成长等方面的导向作用，在各学校完成校赛的基础上，小学语文、数学、英语、科学、信息学科于12月分别组织学科教师参加莱阳市级大比武活动。根据文件要求，教研室全程严密组织，头一天晚上通知评委，组建评委团，并全程录像，一节课结束即刻公示参赛成绩，保证评选的公平、公正、公开。这次大比武优质课涌现出很多年轻的新生力量，充分呈现了广大一线教师对学科核心素养目标的理解和落实，展示了很好的专业素养，极大地促进了广大教师的课堂教学水平，对助推基于学科核心素养的课堂教学改革进程起到了至关重要的作用。

（三）统筹规划稳步推进，落实落细阅读工程项目

按照《关于推进"单元拓展整合阅读"工程实施指导意见》，对实验学校进行专项督导，通过课堂听评课、课题组课题研究情况汇报、专题讲座的方式，进一步加强对实验学校工程落实进度的管理和督查，推荐经验与创新做法，总结工程实施过程中的问题和不足，及时帮助学校调整研究思路和方向。暑假期间，集合实验学校集体教研的力量，研究"大语文"观下的课堂教学范式基本框架的构建。将大单元教学的基本课型分化到实验学校，实行单点突破研究，做好单元导读、精读引领、以文带文、群文阅读、读写结合、整本书的阅读等课型的基本框架和课堂流程梳理，并召开工程启动仪式。

利用两大假期，集合城区学校优质师资力量，在统编教材框架体系下，依据学段目标和年级特点，确立相关阅读专题，通过补充、调整文本材料，

拓展、整合课外资源，编制富有学校特色的单元拓展整合阅读校本课程，形成"经典诵读＋篇章阅读＋整本书阅读指导＋推荐书目"的阅读课程体系，目前下册的拓展读本编写已经下发到学校，实现全市共享，为单元拓展整合阅读提供了阅读资料的支持。

引领学校开展丰富多彩的读书活动，培养浓厚的阅读兴趣，激发阅读内生动力。同时注重活动的过程性管理，适时组织学校及时总结活动经验，通过公众号推送，宣传学校读书工程的实施情况，也为学生的阅读成果提供展示的平台。寒暑假下发《关于假期开展阅读工程实施活动的指导意见》，指导学校利用好假期的大把空闲时间扎实有效地开展系列读书活动，将书香校园、书香家庭建设引向深入，引导学生进行经典诵读和广泛大量的阅读，实现学生阅读素养的提升。

（四）加强业务培训学习，提高教师队伍专业水平

抓好学科专业人才梯队的建设、管理和培养工作，成立小学各学科建设指导委员会，组建学科领军人物团队，建立学科人才库，定期在群内上传学习资源，分享学习视频，推送学科典型人物及研究经验，实施每月一个主题的打卡学习活动，带动团队学习和研究的热情。暑期开展各学科教师全员培训活动，围绕课标学习、核心素养两方面内容，实施通识培训。

（五）实施专项督导检查，提升学校常规管理水平

为加强学校教育教学常规管理，向规范要质量，向管理求发展，根据《莱阳市中小学教学工作专项督导考核方案》的要求，2020年11月16日—12月3日，小学室对全市46所学校进行了全覆盖教学工作专项督导。

二、部署 2021 年小学室工作要点

2021年，小学室将认真落实莱阳市教育科学研究中心工作要点，围绕"全面提升教育教学质量"这一中心工作，坚持"立德树人"根本任务，以深化课堂教学改革、提高教育教学质量为重点，以抓实教研活动、提高课堂效率和培养教师成长为突破口，细化教学管理，强化质量监督，深化服务意识，

扎实推动我市小学教育教学工作高质量发展。

（一）指导思想

落实立德树人根本任务，坚持"研究、服务、指导"的工作理念，遵循"因需而研、过程跟进"的工作思路，进一步深化课堂教学改革，抓实教研活动，提高教育教学质量，以"核心素养下的习惯养成教育+基本技能训练"为抓手，做好培基固本工程，积极开创小学教育教学工作的新局面。

（二）工作目标

提高教研工作的科学性、规范性和主动性，下潜教研重心，由教学结果管理向教学过程指导转变，实现专业引领；强化为教育行政决策服务，为学校内涵发展服务，为教师专业成长服务，为学生全面发展服务，为优质均衡发展服务，为教育教学质量提升服务的"六服务"意识，推动学校办学品质的不断提升；加强精细化、规范化管理，以制度促规范，以规范保质量，推动学校创新发展，形成富有特色的管理模式和教学模式。

（三）工作要点及措施

1. 着力加强队伍建设，提升教育发展竞争力

（1）立足专业素养，强化教研团队建设

按照教研室"1+1+1"学习模式，进一步强化教研员自身建设，加强理论和专业知识学习，汲取教育教学新理念，把握改革和发展的新趋势；强化研究意识，以课题为引领，教研同步，力争将科研成果转化为教学行为；加强一线调研，蹲点驻校，深入课堂，融入教师，开展听评课、集体备课等教研活动，切实提高教研员自身的教育教学能力、教育创新能力和教育科研能力，努力建设一支业务精良，理论过硬、富有涵养的教研队伍。

（2）实施分层培训，加强教师队伍建设

做好学科教师全员培训工作，把握学科前沿动向和教学理念；聚焦实践运用，开展"学科标，用课标"现场备课能力测试，引领广大教师熟悉新课堂备课要求，准确解读新教材；组织课堂教学大比武活动，以赛促训，以训促学，助力教师专业成长；抓好新入职教师培养工程，通过推荐学习、实地（在

线）培训，提高教师理论素质；通过教研员联系学校，提升青年教师听评课能力；举办全市小学青年教师专项技能比赛，提升青年教师备课、课堂教学能力。

2. 全面落实重点项目，促进教育内涵发展

（1）坚持立德树人任务，推进德育一体化实施

坚持"全科育人"理念，充分挖掘学科德育内涵，梳理学科德育元素，着力建构各学科横向融通、各年级纵向衔接、课内外深度融合的德育课程实施体系；全力提升思政课教师的理论水平和授课技能，借助专题培训、课题研究等途径，促进思政教师的专业发展。

（2）深入推进阅读工程，提高学生阅读素养

探讨大阅读背景下的语文高效课堂范式，推进语文单元拓展整合阅读工程，开展单元拓展整合阅读及全学科阅读推进活动，发现典型，为其搭建展示平台；发现薄弱，加强跟踪指导。开展丰富多彩的阅读活动，如校园读书节、经典诵读活动、课本剧大赛等，举办"读书明星""书香校园""书香家庭"及"大阅读工程优秀实验学校"评选活动，多措并举，让大阅读融入学生学习和生活，提升学生核心素养。

（3）聚焦学科核心素养，深化课堂教学改革

以烟台市"十四五"规划课堂建设专项课题为抓手，教研结合，开展基于核心素养的听评课活动，组织基于核心素养的课堂教学观摩活动，积极探索基于情境和问题导向的自主学习型课堂范式；落实好核心素养立项课题的研究工作，倾力打造实验学校，通过实验校的先行研究，为课堂教学改革提供示范和引领；通过课例研讨、专题研究、优质课大比武等活动，推进课堂教学改革走向深入。

（4）夯实基本技能训练，落实实践活动项目

持续抓好书写、阅读、计算、英语口语基本技能训练，组织基本技能比赛活动，以赛促训，夯实学生的基本技能。落实好课外阅读、经典诵读、英语口语交际、数学学科的实践活动，开好传统文化必修课和红色文化教育课，

组织各种传统文化专题实践活动和红色文化主题教育活动。

（5）加快信息化进程，力促线上线下融合

继续深化"互联网+"课堂教学研究，开发精品课程在线资源，打造实验学校，组织"互联网+"课堂教学观摩活动，促进课堂教学内容、方法和模式的变革，推进线上线下混合式教学的研究。

（6）做好学段衔接工作，助力学生未来发展

做好一年级的"零起点"教学，放慢步子，照顾全体，稳步推进课程进度，做好幼小学段的过渡衔接；注重学段内同学科不同年级之间的过渡衔接，准确把握不同年级的知识与能力的梯度，适度拔高不越位，站牢根基不动摇，逐步建立梯次推进、前后贯通的学习机制；探索小学、初中、高中三个学段课程教学的衔接，走进初中亲历课堂，参与研讨，总结不同学段间同学科的知识关联、授课方式、学生思维的差异，为五年级学生能够较快适应初中生活做好铺垫。

3. 实施规范化管理，加强教研指导实效性

（1）加强督导考核力度，强化常规落实

按照2020年出台的《莱阳市教学常规管理细则》，进一步加大教师常态课的视导和监管，将制度内化为教师的自觉行为，让精细化常规管理成为促进教师专业成长的有效途径。通过不定时调研和专项督导两种形式，对学校教学常规工作进行全面督查，打造规范化教学的良好教育生态。

（2）落实集体备课制度，深化教研组建设

立足教学实际，依托集体备课，抓好"基于学科核心素养的课堂教学改革"这一驱动项目，进一步发挥团队力量，开展丰富的课例研究、主题教研等活动，破解教学难题，共享改革成果，促进研学共进，较好地带动教研团队和教师个体的共同成长，形成富有特色的校本教研文化。

（3）实施精准教研战略，促进均衡发展

继续加强区域联合教研、集体备课制度、教研员联系学校制度的落实，坚持深入基层，下移教研工作重心，开展教研员"每月进校园""推门听课"

活动；对薄弱学校启动"精准教研"战略，对学校基层发展实施精确扶弱，送教研、送指导、送服务，开展专项培训、城乡联谊、送课助教、结对帮扶、联片教研等帮扶措施，促进学校教育教学质量的均衡化、优质化发展。

4. 做好质量评估，提高教育教学质量

加强考试命题研究，聚焦核心素养，凸显能力测试，充分发挥考试的过程性评价作用和导向性作用；组织全市小学教学质量监测，采用网上阅卷和大数据分析的方式，精准把控质量关；利用大数据做好深度质量分析，客观评价教学改革实施情况，为学校改进教学提供依据和参考，进一步夯基固本、提高教学质量。

各位校长，衡量一个学校办学质量的标准中，教学成绩是一个很有力的证明，但绝不是唯一。相较于初中和高中而言，仅仅以成绩来衡量小学的办学质量是远远不够的。目前，我们的校长都很注重教学质量的提升，富有教育情怀的校长能够着眼于孩子的长远发展，在重视成绩的同时关注孩子习惯的养成和全面发展。但是，更多的学校为了应对调研考试，侵占音体美学科的正常课时，教学常规管理混乱，教学研究形同虚设。当大家都把搞题海战术和挤占课余时间作为提高教学成绩的不二法宝时，教育又回到了最初的原点，教师们又都沦为教书匠。这种急功近利的做法，简单粗暴，势必打击小学生学习的兴趣，甚至可能影响学生未来的中考和高考。

教学工作是学校的重心工作，那么教研就是学校工作最浓墨重彩的一笔。在认识上，各学校都很重视对教研活动进行认真的组织和严格的管理，形成制度和常态。但是我们的教研，由于缺乏领导层面的高质量引领，存在着流于形式，实效性不高的现状，教师缺乏教研内驱力，研究氛围不够浓厚，严重制约着学校教育教学质量的提升。希望疫情过后，雾霾散尽，我们的教研工作也能够迎来属于我们的春天。春天有约，未来可期，愿所有的美好都在期待中孕育。

20210913　札记：教科研中心初中室开展系列教研活动

东方欲晓，莫道君行早

近日，教科研中心组织开展多种形式的教学教研活动，为新学期教育教学工作开好头、起好步打下坚实基础。

开学第二周，我和同事与每一位初中教研员逐一进行面对面谈话。

在谈话过程中，各学科教研员对本学科的教学情况、教师情况和教研工作重点等做了详细陈述，我也从学科教研工作思路、骨干教师团队建设、青年教师专业成长及学科发展愿景等方面和教研员进行了深入细致的交流和沟通。通过此次面对面谈话，教研员对本学科过去一年的工作进行了全面总结和回顾，对未来的工作重点和方向有了更清晰的认识和预判；王建涛主任对初中教育教学工作进行了全面分析，对工作中的主要问题进行了深入剖析，并和教研员一起追溯问题根源，寻找解决问题的措施和方法，为新学年工作的顺利开展打下了坚实基础。

下午，初中地理教研员董福军老师做了《让智慧引领教研，让优秀成长绽放》的专题讲座，全体教研员参加了本次活动。讲座内容包括三个方面：前沿思考、引领方向；回顾成绩、剖析问题；教研案例、细致解读。董福军老师通过介绍初中地理学科的团队发展，为全体与会人员奉献了丰盛的"教研大餐"。

王建涛主任结合讲座内容指出了当前教研员工作中的薄弱环节，强调了下阶段教研工作的重点。宋鑫东副主任代表初中室做表态发言。我在总结中强调了董老师的讲座定位准、思路清、指导准、格局大；在新学年的工作中，全体教研员要解决思想问题，统一行动和自主行动相结合，以昂扬的精神风貌扎实做好区域教研、团队建设、教师培养、学科培训和大比武优质课评选等工作，提高工作的针对性和实效性，谱写莱阳教育教学的新篇章。

20211203　札记：莱阳教科研中心举行全市小学联盟教研优秀课例展示与观摩活动

联盟教研展风采，课例交流促提升

11月9日—12月3日，教科研中心分别在实验小学、第三实验学校、古城小学、文昌小学等学校举行小学语文、数学、英语、科学、道法、信息六个学科的联盟教研优秀课例展示与观摩活动。小学室各学科教研员、全市各小学骨干教师六百余人参加了活动。

观摩活动展示的优秀课例是联盟教研活动的阶段性成果，经过校本教研、区域联盟教研两轮磨课，集学校骨干教师团队、联盟教研团队力量以及教研员的引领精心打造出来的，代表了我市小学课堂教学改革的新高度。

联盟教研活动以课例打磨为抓手，旨在提升学科教师的教育教学能力，为全市小学教师更加深入地聚焦核心素养课堂教学改革、进行教学方式的变革提供可借鉴的范式，为学校今后的教改树立新的实践标杆。

活动最后，我强调了以下几点：小学室依托校际联盟教研活动，为全市教师搭建了一个践行新理念、展示才华、交流学习的平台，进一步推进课堂教学改革向纵深发展。同时，各学校能够乘此次"联盟教研"的东风，不断深入研究与探索，将校际联盟做大、做强，开拓全市小学教育"资源共享、优势互补、相互促进、合作共赢"的新局面。

20220113　在全市教研室主任工作总结大会上的汇报发言

踔厉奋发强职能，笃行不怠谋发展

一、2021年重点与亮点工作

2021年初，我市进行机构改革，教研室、教科室、培训中心和职教室进行整合，成立了莱阳市教科研中心，整合后各科室相互配合，互为助力，以提升教育教学质量为核心，将常规工作夯实与重点工作推进结合，构建起"教研+科研+培训"的研训一体化格局，切实履行"研究·指导·服务·培训"职能。现就重点与亮点工作总结如下。

（一）锻造党建品牌，为教育教学质量提升凝心聚力

2021年3月，莱阳市教科研中心党支部成立，就创建了"三合三心·先锋教研"党建品牌。"三合"指工作要合心、合力、合规；"三心"指的是锻造"潜心研究、精心指导、诚心服务"的教科研队伍。教科研中心党支部进行了"奋斗百年路"党史教育学习，组织了"叩问初心·牢记使命"青年教师演讲大赛、向党组织递交红色家书等系列主题活动；从9月开始，每月一期的"先锋教研大讲堂"活动，更是成为党建品牌的鲜活名片，以党建为统领，抓住核心促进内涵，为教科研工作凝心聚力、培根铸魂。

（二）加强队伍建设，为教育教学质量提升培根强基

1.落实教科研人员《1+1+1学习方案》

为把业务学习落到实处，构建了"建立资源库，每周推送学习资料""以科室为单元，每月组织集中学习""发挥主观能动，每日坚持自主学习"的"三个一"立体学习，切实提高教科研人员的研究能力和专业素养。

2.加强教研员命题能力培训

以《课标标准》《高考评价体系》等为依据，着眼学科核心素养，对标兄弟区市，深入研究命题，深度打磨试题，不断提高命题质量；组织高中教

研员和高中教师分别于3月和9月参加了在青岛和济南举行的高考备考会议及烟台教科院组织的2021年高考二轮、2022年高考一轮复习研讨会，将材料搜选、试题研究贯穿于日常工作，发挥好试题导向作用。

3.组织全市中小学教师暑期培训

根据《2021年莱阳市教体系统暑期培训工作方案》的部署，遵循层次性、针对性和实效性的原则，设计了包括校长、教学主任、教改实验教师、骨干班主任、新教师"墩苗"工程、学科教师面对面全员培训等九大培训项目，参训总计1.2万余人次。暑期系列培训获得了上级教育主管部门的高度评价和良好的社会反响。

4.开展名师工作室活动

制定《莱阳名师名校长名班主任工作室建设实施方案》，组建莱阳名师名校长名班主任工作室，组织9次名师工作室活动，辐射引领包括校长、业务校长、教务主任、师训负责人、骨干教师等各级各类教师1510名，最大化地发挥了名师团队的辐射引领作用。

（三）推进教学改革，为教育教学质量提升启智增慧

1.推进基于学科核心素养的课堂教学改革

以烟台市"十四五"规划课堂建设专项课题为抓手，组织基于学科核心素养的课堂教学改革专项课题申报论证会；分学科制定"十四五"基于学科核心素养的课堂教学改革实施方案，开展基于核心素养的观议课和课堂教学示范观摩活动，加快基于学科核心素养的课堂教学改革的实践；召开学科核心素养推进会议，通过课堂教学示范课例展示、课堂教学模式研讨、课题典型经验交流等形式，为课堂教学改革提供了范式和引领，为教育教学质量提升提供了动力支持。

2.启动新时代教学方式变革与运用的教改实验

为强化课堂主阵地作用，优化教学方式，以启发式、探究式、情境式、项目式、合作式、交互式、差异化、参与式等九种教学方式为广大教师提供借鉴与指导，切实将创新性教学理念和模式运用到课堂教学改革的实践中，

从7月以培训的形式启动教改实验,到12月在山东省教育发展促进会首届教育创新与发展大会上做了区域的经验汇报,教改项目深耕式的渐进开展、有序推动、持续发力,助力基于学科核心素养的课堂教学改革。国家重点新闻网站中国网对教改实验进行了全程跟踪报道,人民咨询、网易新闻、山东网等多家媒体都进行了报道和转载。

3. 施行"德融数理·知行合一"德育新模式

4月,组织部分教研员、校长、骨干教师去烟台开发区参加烟台市区域推进"德融数理·知行合一"德育新模式深化研究现场会;6月,组织骨干教师赴海阳观摩烟台市德融数理优质课评选;9月,举行县域推进德育新模式现场会,实证了德融数理模式进课程、进课堂的现实可能,树立了实践范式;采用学校自主申报、教科研中心审核的方式,确立了20所"德融数理"实验学校;组织实验学校申报德融数理"十四五"地、市两级专项课题,其中烟台立7项,莱阳立23项,以课题研究为推进方式,落实立德树人根本任务,促进德育新模式落地。

4. 积极推进中小学教师信息技术应用能力提升工程2.0

按照"省市统筹、以县为主、整校推进、分层实施"的原则,莱阳市建立起培训为手段、督导为抓手、课题为引领、教研为助力的"四位一体"的能力提升工程推进模式,提升教师将能力提升工程2.0融合课堂教学的能力和水平。莱阳市工程推进案例作为山东省推送全国的唯一县级案例在"中国教育学会"公众号发布。莱阳市实验幼儿园工作经验在山东省教育电视台播出。

(四)加强研究指导,为教育教学质量提升赋能奋力

1. 创新联盟教研模式,构建县域教研新格局

为进一步整合、均衡教育资源,充分发挥优质学校的教学改革优秀经验、先进模式、优质资源的带动辐射作用,莱阳市教科研中心创新教研思路和模式,采用"1+N"联盟教研模式,形成"五横三纵"八大教研共同体,实行结对协作发展机制,实现优质教育资源共享。

2.落实双减背景下的作业改革研究

为进一步落实"双减"政策要求，充分发挥作业的育人功能，减轻学生过重的作业负担，10月至11月，举行语文、数学、英语优秀作业设计评选活动，提高了教师作业设计能力，实现优质作业资源的共建共享。

3.加强中、高考研究

落实落细教研员蹲点驻守学校制度和重点联系学校制度，将每年的3月和9月确立为教研员入驻学校活动月，与学科教师一起研究学科教学，将发现的问题以书面形式呈现，帮助学校完善教学策略；组织毕业年级复习课、习题课和讲评课三课型课堂教学展示活动；开好初四、高三各轮模拟考试及质量分析会，切实做好中高考试题分析和研讨工作；加大优生培养力度，制定优生培养方案，探索优生培养的教学、管理、评价、保障机制，加强对"强基计划"和综合评价招生的研究，建设好优尖生队伍。

4.启动语文、英语阅读与写作教学强化专项行动

推进中小学语文单元拓展整合阅读工程，高质量推进全民阅读工程，莱阳市教育科学研究中心被山东省教育科学研究院、山东省教育电视台评为"2021年山东省中小学生经典古诗词诵读优秀组织单位"。

二、2022年工作要点

（一）加强队伍建设

继续落实《1+1+1学习方案》，坚持开展每月一次的先锋教研大讲堂活动，建构研究型、学习型教科研队伍。加强教师队伍建设，充分发挥教科研中心的培训职能，分层次、全面性、系统性进行全员培训。制定下发《莱阳市领军人才培养工程实施方案（试行）》，做好领军人才队伍建设；指导学校对领军人才加以培养，让领军人才成长于学校和课堂；组织莱阳市领军人才工作培训会议，打造领军人才聚集体，引导领军人才抱团成长；开展名师工作室、名师大讲堂、送教下乡、青蓝工程等活动，发挥领军人才的示范引领作用。

（二）推进教学改革

积极推进基于学科核心素养的课堂教学改革，全面展开新时代教学方式变革与运用的教改实验，为探索适合我市基于学科核心素养的课堂教学改革提供学校范式和区域经验；聚焦多媒体教学环境、混合学习环境、智慧学习环境下应用信息技术进行学情分析、教学设计、学法指导和学业评价等30项微能力，提升工程2.0推进模式；加强"德融数理"模式融入学科教学的理论与实践研究；继续开展语文、英语阅读与写作教学强化专项行动，建设学习型校园。

（三）发挥科研作用

随着教学改革不断深入，教科研在教育发展中的先导性作用日趋明显。重视培训指导，涵泳教科研素养，培育教科研意识；规范过程管理，提升教科研水平，促进教科研工作内涵式发展；抓好典型培育，打造县域教科研名校，让教科研成就名师、名校；聚焦"双减""核心素养""教学改革""五育融合""信息技术支持"等热点、难点问题，提高课题研究的实效性；遵循"研教相融"的路径，对教育教学成果进行培育、打磨、提升，让科研引领教研，教研促进科研，实现"学教研"相长。

（四）深化研究创新

推进县域联盟共同体教研，完善联盟教研制度，培育科学的教研运行机制；提高教科研人员观课议课、蹲点驻校工作的频率和效率，为教学一线解决实际问题，实现专业引领；加强中高考研究，继续倡导"低起点、缓坡度、重反馈、强矫正"的复习策略，提高课堂复习效率；优化奥赛辅导机制，做好优尖生的培养；积极推进育人方式改革；扎实开展"双减"背景下作业改革的研究；加强小初高学段衔接，出台《莱阳市小初和初高衔接方案》，做好学段衔接的总体规划和实施路径，突出教研的协作性，提高问题解决的实效性，鼓励改革创新，形成可复制、可推广的县域经验，推动全市教学质量的提升。

（五）致力五育协同

重点推进劳动教育，强化心理健康教育和家庭教育。创新学校、家庭、社会三位一体的劳动教育实施新模式，形成课程、实践、文化相融的"劳育"模式；完善家校社协同育人机制，加强专兼职心理和家庭教育教师队伍建设，完善家庭教育专家宣讲团、家庭教育指导教师工作室以及专家支持团队，坚持开展宣讲团进校园活动，通过专题讲座、心理测评、调研论坛等活动的开展，服务教育教学。

回顾 2021 走过的历程，可谓责任与使命同在，研究与思考同在，探索与实践同在，艰辛与喜悦同在！展望 2022，责任在身、使命在心、重担在肩，唯有踔厉奋发、笃行不怠！

第六章　深化教学改革

> 20210730　在"新时代教学方式变革"教改实验培训会上的致辞

积极推行新时代教学方式变革的教改实验

校长们、老师们，大家上午好！人生是个大舞台，舞台再大，不上台，永远是观众；机遇是个大平台，平台再好，抓不住，始终是局外人。今天，文峰学校报告厅这个舞台和平台，就是我们根据2019年6月颁布的《中共中央国务院关于深化教育教学改革，全面提高义务教育质量的意见》和《莱阳市中小学教育教学质量提升工程实施方案》《2021年莱阳市教师培训工作计划》等文件精神，按照"着眼长远、立足当前、破解难题、增强内涵"的思路，经过两个多月的酝酿、筹备搭建起来的。在此，我代表莱阳市教育和体育局、莱阳市教育科学研究中心向参加暑期教改项目培训的各位领导、专家、校长和老师表示最诚挚的欢迎！向长期以来一直关心、支持、指导莱阳教育发展的领导和专家们表示最崇高的敬意！

《中共中央国务院关于深化教育教学改革，全面提高义务教育质量的意见》指出，要强化课堂主阵地作用，切实提高课堂教学质量，并将优化教学方式列为提高教学质量的首要举措。① 富兰克林曾以学生的口吻说过："你告诉我，我可能会忘记；你给我看，我也许会记忆；你让我参与，我会永远铭记。"这段话启发我们，做教育要尽可能多地建立在学生体验参与的基础上，而推进新时代教学方式的变革与运用，正是遵循了这样的理念，坚持教学相长，引导学生主动思考、积极提问、自主探究。

为适应社会发展和课程改革的需要，提升教学质量，必须深化教学改革，莱阳承担"新时代教学方式变革与运用"的十二所首批教改实验学校，抓住机遇，参与了进来，"万事开头难"，今天就是一个良好的开端。更希望大家能够坚持下来，"贵有恒，何必三更起五更眠；最无益，只怕一日曝十日寒"，没有什么能代替坚持，坚持和决心结合在一起，就是战无不胜的力量。实验学校、项目负责人和骨干教师，如果能理解并大胆尝试适于自身的教学新方式，一定会受益良多。伴随着课堂教学改革的推进，我们也希望更多的学校参与进来，全面贯彻党的教育方针，面向学生身心发展，落实立德树人根本任务。在成就学生、发展学校的同时，也为教师搭建平台，促进教师的专业成长。

"读万卷书不如行万里路，行万里路不如专家引路"，我隆重地推出今天为我们指路的两位专家：时俊卿教授和姜晓波主任。下面，舞台就留给他们！

20210730　在"教学方式变革"教改实验培训会上的总结发言

统一思想，精心部署；强化保障，有序推进

校长们，老师们，我们在全市遴选了 12 所义务教育段中小学校推进九种教学方式的变革与运用，这是一个慎重而又富有战略眼光的决策，它的意

---

① 郝志军：《新时代五育融合的路径与方式》，《西北师范大学报》2022 年第 3 期，第 61—69 页。

义和重要性不言而喻。今天，我们相聚一起，就是研究教学改革的问题。教学质量是学校的生命，优质高效的课堂是提高教学质量的主阵地。在实施新课程改革、全面推进素质教育的今天，落实课堂教学改革，提高课堂教学效率，尤为迫切。今天的"新时代教学方式变革与运用"培训，目的是要大家统一思想、形成共识、深入了解、全力推进我市的课堂教学改革。这里，我郑重地对校长们、老师们、教科研中心的教研员们，提三点要求：

一、统一思想，提高认识

课堂教学改革势在必行，我们应该充分认识到推进课堂教学改革的必要性和紧迫性。2019年6月颁布的《中共中央国务院关于深化教育教学改革，全面提高义务教育质量的意见》明确指出，要强化课堂主阵地作用，切实提高课堂教学质量，并将优化教学方式列为提高教学质量的首要举措。

（一）课堂教学改革是学生发展的需要

课程改革的核心理念要求我们在教育教学中关注学生的发展，即关注学生的全面发展、全员发展和个性发展。要注意学生的差异，尊重学生的情感体验，重视释放学生的潜能，特别是注重学生能力的培养，学生的四项关键能力是：认知能力、合作能力、创新能力和职业能力，为学生的终身发展服务。

（二）课堂教学改革是教师发展的需要

课堂教学改革对教师的专业素养、教学艺术、组织管理、教学机制等诸多方面提出挑战，它促使教师主动去创设启发、探究、合作、交互、差异、体验、参与等多种教学方式和自主、合作、探究的学习方式，从而实现教学相长。大力推行课堂教学改革，必然会加快教师专业化发展的进程。

（三）课堂教学改革是学校发展的需要

建党百年，我们比任何时期都更接近中华民族伟大复兴的目标，我们的教育必须适应经济社会的发展，满足人民群众接受好教育的要求。我们必须清醒地认识到：不改革，我们的课堂教学效率就得不到提高；不改革，我们的学生的学习能力、创新能力和实践能力就得不到增强；不改革，我们的教师专业成长的脚步就会滞后；不改革，我们学校整体的教育教学水平就得不到提升。

二、科学规划，分步实施

（一）找准方向，明确目标

课堂教学的根本目的是促进学生发展。明确了这个目标，我们才能明白课堂教学改革应当"走哪条路""向哪里走"。培育课堂文化，优化教学方式，构建高效课堂，提高教育质量，这是我们推进课堂教学改革的核心要素。

（二）科学规划，分层推进

推进课堂教学改革是一项复杂而艰巨的系统工程，不可能一蹴而就，可能需要较长时间才能有成效。各学校要科学地设计课堂教学改革的整体规划和工作目标，围绕工作目标，突出阶段重点，做到边学习、边实践、边总结、边推广，切忌流于形式。我们要重点解决掌握教学理念和探索教学方式操作模式的实践。推进教学方式的变革，需要在座全体同仁的智慧和努力。

（三）加强学习，分步实施

科学施教是以教师培训学习、提高自身素养为前提的，而培训学习中，自我培训才是最主要的。希望每一位老师加强学习，实现自我培训、自我提高、自我发展。科学规划、分步实施，才能保证课堂教学改革有序、平稳、深入、持久、高效地开展与落实。

三、明确职责，加强保障

（一）完善体系，健全机制

为有效推进课堂教学改革工作，我希望承担首批教改任务的12所学校成立校长任组长，分管教学工作的副校长任副组长，教学主任、教研组长、骨干教师为成员的学校课堂教学改革工作组；每所学校选出一名项目负责人，负责与教科研中心理论室进行业务工作的无缝对接。

（二）明确职责，合力攻关

校级领导、各科室、各学科教师都要清楚自己在课堂教学改革中的角色定位，明确各自的职责，工作上要团结协作，困难面前要合力攻关。领导要精心谋划、指导促进；项目负责人要开拓创新、敢于负责；骨干教师要典型引领、示范带动；全体教师要积极参与、无私奉献。

（三）强化保障，措施激励

学校要把课堂教学改革作为中心工作来抓，制度上、资金上、时间上、人员上都要加强保障，确保扎实推进和有效落实。要建立健全教学常规管理、校本教研、师生评价等规章制度，使教学工作步入规范化、制度化、科学化的运行轨道，为课堂教学改革的顺利进行和提升学校办学品质提供强有力的制度支撑；要建立健全有效的激励机制，对课堂教学改革中成绩突出的教师进行表彰奖励，激励教师全身心地投入课堂教学改革中。

校长们，老师们，我们一定要统一思想，形成共识，增强责任感、使命感和紧迫感，时刻不丢"课堂教学"这块主阵地；我们一定要科学规划，精心部署，时刻紧绷"课堂教学改革"这根主弦；我们一定要突出中心，加强保障，扎实推进课堂教学改革，全力打造九种教学方式中最适合自己学校的课堂教学模式，为切实提高办学水平、为莱阳教育更好更快发展，奉献智慧和力量！暑期教改项目培训到此结束，谢谢大家！

20210930 在"教学方式变革与运用暨教学成果培育"研讨会上的总结发言

聚是一团火，散是满天星

大家上午好！我们暑期在文峰学校通过培训启动"教学方式变革与运用"的教改项目后，7月30日—9月30日，历时两个月，今天又相聚在实验小学。

主要还是研讨如何推进教学方式变革与运用的问题。推进教学方式变革与运用，是一个慎重而又富有战略眼光的决策，它的意义和重要性不言而喻。我很高兴地看到，今天除首批12所教改实验学校，还有7所学校的校长和老师也受邀参加了今天的研讨会，17位校长在百忙之中全部亲临会场，彰显对教改工作的高度重视，我很感动。我们今天召开的这次研讨会，目的就是要统一思想，形成共识，全力在我市推进九种教学方式的变革与运用。我谈以下三点：

一、结合12所首批教改实验学校的汇报交流，谈各学校提交的"教学方式变革与运用的实施方案"的情况

暑假开学前，教科研中心要求首批教改实验学校结合本校实际，制定学校层面的《新时代教学方式变革与运用实施方案》。各学校提交的方案，我都已经看过了，应该说，柏林庄中学、万第中学、古柳中学、西至泊小学4所学校做得比较规范、走心，柏林庄中学校长亲自把关，西至泊小学校长亲自执笔，他们的方案有思考、有打算、有行动。当然也有不尽如人意之处，如：有两所学校的实施方案一模一样，有一所学校用学校的年度工作总结来替代实验方案，有一所学校的实施方案分成文理科制定，还有几所学校的实施方案空洞无物、敷衍了事，几乎所有实施方案都没有工作配档表……没有顶层设计、没有规划措施，如何实施和推进？截止到昨晚10点，实验中学、文峰学校、府前中学、第三实验学校、古柳中学、团旺中学、盛隆小学7所学校已经将重新修改、完善的实施方案发到了指定邮箱，新调整的方案操作性强，在质量上明显提升，并配有工作配档表，各学校要严格按照配档表推进教改项目。

二、推进"教学方式变革与运用"的工作要求

2019年6月颁布的《中共中央国务院关于深化教育教学改革，全面提高义务教育质量的意见》指出：要将优化教学方式列为提高教学质量的首要举

措。坚持教学相长，注重启发式、互动式、探究式教学，引导学生自主探究，融合运用传统与现代技术手段，开展研究型、项目化、合作式学习，重视差异化教学和个别化指导。①《中国教育现代化2035》第二条提到：发展中国特色世界先进水平的优质教育，就是要创新人才培养方式，推行启发式、探究式、参与式、合作式等教学方式，培养学生创新精神与实践能力。②要提升教学质量，必须深化教学改革，教学方式必须面向学生身心发展，新时代教学方式变革与运用是教育发展的必然选择。

（一）要坚持求真、务实、发展和创新的工作作风

确立项目负责人，由责任心、执行力、业务能力强的专人负责学校教改项目的整体推进工作，拿出方案，做好部署，做到有实施方案、有推动措施、有行动策略、有反思过程、有总结提炼。不必另起炉灶，尽量与学校教学特色融合，突出教师的主导性和学生的主体性，以某种或几种教学方式为抓手，渗透并联系其他可借鉴的教学方式，充分体现"启发、探究、讨论、参与"等教的方式和"自主、体验、探究、实践、合作"等学的方式，主要包括：对教学方式进行调整、拓展和更新；完善教学模式；优化学习环境；整合教学资源，实现减负增效；提升师生素养和教学效率，提炼教学方式与实践的学校范式，深化教学方式的变革与运用，培养学生的创新精神和实践能力，为推进基于学科核心素养的课堂教学改革和教育教学质量的整体提升助力。③

（二）要明确任务，清晰时间节点，压实主体责任

以莱阳市教育科学研究中心牵头的新时代教学方式变革与运用的教改实验将分期推进，首批教改实验学校规划为一年（2021年7月—2022年7月）。2021年7月上、中旬为第一阶段，前期调研论证准备阶段；7月下旬—8月

---

① 刘克东、张瑾：《依托学科特点探索创新路径》，《中国社会科学报》2020年11月20日。
② 《教育部解读〈中国教育现代化2035〉和〈实施方案〉》，https://www.sohu.com/a/297329594_498657。
③ 叶兵：《在互联网+的课堂变革中实施教学做合一》，第三届"立德树人铸魂育人"中青年教师报告会。

为第二阶段，教学方式解读建构阶段；9月—2022年5月为第三阶段，学校课堂实践应用阶段，学校教学方式重构，各学段、学科课堂实践，交流、研讨、归纳，形成学校范式，提供优秀教学模式、典型材料和教学案例；2022年6月—7月为第四阶段，县域经验总结提升阶段，教改论文、研究报告、经典课例、典型案例征集并结集成册；启动第二批次教改实验学校，推广本教改项目的研究成果。

首批教改实验学校的教改实验，要以基于学科核心素养的课堂教学改革为依托，以莱阳"十四五"专项课题研究为引领，以即将要组织开展的莱阳市"教学方式变革与运用课堂教学大比武"为推进方式，切实做好"新时代教学方式变革与运用"的教改项目。实验学校必须要申请"'十四五'新时代教学方式变革与运用"专项课题，各实验学校校长担任课题主持人，倡导采用"确立课题——行动研究——积淀成果"的基本程序。学校要在实验教师中开展"读一本教学方式变革书籍、上一节教改示范课、分享一个典型案例、写一篇课改论文"的"四个一"活动，不断提升实验教师的理论水平和教学潜力；实验学校要开展好"进行一项课题研究、提出一个教学主张、培养一批骨干教师、树立一个典型标杆、提炼一种教学模式、承办一次现场会、结集一本论文案例"的"七个一"要求，我们在日常考核和专项督导中，都将以此作为重要的考核指标。

三、关注热点，把握风向标，回应时代的要求与需求

各位校长和老师，不知道大家有没有关注9月26日召开的山东省中小学教学教研改革推进视频会议。山东省教科院院长、党委书记申培轩和教育厅戴龙成副厅长都发表了重要讲话，明确指出教学改革是一把手工程，要立足课堂教学改革，更新教育观念，要以更深远的教育发展的眼光来审视我们的课堂教学改革，积极探索改革的路径与出路。他们的讲话精神也传递出许多信号和讯息：课程标准取代教学大纲；要打破陈旧思维，克服教育短视行为；要恢复山东省优质课、基本功大赛、教学大比武、教学能手的评选；

优化"备—教—习—评"一体化，建设教改实验区，打造山东教改品牌，对全省172个县市区进行排名；教改是一项系统工程，学校要有连环动作，形成良性循环，落实80%合格率的指标要求；开展教学成果奖的评选，对优秀成果进行推广；优化教学方法，推行探究式、启发式等教学方式；中考全省不统一命题，但要提升对中考命题能力的监管，省里会出统一的命题要求，还要进行命题评估，用高考倒逼中考；对规范办学进行督导评估、量化积分，维护教育生态……

各位校长、各位老师，今天的会议非常重要，我们要进一步增强使命感和紧迫感。我们一定要统一思想，形成共识，时刻不丢学校"课堂教学"这块主阵地；我们一定要科学规划，精心部署，时刻绷紧"课堂教学改革"这根弦；我们一定要突出中心，加强保障，扎实推进课堂教学改革，推进教学方式的变革与运用，这也是顺应形势发展的必然趋势。老师们要边学习、边实践、边总结、边推广，切忌让其虚张声势、流于形式。我们要重点解决思想观念方面的问题和探索课堂教学模式的问题。推进教学方式的变革，我们帮助大家搭建了一个舞台，用戴厅长的话说：要唱好戏，一台好戏还是要靠大家，真的需要在座的每位莱阳教育人的用心探索、全力拼搏。

扎实推进我市基于学科核心素养的课堂教学改革，积极推行新时代教学方式的变革与运用，全力提升我市基础教育教学质量，努力办好人民满意的教育，拜托大家！谢谢大家！

20211110　对首批教改实验学校进行课堂教学检视活动的调研报告

聚焦教学方式变革，助力课堂教学改革

为扎实推进我市基于学科核心素养的课堂教学改革，积极推行新时代教学方式的变革与运用，根据《莱阳市教育科学研究中心关于新时代教学方

式变革与运用的实施方案》（莱教科研办〔2021〕19号）、《莱阳市教育科学研究中心关于新时代教学方式变革与运用的指导意见》（莱教科研办〔2021〕20号）的文件精神，10月18日至22日，莱阳市教育科学研究中心对承担教学方式变革与运用的首批12所教改实验学校，进行了为期一周的课堂教学检视活动。

莱阳市教育科学研究中心是新时代教学方式变革与运用的教改实验区，教学方式变革与运用的教改项目是由莱阳教科研中心理论室牵头，具体负责教改实验的上传下达，指导、落实和推进。这一次的课堂教学检视活动是由我带队，中国教育学刊社山东负责人、烟台人民政府督学姜晓波主任以及理论室黄国浩主任、张玉锦主任，我们四人共同完成。以听取学校汇报、听一节教改展示课、与实验教师面对面交流的方式，我们走进学校，深入课堂，分别对第三实验学校、西关小学、盛隆小学、古柳初中、实验小学、柏林庄初中、文峰学校、府前中学、万第初中、照旺庄初中、实验中学、团旺初中12所学校进行"新时代教学方式变革与运用"的督查与调研，五天跑遍12所学校，尽管时间短、节奏快，但我们还是能够真切而深入地了解、感受了各学校教改实验的开展情况。

一、呈现出来的亮点

（一）学校重视

我们一直倡导课堂教学改革是一把手工程，很高兴地看到，教改实验学校的校长不仅认可，而且支持，并且以身作则、积极参与，全程参加听课、评课和研讨的过程，积极为教学方式的变革与运用和本校教学模式的提炼与打磨，苦心孤诣地探索路径，找寻契合点，从客观上推进了教改的进程。

（二）课堂教学有变化

如果说课堂教学改革的起点是在校长、业务校长，那终点一定是在教师、在课堂。在课堂教学展示环节，授课教师能够结合教情学情、课型和授课内容，灵活运用启发式、探究式、情境式、合作式、差异式等多种教学方式，激发学生的学习热情，提高学生的探究、合作能力，基于提升学生的核心素养，展示九种常用教学方式在基于核心素养的课堂教学改革中的落实成效。

（三）积极开展相关活动

在研讨活动中，包括分管领导、项目负责人以及参与的教师，基本都能做到认真听取意见和建议，有记录、有回应，积极探讨，提出自己的思考和困惑，让我感受到了我们教师群体昂扬进取的精神面貌和学校良好的教学教研生态，教改不是一个人的战斗，不是一个部门的孤军奋战，必须是一群人同心同德、群策群力，一起仰望星辰大海、一起走向教育的诗和远方。

（四）决心坚定，信心满满

能感受到各实验学校传递过来的信念：立足师生全面发展，优化课堂教学方式，深化课堂教学改革，努力构建高效课堂，在课堂教学中落实好九种常用教学方式的运用与迁移，在实践中做到且思且行且悟，脚踏实地地走好课改之路。能量是会传递的，学校的信心和决心，也是我们前行的勇气和动力，这是一种双向的奔赴。强者搭桥，渡人渡己，人与人之间最美好的关系，是彼此的滋养和彼此的成就。

二、存在的问题和不足

"万物皆有裂痕，那是光之来处"，还有许多的不足，许多的不尽如人意，有待在今后克服和完善：

（一）缺乏学校层面的顶层设计

校长和业务校长就是撬动学校教改实验的最大支点。课堂教学改革，是智慧的开启和传递，是思维格局的打开和唤醒，以课堂教学改革为抓手，形成办学特色，走内涵发展路，让老师们站在更高的起点、更大的平台，看到更加广阔的世界；让孩子们站在我们的肩膀上，拥有更加美好的未来。姜主任经常跟我说：我们一起，为莱阳教育做点事情。天空没有翅膀的痕迹，但鸟已经飞过；当我们走出舒适区，做点什么，改变点什么，留下点什么，说不定，我们的学校就从发展的困境中成功突围。

（二）教改没有真实发生，教改实验没有真正落实在课堂

1. 现象

老师们只知道我们来听课，但是不知道我们为何而来，问到课堂的具体环节采用的教学方式，一脸蒙；课后说课和议课活动时，讲课教师、评课教师，甚至项目负责人侃侃而谈，但反思和交流的内容，与教学方式、教改实验不能说背道而驰，也是相去甚远，没有同频共振。

2. 说明

学校没有通过校本培训、业务学习、教研活动、课题研究等形式，真正把"教学方式变革与运用"的教改理念内化为教师的观念认同，从而指导教学行为，老师们还是感性使用，而不是理性回归，我不知道是否表达清楚了自己的意思。

3. 原因

分管领导、项目负责人的职能因为身份、分工不明确、人员不到位等种种原因，没有充分发挥；教师年轻化，缺乏领军人的引领、辐射和带动；教师老龄化，故步自封，前进动力不足；教师流动性大、教师配备不足导致教改工作无法系统开展和进行；学校没有会写材料、没有提炼概括能力强的教师……当我把原因归纳起来，陈述给大家，大家不禁要笑。这些都是客观原因，是吧？

4. 期待

请在座的各位领导一定放下所有的傲慢和偏见，你如果想做，总会找到办法；你如果不想做，也总会找到理由。与其诅咒黑暗，不如点亮蜡烛。

（三）教研、教改两张皮

我们听到的话，概括起来有这四类：第一类，学校搞的项目太多了，又是谐振课堂，又是思维导图，又是高效阅读，又是德融数理，又是信息2.0，实在忙不过来；第二类，我们有成熟的学校教学模式，没必要再做教学方式变革与运用的教改实验；第三类，九种常用教学方式没什么道道，老师们20

年前就会用，现在还来变革，沽名钓誉；第四类，九种教学方式真是能用上，我们学校的课堂教学模式里用了八种……可以这样说，教学方式的变革与运用是一把万能钥匙，它能打开、它能支撑、它能服务、它能丰满、它能细化、它能充实、它能激发、它能落实、它能创造所有的课堂教学改革、所有的教学模式、所有的核心素养、所有的高效课堂。我以本次12所教改实验学校申报"教学方式变革与运用"专项课题为例，最多的一所学校，修改了5次申请书，大多数学校都修改了2到4次，一次通过的只有一所学校。问题就在于没有真正去用心体会、领悟教改实验的内涵，为教研而科研，为教学方式变革而教改，本末倒置了。

教学方式的变革与运用，是方式、是途径、是支撑、是服务，用教学方式的变革来支持课堂教学改革，而不是为教学方式的变革而去教改。另外，因为是"教学方式变革与运用的专项课题"，所以课题申请书论证的第一部分"课题提出的背景"，在背景的介绍里，除了学校原来提出的模式或者教学改革的背景，一定要有一项必须是2019年6月颁布的《中共中央国务院关于深化教育教学改革，全面提高义务教育质量的意见》里指出的要"强化课堂主阵地作用，切实提高课堂教学质量"，并将"优化教学方式列为提高教学质量的首要举措"。《意见》进一步强调："坚持教学相长，注重启发式、互动式、探究式教学，教师课前要指导学生做好预习，课上要讲清重点难点、知识体系，引导学生主动思考、积极提问、自主探究。融合运用传统与现代技术手段，重视情境教学；探索基于学科的课程综合化教学，开展研究型、项目化、合作式学习。精确分析学情，重视差异化教学和个别化指导。"这些内容要有。另外，课题申请书内，无论是"课题所要解决的问题""研究的创新点和突破点"，还是"研究的目标""研究的内容""研究的成果"，都不能脱离"课题名称（题目）"，是为课题服务的，是要能支撑起课题的，就像写作文一样，题目统领内容，内容服务题目。

（四）没有把资源用好

《新时代教学方式变革与运用指导》，书没有好好学习；发在群里的《莱阳市教育科学研究中心关于新时代教学方式变革与运用的实施方案》（莱教科研办〔2021〕19号）、《莱阳市教育科学研究中心关于新时代教学方式变革与运用的指导意见》（莱教科研办〔2021〕20号）两份红头文件，没有好好研读，专项课题的申报充分暴露出了这一问题。各实验学校要根据《实施方案》和《指导意见》的要求，以学校的课题研究为引领，坚持求真、务实、发展和创新的工作作风，注重探索性和可操作性，做到有实施方案、有推动措施、有行动策略、有反思过程、有总结提炼的工作流程；落实好在实验教师中开展的"读一本教学方式变革书籍、上一节教改示范课、分享一个典型案例、写一篇课改论文"的"四个一"活动，不断提升实验教师的理论水平和教学潜力；实验学校要开展好"进行一项课题研究、提出一个教学主张、培养一批骨干教师、树立一个典型标杆、提炼一种教学模式、承办一次现场会、结集一本论文案例"的"七个一"要求。

　　本次课堂教学检视活动，是对我市义务教育阶段的课堂教学改革进行的一次比较全面的比较、研讨、反思和提升，教科研中心的领导也克服很多困难，多方筹措，为实验学校和实验教师争取了很多的机会：在课题项目立项，专题论文、精品课例、典型案例、经验总结的发表，"教学方式变革与运用"课堂教学大比武等方面给予倾斜；11月教改实验学校授牌、12月启动第二批次的教改实验学校……遇见是故事的开端，错过是无法弥补的缺憾，我们往往不愿意承认自己能力不足、魄力不够，总是感觉缺少运气、缺少机会，可是机会真的到来时，我们却抓不住；真有机会帮我们打开教改的大门，如果不能躬身实践、积极思考、大胆探索，我们会发现我们期待中的门后，是空的。发展是硬道理，破茧才能成蝶；成蝶才有机会展示我们美丽的翅膀。人间值得，学生值得，老师值得，只要我们心里还有真挚的热忱，还有"面对一丛野菊花而怦然心动的情怀"，我们就会跨越山海，终将抵达。

三、下一阶段的工作要求

　　关于"新时代教学方式变革与运用"的教改实验，我还想强调以下几点：

（一）高度重视

教学改革势在必行，以新时代九种教学方式变革与运用为依托的课堂教学改革的深入开展，对促进教师专业发展、优化教师教学方式和学生学习方式、探索适合我市基于学科核心素养的课堂教学改革的推动作用毋庸置疑，建设九种教学方式支持下的品质课堂，要往心里走、往深里走、往实里走。

（二）潜心研究

教师要敢于实践、善于反思，从课堂教学的基本问题再出发，重新审视自己的课堂教学，选择教学方式既要根据授课内容、学科特点，又要基于学情教情、学段衔接，通过学习和实践，不断提升业务能力。

（三）积极推进

课堂教学改革逐渐进入"深水区"，学校要针对实际情况，强化课堂主阵地作用，打造"一校一品"的课堂教学模式。以基于学科核心素养的课堂教学改革为依托，以专项课题研究为引领，以"莱阳市教学方式变革与运用"课堂教学大比武为推进，切实做好"新时代教学方式变革与运用"的教改项目。

20220705　在首批教改实验学校授牌暨第二批次教改实验学校启动仪式上的致辞

使命在身·责任在心·重担在肩

今天，很高兴在这里参加莱阳市"新时代教学方式变革与运用"首批教改实验学校授牌暨第二批次教改实验学校启动仪式。我代表莱阳市教育和体育局，对长期以来一直关心和支持莱阳教育发展的管院长、姜晓波主任表示衷心的感谢和诚挚的欢迎！对被授予"首批教改实验校"的12所中小学校表示热烈的祝贺！而24所第二批次教改实验学校的启动，标志着我们的教改实验迈向了一个稳步推进、行稳致远的发展新阶段。这中间，凝聚着教科研中心的智慧引领和责任担当，凝聚着实验学校的校长和老师们探索实践的勇气、付出的创造性劳动，同志们辛苦了！

近年来，莱阳市教育和体育局在烟台教育局、烟台教科院的正确领导下，带领全系统上下以习近平新时代中国特色社会主义思想为指导，认真贯彻落实国家、省、市教育规划纲要，以立德树人为根本任务，以提升教育质量、推进教育公平为主线，全力推进基于学科核心素养的教学改革，走内涵发展、特色发展、均衡发展的道路，迈出了推动教育高质量发展的坚实步伐。莱阳市教育科学研究中心能够坚持"研究·指导·服务·培训"的工作职能，努力探索工作的新思路、新途径、新方法，各项工作都有了新起色、新气象、新发展，我也非常欣慰。在这里，对大家提出几点希望和要求：

第一，明确一个目标：那就是努力办人民满意的优质教育。

第二，推进两项服务：一切为教师服务、一切为学生服务；一切为质量服务、一切为发展服务。

第三，确立三个引领：用科学研究引领课堂教学改革，用精细管理引领学校长远发展，用文化建设引领教育品牌铸造。

第四，提升四项能力：带队伍，提升骨干教师的影响力；抓落实，提升开展工作的执行力；要质量，提升学校的核心竞争力；树形象，提升学校发展的软实力。

第五，落实五个必须：必须转变观念，必须强化管理，必须提升素养，必须实干干实，必须注重结果。

同志们，回首过去的2021年，是中国共产党成立100周年，也是"十四五"规划的开局之年；展望2022，更是我们全面提升教育教学质量的关键之年。"教学方式变革"教改实验的顺利开展、有序推进，必将带动更多教师、更多校长快速成长，为梨乡学子的成才提供良好的教育生态。今天，我们为首批教改实验学校授牌并启动第二批次教改实验学校，新的开端，绝不仅仅只是一个颁牌仪式，它更意味着新的征程和新的挑战。

各位校长、各位老师，教学改革的进程、教育质量的提升、优质发展的局面、莱阳教育的未来走向……可谓任重路远。时代将继往开来、开拓创新的责任赋予我们，各级领导寄厚望于我们，广大学生家长期待着我们！

责任在身、使命在心、重担在肩！谢谢大家！

20220705　在首批教改实验学校授牌暨第二批次教改实验学校启动仪式上的总结发言

肩负责任与使命，坚持探索与实践

岁月不居、时光如流。值此盛夏时节，我们在此隆重举行莱阳市"教学方式变革与运用"首批教改实验学校授牌暨第二批次教改实验学校启动仪式。参加今天活动的有：莱阳市中小学校的校长、实验学校的项目负责人、骨干教师以及教科研中心各学科教研员。管院、姜晓波主任也在百忙之中莅临会场、亲自指导，借此机会，向长期以来关心和支持莱阳教育发展的各位领导、各位同仁表示最衷心的感谢和最崇高的敬意！

2019年6月颁布的《中共中央国务院关于深化教育教学改革，全面提高义务教育质量的意见》指出：要将优化教学方式列为提高教学质量的首要举措。《中国教育现代化2035》第二条提到：发展中国特色世界先进水平的优质教育，就是要创新人才培养方式，推行启发式、探究式、参与式、合作式等教学方式，培养学生创新精神与实践能力。2021年9月26日召开的山东省中小学教学教研改革视频会议上，申院长明确指出：要将优化教学方式，指导学校和教师积极探索基于情境、问题导向的互动式、启发式、探究式、体验式教学方式作为教研工作的重点任务；[1]戴厅长强调：教学工作是学校

---

[1] 丁兆俊、高月峰：《基于情境、问题导向的课堂教学实践探索》，《教育（周刊）》2020年第37期，第10—11页。

的中心工作，是一号工程、一把手工程，在推进基础教育高质量发展上，必须抓牢优化教学方法。2020年6月2日，烟台市教育科学研究院印发的《基于学科核心素养的课堂教学改革方案的通知》中指出：全面推动基于学科核心素养的课堂教学改革，不仅是深入贯彻落实新时代党的教育方针的重要举措，也是积极深化全市教育教学改革成果、不断提升区域教育教学质量的现实诉求。基于学科核心素养的课堂教学改革首期规划为2020—2022三年，要基于区域内亟待解决的基本而关键的主题，力求突破。这些指导意见和实施方案，不仅为我们的教学改革提供了理论依据，坚定我们进行课堂教学改革的信心和勇气；更为我们赋能，为我们提供了方向性的引领和实践探索的智慧。

为扎实推进我市基于学科核心素养的课堂教学改革，围绕促进教师专业发展、加强区域联盟共同体教研、优化教师教学方式和学生学习方式，强化课堂主阵地作用，我们进行了广泛的调研、深入的研究，采取了很多措施，开展了很多活动，进行了很多有益的探索。"新时代教学方式变革与运用"的教改实验，从2021年3月找思路开始，4月明确教改方向，5月解读教学方式的内涵，6月确定12所首批教改实验学校，7月30日，在文峰学校以培训的形式启动教改实验，8月出台实施方案和指导意见，9月学校层面的探索实践，10月稳步推进，11月组织教学方式变革的中期视导，到12月初见成效，首批教改实验学校授牌、同时启动第二批次教改实验，回顾一年来所走过的历程，可谓责任与使命同在，研究与思考同在，探索与实践同在，艰辛与喜悦同在！在跋涉的过程中，我们有过没有方向的迷茫困惑，有过无处着力的迟疑彷徨，有过落实和推进力度不够的失望懊恼，也有过初尝成功的欢欣和鼓舞。但是，我们从来没有停止前行的脚步！

过去的2021年，已经到来的2022年，是全面提升教育教学质量、践行基于学科核心素养的教学改革的关键之年。要提升教学质量，必须深化基于学科核心素养的课堂教学改革；教学改革的深入推进，必须面向学生的身心发展。新时代教学方式的变革与运用是学生发展、教师发展的迫切需要，是着眼学校长期发展的系统工程，更是"双减"背景下创新教育的时代愿景，这也是我们推行教学方式变革与运用的教改实验、举行首批教改实验学校授牌暨第二批次教改实验学校启动仪式的价值和意义所在。

群星竞相闪烁，方有夜空的美丽；百川齐聚东流，才有沧海的壮观。应该说，各实验学校都能坚持求真、务实、发展和创新的工作作风，注重探索性和可操作性，做到有实施方案、有推动措施、有行动策略、有活动引领、有反思过程、有总结提炼，使得教改项目扎实推进。呈现出五大亮点：

第一，思想上重视，行动上积极。教改实验学校的校长们以身作则、亲力亲为、躬耕实操，积极为教学方式的变革与运用和本校教学模式的提炼与打磨，苦心孤诣地探索路径，找寻契合点，从客观上推进了教改的进程。

第二，教师能够灵活运用启发式、探究式、情境式、合作式、差异式等多种教学方式。

第三，学生主体地位明显提升。

第四，构建模式意识基本确立。广大教师积极投身教改，潜心研究教学，精心设计教案，探索形成一批符合本地课改实际的教学模式。例如：实验小学的"三段五环"教学模式，盛隆小学确立"高效阅读"教改项目，柏林庄中学的"三示三学"新课堂，府前中学的"小组合作"教学，万第初中的"学教习评"的本土化实践，团旺中学的"思维可视"新模式，他们的课堂都形成了教改新样态。

第五，教学改革逐步形成特色，走向内涵式发展。试一试、做一做、改一改，我们的学校有可能就会从发展的困境中成功突围，进入借力"九大教学方式"助推基于学科核心素养的课堂教学改革的快车道。

提升教育质量是一场没有终点的赛跑，只有谋划有方、足下有力，才能迎来美好前景。各学校都要参与进来，特别是35所教改实验学校，更要坚持边实践边研究、边总结边推广，积极推进以新时代九种教学方式变革与运用为依托的课堂教学改革的深入开展，促进教师专业发展，优化教师教学方式和学生学习方式，强化课堂主阵地作用、打造"一校一品"的课堂教学模式，为探索适合我市基于学科核心素养的课堂教学改革提供学校范式、实践论证、实施策略及动力支撑，以实现区域内城乡、校际同步发展。

"潮头扬帆逐浪行"，教改项目深耕式的渐进开展、有序推动、持续发力，新时代教学方式变革与运用的教改实验风正潮平，自当扬帆破浪；任重道远，更需奋鞭策马！让我们踔厉奋发、笃行不怠，勠力同心、携手同行，一起为莱阳教育努力！

第七章　聚焦教学创新

20210428　参加"烟台市'德融数理·知行合一'德育新模式深化研究现场会"后感

学习德融数理新模式，探索梨乡德育新路径

4月28—29日，莱阳教科研中心组织专职教科研人员、部分教研员、校长、副校长、骨干教师一行42人，赴烟台开发区参加烟台市区域推进"德融数理·知行合一"德育新模式深化研究现场会，开启了为期两天的学习之旅。

一、问渠那得清如许，为有源头活水来

学习是成长的前提，是发展的希望。让学习实践真正发生，让立德树人润物无声，让核心素养落地生根。莱阳教育人定会以此次会议为契机，提升思想境界和理论水平，增强改革动力和发展合力，细心揣摩、虚心借鉴、认真研究、努力实践，探索德育范式，改变教学样态，为形成有区域特色的立德树人根本任务，为提升莱阳教育教学质量贡献智慧和力量。

二、聚是一团火，散是满天星

本次现场会分现场学习和集中经验交流两个时间节点进行。28日下午的现场学习设置开发区实验中学、实验小学、第三小学三个现场，五个分会场同步进行，主要包括观摩示范课、说课展示、经验交流、专家点评、评课互动等内容。参会人员根据不同学段、学科，自主选择学习内容。29日上午的集中经验交流由烟台市教科院管院长主持，烟台市教育局王旋副局长做主题发言。首批四个试验区市的九所典型学校从不同层面分享了"德融数理·知行合一"德育新模式的常态化应用实践的阶段研究成果，推出的各学科课例和各层面经验有探索、有实践、有创新、有反思，为烟台范围内各区市、各学校更大规模的德融数理模式进课程、进课堂提供了有益的经验和有效的范式，树立了专业的标准和实践的标杆。

三、知者行之始，行者知之成

通过学习，莱阳的与会人员把握了"德融数理·知行合一"的内涵："德融数理"指的是以德为魂，以具体知识为体，运用大数据的思维方法，将情景教育、知识教育和实践教育有机融合，完成价值观培育的追问、判断和践行；深刻领悟到"德融数理·知行合一"既是全科落实德育的重要途径，又在学科教学和核心素养之间架起一座桥梁，为基于学科核心素养的课堂教学改革找到了行之有效的方法和路径；与此同时，也启迪我们建构"让先进理论逐层落地、优秀成果为我所用"的科研范式。[①]

四、他山之石，可以攻玉

正如烟台教科院于主任在总结发言中所说：立德树人是为党育人、为国育才，是党之大计、国之大计。学习是为了更好地出发，通过学习、交流和

[①] 李军政、綦建春：《"德融数理·知行合一"德育新模式的时间探索》，《现代教育》2021年。

研讨，既要观摩学习，又要实践应用，应用的过程，就是深化德育改革的过程；在今后的教学中，我们也要努力将德育教学融入知识教学，通过情境创设、项目化学习等方式，将学习过程转换为探求人生真理的过程，进而达到情理交融，触及心灵的"学科立人"的效果，使道德教育科学化、人文化、真实化。

20210514 在中小学教师信息技术应用能力提升工程2.0培训暨启动仪式上的讲话

问渠那得清如许，为有源头活水来

按照"省市统筹、以县为主、整校推进、分层实施"的原则，莱阳市积极推进中小学教师信息技术应用能力提升工程2.0（以下简称能力提升工程），自2020年第一批次学校启动以来，各学校根据《山东省教育厅关于印发〈山东省中小学教师信息技术应用能力提升工程2.0实施意见（2020—2022）〉的通知》《烟台市中小学教师信息技术应用能力提升工程2.0实施意见（2020—2022）》《莱阳市中小学教师信息技术应用能力提升工程2.0实施意见》等文件的精神和要求，推进各项工作，取得了一定的工作经验和成效，但也存在诸多发展中的问题。下面，就如何做好全市能力提升工程的推进工作，谈一下我的看法。

一、提高认识，实施"一把手"工程

应用能力提升工程是国家、省、市各级教育部门重点推进的项目，旨在通过能力提升工程的实施，全面提升校长信息化领导力、教师信息化教学能力、培训团队信息化指导能力，推动信息技术与教育教学融合创新发展取得新成效。省、市多次召开专门会议部署启动、推进和培训工作，每次会议的

规格都很高，反映出上级教育部门对此项工作的重视。

2021年4月1日，烟台市教育局召开了能力提升工程专项推进会议。市教育局项目分管局长宋守杰参加会议，我市作为前期工作开展较好的6个区、市之一做了典型发言。会上，宋局长对能力提升工程的重要性做了强调，提出今后一个时期，烟台市教育局教师工作科要将能力提升工程作为考核各区、市的重点工作。宋局长在会上提到，烟台市将积极申办全省现场会，有意向由项目实施好的、学校数多的大的区市来承办，我市是符合条件的区、市之一。说实话，不仅忐忑而且紧张，这么大规模的现场会，要设计几条观摩路线，我们到底有多少学校禁得住看，我心中没有数。因此，这既是机遇更是挑战。

因此，各学校必须高度重视此项工作，提高认识，校长要亲自负责，实施"一把手"工程，整校推进，全员参与，确保能力提升工程取得实效，在市教育局的督导考核中该项目不失分。

二、明确推进思路，全方位为项目实施保驾护航

（一）区域推进思路和重点工作

1. 分阶段推进工程实施

根据我市信息化条件和教师信息技术能力水平，莱阳市能力提升工程分三个阶段推进：第一阶段，2020年12月中旬至月底，确定第三实验学校、西关小学、实验幼儿园3个烟台市级试点学校，并组织相关培训，启动了第一批次18所学校；第二阶段，2021年5月14日，同时启动第二批次22所学校和第三批次15所学校；第三阶段，2022年8月—12月，对所有学校进行考核验收。应该说，时间紧任务重，我们必须要按照能力提升工程推进的时间节点完成各项工作。

2. 做强指导团队

面向全市所有学校层层选拔，组建专家指导团队。遴选范围为擅长团队协作、学科素养全面、技术应用能力突出的教师，主要工作是协助研制莱阳

市项目规划,参与监测评估,负责莱阳市中小学校管理团队的培训、调研诊断、教师培训和实践应用指导等工作。我们将组织专家指导团队参加各级教育部门组织的培训,提高业务能力和指导能力。

3. 加强教科研工作

依托能力提升工程专项课题研究,定期组织课题交流研讨活动,发挥教科研在总结经验、指导实践等方面的功能和价值,及时总结发展中的经验和做法,边研究、边总结、边推广。

4. 强化导向

本次会议,我们邀请了体卫艺科、学前科、技术装备中心相关同志参加会议,部门之间形成合力,共同把能力提升工程做好。教育科学研究中心各学科教研员也参加培训,通过培训,提升教研员对项目的理解力和指导力。会后,各位教研员要研究如何在学科优质课、大比武评选中,增加能力提升工程的相关要素,把微能力融入基于学科核心素养的课堂教学改革中,强化导向,提高教师主动学习和使用能力提升工程的动力和积极性。根据工作推进情况,适时组织能力提升工程优秀案例评选活动,建立优秀案例资源库,为各学校提供优秀案例资源。在教育工作综合督导考核中增加能力提升工程考核内容,各学校要有规划、有方案、有校本应用考核细则,形成教师教学优化、校本教研模式、整校推进机制等层面的整体案例。

(二)学校推进思路和重点工作

1. 抓实组织领导

各学校成立由校长任组长、其他领导班子全体成员任副组长的能力提升工程领导小组,全面统筹整校推进应用能力提升工程。根据学校发展愿景和实际情况,共同研究制定科学可行的学校信息化发展规划,从方案建立到方案推进,从教师培训到考核评价,校长全程参与整个过程,确保项目的有效推进。

2. 抓好调查研究

为确保工程开好局、起好步,各学校应就本学校的硬件设备、资源建设、教师信息技术应用能力现状等进行调研，科学分析，制定发展规划、实施方案和校本应用考核细则，举办全员培训学习，整校推进。

3. 抓强指导团队

各学校建立校级指导团队，指导本校教师选择符合学校实际、适应学生需求的微能力，并从学情分析、教学设计、学法指导、学业评价等维度落实到课堂教学上。

4. 抓牢校本研修

通过山东省教师教育网，应用能力提升工程2.0专项版块，组织教师网上学习并考核。学校要强化过程管理，确保网上研修取得实效。

我们要以时不我待的精神，自我加压，主动作为，本着为莱阳教育负责、为莱阳教师负责、为莱阳学生负责的态度，把能力提升工程实施好，推动信息技术与教育教学融合创新发展取得新成效。不为失败找借口，只为成功找方法。

20210929　在县域推进"德融数理·知行合一"德育新模式现场会的致辞

知者行之始，行者知之成

为深入学习贯彻新时代党的教育方针和立德树人根本任务，我们在2021年4月组织部分校长、教科研负责人去烟台开发区参加"烟台市区域推进'德融数理·知行合一'德育新模式深化研究现场会"，6月组织中小学骨干教师赴海阳观摩"2021年烟台市中小学德融数理优质课"，在前期学习和探索的基础上，根据烟台的统一部署，经研究决定，在莱阳区域推进"德融数理·知行合一"德育新模式研究和实验，这也是组织今天现场会的初心和使命。

一、加强组织领导，开展校本学习

各学校在今天会后，要组织教师认真学习《关于深化"德融数理·知行合一"德育新模式研究的实施方案》（烟教科发〔2020〕19号）和《关于推介烟台开发区"德融数理·知行合一"德育新模式研究成果的通知》（烟教科院理函〔2021〕7号），学习莱阳教科研中心下发的《莱阳市县域推进"德融数理·知行合一"德育新模式的实施方案》，深刻领会"德融数理·知行合一"德育新模式的内涵、三种课型及操作模式的基本要领，并遵照实施方案精神、参照烟台开发区经验成果，认真执行。

二、了解研究路径，明确推进方式

莱阳教科研中心将严格落实烟台的要求，以专项课题和优质课评选为基本推进方式。

积极准备"德融数理·知行合一"德育新模式莱阳市级专项课题的研究和申报，择优推荐烟台。烟台市级"德融数理优质课"隔一年评选一次，优质课采取逐级选拔、逐层推选方式，名额集中于实验学校和实验教师，实验教师由各学校自定。

本次实验学校、专项课题的申报，是将实验学校申报与课题申报结合起来，同步进行，实验学校才有申报专项课题资格，有专项课题研究才能申报实验学校。采取自愿原则，自主申报，逐级推荐，专项课题原则上每校不超过1项，教职工200人以上不超2项。

各学校根据今天的会议精神以及《实施方案》中的"研究方向及选题"的要求，认真填写《莱阳市"德融数理·知行合一"德育新模式实验学校申报表》《莱阳市"德融数理·知行合一"德育新模式实验学校汇总表》《"德融数理"专项课题申请书》《"德融数理"专项课题信息汇总表》4个表格。

三、树立典型带动，加强引导支持

坚持边实践边研究、边总结边推广的原则，推出莱阳实验学校层面、实验教师层面的典型做法，以及"德融数理·知行合一"德育新模式示范课，以点带面、点面结合，力求全市各学校、各学科都历经相对完整的研究过程，以实现区域内城乡、校际全面铺开、同步发展。

20211008　在莱阳市"幼小科学衔接"会议上的讲话

指向"科学""有效"，促进幼小衔接

学期初，教科研中心下发了《莱阳市幼小科学衔接指导意见》，旨在遵循儿童身心发展、教育发展的规律，进一步规范"幼小衔接"，推进小学"零起点"教学，启动实施入学适应教育，以新的发展理念着力提高教育质量，促进儿童德智体美劳全面发展和身心健康成长。

《意见》中，我们从小学教育教学管理的角度，提出各项要求，并制定下发《小学一年级语文"零起点"教学标准》《小学一年级数学"零起点"教学标准》，对学校的学科教学进行课时细化，确保教学进度合理、科学推进，一系列的有效措施，为幼小平稳过渡提供业务支持。

我从以下几个方面提出要求：

一、加强学习培训，提高思想认识

科学衔接，理念先行。各学校要组织一年级教师认真学习上级文件精神，从根本上转变教育观念，端正教育思想，充分认识到实施"零起点"教学的重要意义，准确把握幼小衔接的重要内涵。要制定一年级教师培训方案，组织一年级教师开展儿童心理发展、教育理念等专题培训，切实提高一年级教

师的幼小衔接专业水平和教育能力。

二、设置入学适应期，搭建成长过渡阶梯

各小学应将帮助新生顺利适应小学生活作为一年级重要教育任务，将一年级上学期设置为入学适应期，将入学适应教育纳入一年级教育教学计划。按照教育部《小学入学适应教育指导要点》，围绕身心适应、生活适应、社会适应和学习适应四个方面开展幼小衔接教育活动。科学安排一年级学生的学习生活，结合小学新生的年龄特点，制定入学初期的学习和生活制度。遵循新生身心发展水平，科学设计教育教学活动，合理安排作息时间。[①]

三、严格执行课程计划，实施"零起点"教学

严格遵照《义务教育课程标准》，坚持"零起点"教学。按规定开齐课程、上足课时，严禁随意增减课程和课时，体现教育规律，避免拔苗助长的过度教育。严格按照教科研中心下发的小学一年级语文、数学"零起点"教学标准，调整一年级课程安排，合理安排内容梯度，减缓教学进度。课堂活动的设计和组织要遵循新生的年龄特征、心理特征和认知发展水平，要充分尊重新生的基础差异，为每位新生创设一个公平学习和成长的环境。

四、营造轻松愉悦氛围，开展丰富多彩活动

创设与幼儿园相衔接的班级环境，营造包容和支持的心理氛围，最大程度消除儿童的陌生体验和不适应。倡导课程整合教学，积极开发主题式课程，以丰富多彩的主题活动为载体，开展兴趣小组、社团活动，为学生营造宽松、愉悦的学校生活氛围。教师可通过游戏、情景模拟、竞赛、儿歌、讲故事、角色扮演等形式，带领新生参与到各种实践活动中来，通过体验、感悟达成

---

① 曹楠、吴荔红：《澄清与化解：基于家长视角对幼小衔接现实困惑的思考》，《教育探究》2021年第6期，第1页。

教育目标。

五、加强教学方式研究，开展联合教研活动

改革一年级教育管理、教学方式，提供一定数量的图画书、玩具和操作材料，帮助儿童逐步适应从游戏活动为主向课堂教学为主的转变，强化以儿童为主体的探究性、体验式学习，为每个儿童搭建成长适应的阶梯。各学校要与辖区内的幼儿园组建幼小衔接教研共同体，实现双向对接，建立幼小互访制度，鼓励小学一年级教师走进幼儿园听课，采用主题教研、联合备课、教学展示、经验交流、项目研究等多种方式，与幼儿教师协同开展以入学适应教育为主题的联合教研活动。实验学校要支持教师加强儿童发展、课程衔接、教学实施、家长工作等方面的研究与探索，做好课题研究，及时总结提炼好做法、好经验。

六、关注心理健康疏导，建立家校共育机制

做好新生入学心理健康教育，关注学生心理波动，开设入学适应心理健康课，从校园学习、行为习惯、人际交往、生活自理、安全自护等方面做好疏导。各小学要积极主动与家长沟通，了解家长的困惑，充分利用家长会、家长开放日、政策宣传、专题报告、专家咨询等形式加强培训宣传，引领家长树立科学的教育理念，消除孩子跟不上的担忧，从而理解、支持并主动参与学校活动。今年前置召开的一年级新生家长会，入学前向家长介绍学校办学条件、教学设施、师资配备、教学理念、教学方式，引导家长与学校配合，共同做好衔接工作，建立良好的家校共育机制，收到了很好的效果。

实施幼小有效科学衔接，是贯彻落实党中央国务院决策部署的必然要求，是建设教育高质量发展、办莱阳满意教育的应有之义，是规范办学行为、减轻学生负担的迫切任务。在当前形势下，我们要提高思想认识，聚焦"科学""有效"这两个关键词，加强课堂教学和课程改革建设，切实担负起业务带动、

教研拉动的职责，进一步推动幼小科学衔接工作高质量推进。

20211015　（初中）"深化区域教研，重构县域联盟共同体"的探索与行动

深化区域教研，重构县域联盟共同体

随着课程改革和课堂教学改革的不断深入，为进一步加强校际间合作与交流，确保教师新的课程理念、新的教学方法、新的教研成果能迅速地内化为教师的教学行为，发挥区域内名师、学科带头人等骨干教师的示范引领作用，合理有效地利用区域内教学资源，实现教研联动、资源共享、优势互补、共同发展。莱阳市教育科学研究中心在原有的区域联合教研的基础上，重构县域教研联盟共同体，力争在全市各学校形成浓厚的教学研究氛围，推动区域内学校均衡、优质发展。

一、组织机构

莱阳教科研中心设县域联盟共同体指导小组，指导小组安排两名教研员为正、副组长，负责组织协调各学科教研联盟共同体活动的开展。语文、数学、英语、物理、化学、生物、道德与法治、历史、地理、信息10个学科教研员为教研联盟共同体指导成员。

划分县域教研联盟共同体，确定教研联盟共同体中心校、成员校、负责人。

各教研联盟共同体学科负责人由教研联盟共同体中心校相应学科组长承担。

二、运行机制

（一）教研联盟共同体运行机制

各教研联盟共同体的运行实行区域中心校负责制，由教研联盟共同体中心校牵头组织相关区域活动。各成员校每年8月最后一周向联盟共同体中心校和教科研中心指导组上报学年度教研项目，中心校择优选取优秀项目编入教研联盟共同体计划，并于每年9月第二周下发教研联盟共同体学期教研计划。除学科联合教研外，教研联盟共同体内学校每学年组织至少一次综合教研活动。

（二）教育科学研究中心运行机制

课堂是教学改革的主阵地，是教师专业提升的落脚点；课例既是教师的教学设计又是对教师教学发生过程的一种真实记录，其间凝聚着教师的智慧和对教育理念与价值的现实追求。因此，联盟共同体的教研活动要以课堂为阵地，以课例为主要研究对象，以联盟教研为载体，用教研促进区域教师专业发展。教科研中心主要运行机制如下：

1. 立足"校本教研"，助推课堂改革落地生根

首先由各学科教研员根据各自学科的特点和内容，确立本学科多样化的教研主题，各学校根据学校实际自选主题并拟定好教研计划，开展第一轮的校本教研活动。活动以课例为载体，聚焦常规课堂，以"基于学科核心素养课堂教学改革"为突破口，发挥骨干教师的潜能，打磨示范课例，组织教师开展好校本研讨，实现"一人授课，全员成长"，要将"参与必有所获""进步即是成果"的观念贯彻始终，要从构建一个单元的一次教研、改变一个教师的一堂课、优化一堂课的一个细节做起，引导更多的教师主动发展。其次，在教研活动时，要有中心发言人，中心发言人围绕教研活动的"主题"设计核心问题，引发思考，所有参与的教师应尽量表达自己的观点和意见，既要深入"主题"核心，也要谈到实质问题，多提建议和意见，让参与教研活动的教师研而有获，与骨干教师实现同步成长。学科教研员每次都全程参与学

校的教研活动，把准方向，适时点拨、提升和引领，与教师们共研共思，出谋划策，使每一学科都有实打实的课堂教学研究，有更多的教师参与其中，发生真正的交流、沟通、碰撞，助推课堂改革落地生根。

2.聚力教研联盟共同体，打造精品课堂

各校经过校本教研锤炼出来的优秀课堂范例要参与到教研联盟共同体教研中来。教研联盟共同体负责校需要全面部署教研联盟共同体的大教研活动，合理规划活动的内容和范围，真正利用好教研联盟共同体各学校的优质资源，让校际之间有更加密切的交流。此过程中，学科教研员分区域进行指导，对各教研联盟共同体成员校优秀课堂范例和优秀教研模式再次研讨打磨，打造区域内精品课堂。教研联盟共同体规模扩大，教研人数增多，使教研氛围更浓厚。在实施观课议课活动中，听课的人数越多，上课人的信心指数也会越高；评课人员增多了，评课的教师们就会毫无顾忌地参与，积极性得到提高，教研联盟共同体教师之间不会顾虑太多，评课时往往可以直言。同时，学校不一样，教学思想也不一样，评价的内容、方式都不一样，就容易形成争论；争论越多，思想的火花越亮，听课的教师所得到的东西就越多；教研联盟共同体成员在专题讨论中互助，相互听课后交流，检查教案后反馈，教师们能在这种思维对话中分享经验、互相学习、彼此支持、共同成长。在这种氛围中，老教师丰富的经验、一丝不苟的工作作风与青年教师先进的理念、敢于创新的冲劲相互交融、相得益彰，使教师的课堂真正成为精品课堂。

3.同课异构，形成多样化课堂改革模式

教研联盟共同体为学校与学校之间，教师与教师之间搭建了沟通交流的平台，为进一步发挥骨干教师的专业引领作用，将"校本教研"和"教研联盟共同体"共同研讨、多次打磨的示范课例，通过现场观摩活动，采用同课异构方式，面向全市学科教师进行展示及培训活动，共享研究成果。教科研中心分学科组织现场会，推荐中心发言人对不同共同体的"同课异构"进行点评，梳理基本模式，解读设计理念，同时引发教师的进一步思考和论证，引领教师反观自我课堂，比对不足，寻找差距，明晰课堂改革的基本模式和操作流程。观摩活动既加强了教师间的交流与沟通，同时对参与教师进行潜移默化的培训，达到了教研联盟共同体"学习交流、共同探讨、共同提高、资源共享"的宗旨，形成多样化课堂改革模式。

三、整体谋划

为确保县域教研联盟共同体不断深化，提高区域教研工作的针对性和实效性，盘活我市区域教育资源，激发学校和教师的创造力，教科研中心拟将县域教研联盟共同体分四阶段实施。

（一）准备阶段

"四会"并举，做好宣传发动工作：一是召开教研联盟共同体中心校负责人会议；二是分区域召开联盟共同体成员校负责人会议；三是分学科召开学科教研组长会议；四是分学科召开骨干教师会议。

（二）第一阶段（至2021年底）

本阶段"校本教研"与"教研联盟共同体"有机结合，聚焦常规课堂，借一年一度的教学大比武时机，研磨出各学科各"教研主题"的示范课例，并集体研讨学习，进一步明晰具有各学科特色主题的课堂教学模式，构建学科核心素养下的课堂教学改革有效路径。主要是以学科为单位，围绕大概念、单元或者主题，整体规划单元教学活动（从知识单元走向生活单元）。各学科要形成基于大概念、单元或者主题的课堂教学结构和整体教学样本，初步形成基于大概念、单元或者主题的整体教学的模式和策略。此阶段各学科要形成一整套较为成熟的教学策略（体系），并据此提炼成为反哺实践的学科教学常规。在此基础上，教科研中心统一就各教研联盟共同体研磨的课例进行打磨、指导，分区域开展阶段成果展示会和现场会。

（三）第二阶段（至2022年底）

本阶段各学科要在完成前一阶段研究成果的基础上持续强化学科研究的重点和难点，本阶段的任务是做好重点研究项目的专项提升与协同推广。各学科要将一线教师探索形成的经验、案例、课例等进行重点提升，将先前探索形成的模式、策略等进行重点转化，形成学科多样化课堂改革新模式。此阶段教科研中心实施过关达标课验收活动，随机抽取40周岁以下的教师进行课堂诊断，开展教研联盟共同体间观摩现场会，形成基于学科核心素养的课堂改革典型案例。

（四）第三阶段（2023年1月以后）

本阶段结合前面"教研联盟共同体"形成的成熟的教学理念和模式进行全员覆盖，教科研中心汇总联盟共同体各学科基于核心素养的优秀的教学案例和成功的教研模式，在全市范围内推广，并实施全员过关达标课验收，面向学校全员教师，随机抽取，进行课堂诊断和等级评价，并将其纳入学校教研专项评价。

四、保障措施

（一）制度保障

成立了以教科研中心主任为组长、分管主任为副组长的指导小组。教科研中心统筹安排全市各学科联盟共同体教研日程，保证每周各学科有一上午的联盟共同体的教研时间，并下发联盟共同体的教研日程，为联盟共同体的教研顺利进行提供了时间、制度保障。教科研中心对各联盟共同体各成员校组织、实施、效果等教研情况每年一次集中考核，纳入学校整体评价中。

（二）组织协调

每个教研联盟共同体自行形成校教研联盟共同体领导小组，由中心校负责协调、组织、安排共同体内部的教研活动，要求每次活动校长必须参与。

（三）网络支持

每个教研联盟共同体各学科成立网络交流协作组，教科研中心各学科教研员开通总的学科微信群、QQ群。教研联盟共同体各学科负责人负责发起阶段性教研课题，便于其他教师开展校本教研，为集中联合教研提供一手材料或案例。学科教研员通过微信群、QQ群，随时解答各教研联盟共同体的即时问题及教师平日教学实践中随时碰到的问题，同时负责收集、上传一些好的教育资源供各共同体和教师共享、使用。同时，各教研联盟共同体上传每次联盟共同体的教研活动总结，供其他教研联盟共同体学习、借鉴。

20211205 （小学）"创新联盟教研模式，构建县域教研新格局"的探索与行动

创新联盟教研模式，构建县域教研新格局

为全面提高教育教学质量，合理有效地利用区域内教育教学资源，进一步推进区域、校际间优质均衡发展，实现教研联动、资源共享、优势互补、共同发展，莱阳市教育科学研究中心小学室创新联盟教研模式，实施强校扩优行动，完善教研协作机制，在优质均衡发展之路上努力展现新样态。

一、强弱结对，构建"五横三纵"八大联盟

按照莱阳市小学教育发展的实际情况，以学校管理、教育质量和校际距离等为依据，把全市小学分为两大联盟：城区联盟和乡镇联盟。城区学校中遴选五个教学理念先进、管理制度完备、教学质量高的优质学校作为龙头，各带动两所城区学校，建立"1+2"教研共同体，形成"五横"联盟；乡镇学校依据地域分布特点，遴选三所乡镇龙头学校分别带动七所发展中学校，建立"1+7"教研共同体，形成"三纵"联盟。

"五横三纵"联盟组成发展共同体，开展教研活动，实现"骨干交流，教研共建，特色互补，文化渗透"，让更多的优质资源得以盘活、扩大与辐射，使校际间的教研差距逐步缩小，开创联盟成员校共赢的新局面。

二、组织架构，为联盟教研提供行政支持

教科研中心成立联盟指导小组，由教研员担任督导员，负责组织协调各学科教研联盟活动的开展，做好指导和服务。

各联盟成立领导小组，以龙头学校校长为负责人，成员由联盟内各学校校长、教学副校长组成，实行共商协作管理机制，负责区域联盟的组织、协调工作。龙头学校负责组织、主持联盟小组会议，研究和策划区域联盟行动方案、活动计划；联盟成员校教学副校长负责落实行动方案和活动计划，开展教学研究工作。[①]

联盟教研从教科研中心到学校，形成一个垂直的组织架构，分级落实，明确任务，落实责任，切实增强联盟的使命担当。

三、课例精磨，开启线上线下联合教研

课堂是教学改革的主阵地，是教师专业提升的落脚点；课例是教师的教学设计，又是对教师教学发生过程的一种真实记录。联盟教研以课堂教学为阵地，聚焦课例研究，开展基于学科核心素养的高效课堂示范课例研磨活动，通过不同层面的两轮课例打磨，实现区域内全体教师专业发展。

（一）校本教研，激活校内教研氛围

各学科教研员确立多样化的教研主题，学校根据实际自选主题并拟定好教研计划，开展第一轮校本教研活动。活动以课例为载体，聚焦常规课堂，以"基于学科核心素养课堂教学改革"为突破口，发挥骨干教师的潜能，打磨示范课例，组织教师开展校本研讨，实现"一人授课，全员成长"，引导更多教师主动发展。

教研活动中，由中心发言人围绕教研活动的"主题"设计核心问题，引发思考，所有参与的教师表达自己的观点和意见，深入"主题"核心，谈实

---

① 刘一柱：《"区域教研联盟 2.0"的构建和实践》，《师道：教研》2019 年 10 月，第 1 页。

质问题，提意见和建议，最终实现参与教师研而有获，与骨干教师同步成长。

学科教研员全程参与各学校的教研活动，把准方向，适时点拨、提升和引领，与老师们齐研共思，使学科有实打实的课堂教学研究，有更多的教师参与其中，发生真正的交流、沟通、碰撞。

（二）联盟教研，助推课堂改革落地

联盟负责校全面部署联盟教研活动，合理规划活动的内容和范围，开展线上线下教研活动。线上随时教研，常态交流；线下面对面思维碰撞，让校际之间的交流进一步融合、创生和发展。

联盟教研时，来自不同学校的教师分享经验、互相学习、彼此支持、共同成长。在这种氛围中，老教师丰富的经验、一丝不苟的工作作风与青年教师先进的理念、敢于创新的冲劲相互交融、相得益彰。加之学科教研员高屋建瓴的指导、引领，各联盟校的优秀课堂范例和优秀教研模式得以再次提升。

四、资源共享，多线并进推广研究成果

"校本教研"和"联盟教研"共同研讨、多次打磨的示范课例，面向全市学科教师通过现场会进行巡回展示及培训活动，线上、线下多元并进，共享研究成果。

教科研中心小学室根据研究主题，分学科组织多场次教研活动，搭建平台，让更多教师得到展示和锻炼；组织学校骨干教师和35周岁以下的年轻教师，全程参与，持续研究，让研究成果惠及更多的教师，借力观摩活动实现专业成长。

研讨活动确立中心发言人，引导观摩教师对优质课例进行点评，研究设计背后的意图和理念，梳理基本模式，引发教师进一步思考和论证，反观自我课堂，比对不足，寻找差距，明晰课堂改革的基本模式和操作流程。

展示推广活动既加强了教师间的交流与沟通，同时对参与教师进行潜移默化的培训，达成联盟教研"学习交流、共同探讨、共同提高、资源共享"的宗旨，骨干教师起到了最大化引领辐射的作用。

推介会后，精磨课例仍要继续，各教研联盟将提炼形成不同主题的较为成熟的教学范式，并据此提炼成为反哺实践的学科教学模式，推广到联盟教研网络平台，形成共享资源，为老师们的日常教学提供可借鉴的范本。

平台已搭建，教研在路上……我们的联盟教研从课例研磨这一小切口深入，进行课堂教学的深度探讨，开启联盟结对发展，打造优质课堂资源，进一步提升教师的专业化水平，弥补校际、城乡教研短板，带动学校教研活动的开展，让莱阳小学教研的优质均衡发展再上一层楼。

第八章　遵循研教相融

20210527　在烟台市"十三五"规划课题结题培训现场会上的开幕致辞

共通·共融·共赢

在这个绿树浓荫夏日长、满架蔷薇处处香的季节，很高兴、也很荣幸，烟台教科院的领导为我们提供这样一个机会、搭建这样一个平台，使全市近300名热爱教科研工作的教育人相聚梨乡莱阳。

教育是国之大计，党之大计。教师肩负着新时代办好优质教育的重大使命，是推进全市教育改革发展的主力军、生力军。只有高水平的教师，才能有高质量的教育；只有一流的教师，才能有一流的教育！一直以来，老师们以开拓创新的精神，勇于拼搏，积极探索，有效推进了教育教学的改革与发展。"十三五"期间，大家更是紧密联系教育教学实际，以求真务实的精神，用教研引领教改，为烟台教育的发展积蓄了强劲的后势。群星竞相闪烁，方有夜空的美丽；百川齐聚东流，才有沧海的壮观，是全体教师的智慧和汗水，凝结成"十三五"教科研工作的累累硕果。

2021年是"十四五"规划的开局之年，正值建党百年，面对新的发展形势和历史机遇，伴随教育改革持续深入推进，希望广大教师能够牢记使命，勇担重任、加强学习、提高素养，做终身学习的典范；也希望大家与时俱进、锐意创新，开拓进取，切实增强责任感和使命感，做教书育人的楷模！

什么是教育？必须是用生命来影响生命；什么是教科研？应该是以智慧来开启智慧！正是今天这样的教育、教学、教研的展示、培训活动，让我们兄弟县、市、区之间有了更多的交流、互动、碰撞，从而达到共通、共融、共赢的效果。我们衷心感谢市教育局、教科院组织开展的这些常态化、多层次、全方位的活动，推动了区域教育的内涵式发展。目前，莱阳中小学有6.7万名在校学子，我们同时也肩负着89万梨乡人民的重托，可谓任重道远。我们有信心、也有决心以兄弟县市区为榜样，攻坚克难、奋进赶超。但要达到这个目标，还要付出艰辛的努力和奋斗；要实现这个目标的动力，只能是改革创新，科研引领。课程改革的核心在于课堂改革，课堂改革的核心在于教师专业发展，这是一个大命题，希望我们的老师能够少一点急功近利，多一些精神价值，潜心研究、用心育人，让更多的孩子，因我们的教育，拥有更加美好的人生。

祝愿在座的各位领导和老师精神高贵、智慧卓越、情感丰满，争创一流业绩，为教育事业的发展贡献自己的力量！

20210702　在烟台市第九届教育科研工作大会上的经验交流

强化教科研职能，推动教育内涵式发展

莱阳，被誉为镶嵌在胶东半岛腹地的一颗璀璨明珠，辖区面积1732平方千米，人口86.8万，海岸线长27.5千米。素有"中国梨乡""中国恐龙之乡""中国书法之乡""螳螂拳发源地"等独具魅力的美誉，文化底蕴深厚。拥有白垩纪国家地质公园、濯村、梨乡风情旅游区、娘娘山等一批具有地方文化特色的旅游景区。全市共有中小学校63所，学生6.68万人，其中

职业中专1所；公办小学24所、初中35所、高中3所；特殊教育学校1所；竞技体育学校1所；义务教育段民办学校2所，全日制在校学生1853人；校外培训机构152所；幼儿园119所，在园幼儿2万余人。

近年来，市教育和体育局带领全系统上下以习近平新时代中国特色社会主义思想为指导，认真贯彻落实国家、省、市教育规划纲要，以立德树人为根本任务，以提升教育质量、推进教育公平为主线，全力打赢疫情防控阻击战，走内涵发展、特色发展、均衡发展之路，迈出了推动教育高质量发展的坚实步伐。在烟台市教育局、教科院的正确指导和大力支持下，我们紧紧围绕"教科研为先导，教研科研一起抓，科研教研一体化"的工作思路，以科研带动教研，以教研促进科研，实现了教育教学质量的稳步提升。

一、凝心聚力，构建科研教研一体化格局

随着教育改革的不断深入，教科研在教育发展中的基础性、战略性、先导性作用日趋明显。基于以上认识，我们以科研为先导，教研为基础，以科研带教研，以教研促科研，建立起科研教研一体化工作格局。

（一）构建科研教研一体化工作机制

2020年末、2021年初，我们整合了教研室、教师培训中心、教科室、职教室四个科室的职能，完成机构改革，成立了莱阳市教育科学研究中心，充实工作人员，发挥职能作用，加强了对全市教育科研工作的指导。全市各级各类学校也设立了职能完备的教科室，配齐了专门人员，在全市范围内构建起以教科研中心为龙头，以教科研人员为主体，以校级教科室为依托，以课程改革为重点，以课题研究为纽带的教育科研体系。

（二）大力实施"校长+"课题工程

校长必须率先垂范，做教科研的引领者。我们倡导校长亲自主持或承担课题研究。经过几年的努力，各级各类学校的教科研氛围日渐浓厚，逐步形成了校长带头、人人参与的良好局面。目前，我市有40多名校长担任各级各类课题研究主持人。与此同时，我们鼓励学校从教科研视角做好顶层设计，

选择既有前瞻性又能解决学校实际问题的研究课题，在教师中形成"人人有课题，个个在研究"的教研氛围。

（三）积极打造家校协同育人联合体

我们成立家庭教育研究指导中心，整体部署全市家庭教育工作；全市所有学校都成立了家长学校，莱阳有16所学校被授予烟台市级家庭教育示范校，家长深度参与学校管理，形成家校育人合力；优化全市家庭教育兼职教研员队伍，先后选拔培养了11名烟台市级家庭教育兼职教研员，为基层学校提供家庭教育方法和理论支持；完善家庭教育专家讲师团、"家庭教育指导"教师工作室，成员全部持证上岗，每月组织一期宣讲团进校园活动，给家长带去先进的家庭教育理念。与此同时，我们通过班主任论坛、班主任沙龙、主题讨论会等方式沟通交流，发挥班主任桥梁作用，为做好家庭教育出谋划策。

二、建章立制，强化科研教研规范化管理

为了把科教研一体化战略落实到位，有效克服当前中小学教科研工作中普遍存在的重立项轻研究、重结果轻过程，盲目追求课题的级别与档次的现实功利，提高教科研的实用性和有效性，我们采取了一系列措施，完善了科教研管理制度，使科研和教研工作有章可循。

（一）精确定位，健全课题管理制度

为避免课题研究"开头轰、中间松、成果空"的形式主义，我们重视课题研究的过程管理。要求每个课题组都要做到月月实验、季度研讨、学期总结，留好留足实验和研讨记录等的第一手资料。主持人申请成果鉴定时，除上缴鉴定申请书、研究报告等材料外，要同时提供课题研究核心成果发表材料，对于资料不实、不丰富的课题不予结题。对弄虚作假、敷衍了事的，取消申请新的研究课题的资格。

（二）精准发力，完善常规管理制度

完善《莱阳市中小学教学工作常规规范》，细化《教学常规专项督导细

则》，突出常规管理的重点和常规管理的全环节，形成精细化常规管理制度，做到有章程可依、有标准可循；定时和不定时对全市中小学教学常规工作进行专项检查、调研，形成学年度督导报告，对学校常规管理存在的问题给出指导建议和整改方案。规范教学行为，加强教学常规管理，为全市教育教学质量提升提供制度保障。

（三）精细指导，加强联系学校制度

出台了《关于教研员联系学校工作制度》，根植一线，下移教研工作重心，实施"精准教研"战略，针对不同学校的教育生态环境、教研文化背景、师资力量和学生群体，实施精确定位、精确扶弱、精确管理，切实解决基层学校的教育教学实际问题；聚焦课堂，深度剖析教学中实际存在的问题，并为学校教学决策提供合理化建议，增强针对性，突出协作性，提高实效性；通过跟进式指导，加强对青年教师的培养，加快一线教师的专业成长步伐，推动全市教学质量的优质、均衡发展。

三、固本培元，助力教师队伍专业化进程

先后出台了《关于加强教育科研队伍建设的意见》《1+1+1学习方案》《莱阳市教育和体育局关于校长学习机制的方案》等文件，从组织管理、督导评估等方面，助推教师专业化发展。

（一）坚持不懈地推进全市教师读书工程

读书可以作为教师最基础的教育科研，为促进全市广大教师专业成长，我们将每年9月作为全市教育系统读书月，在全市中小学开展读书活动。以全民阅读促进教师专业成长，营造学校、家庭和社会浓厚的书香氛围，尽力推动"以阅读的方式改变教育"。"1+1+1"学习方案，更是用行政的力量，强迫教科研人员读书学习，厚重底蕴，从而更好地引领学科教学和教师的专业成长。莱阳先后有5位教师出版了教学专著；遴选出8所学校，申报成为烟台市首批阅读工程实验学校；推选的9个课题被烟台市教育科学"十三五"规划课题《烟台市中小学语文单元拓展整合阅读工程》立项为子课题，23名

教师成为烟台市中小学语文单元拓展整合阅读工程骨干实验教师。

（二）坚定不移地实施骨干教师培养工程

我们积极打造骨干教师队伍，通过教学能手、名师名校长名班主任建设工程人选的评选等活动，加快我市中青年骨干教师的梯队培养，建设有理想、有追求、讲奉献的骨干教师队伍；以名师名校长名班主任工作室、新教师培训、乡村教师培训、面对面培训、远程研修等活动为依托，充分发挥骨干教师的示范引领、辐射带动作用，促进全市校长、教师队伍整体素质提升。为加快教育科研队伍的专业成长，将课题研究与骨干教师培养紧密结合，在每年的小课题申报立项时给予优先支持、重点指导。坚持"走出去、请进来"，定期组织科研骨干教师、校长到国内名校参观学习，开阔视野、提升境界、增长才干。同时，加强专家引领指导，利用假期培训等平台先后邀请全国知名教育专家前来讲座，不断提升干部教师的专业素养。

（三）坚决有力地落实心理健康教育工程

为切实加强全市教师的心理健康，消除职业倦怠，增强职业幸福，我们在全系统扎实推进关爱行动，关注教师的心理健康，努力让老师们不仅热爱工作，而且能够享受工作，享受职业的荣光和工作本身带来的获得感、价值感和尊严感。成立了全市教师心理沙龙，300名会员涵盖全市中小学校和幼儿园，成为全市心理健康教育的主力军。每学期2次的大型团体活动，给全市中小学专兼职心理教师搭建了成长平台。目前，全市持有国家级心理咨询师资格证的教师达150人，11人入选烟台市心理教育骨干队伍。全市各学校都设立了心理健康活动室，并配齐了专兼职教师，从教师、家长和学生三个方面加强了心理疏导和提升。实验幼儿园、盛隆小学、古柳中心初中3所学校被评为"山东省家庭教育示范基地"，莱阳九中、实验中学、西关小学等15所学校被评为"山东省心理健康教育先进单位"。

四、深耕厚植，推动梨乡教育内涵式发展

我们以校本研究为抓手，以提高教师的专业知识、专业技能、专业品质为核心，在教育研究和教育实践中提升教师的道德力量、创新能力、反思能力和教育智慧，有效促进了广大教师在教育理念、教育技术、教学研究、教学水平等方面自我发展、自我成长和自我提升。

（一）立德树人，素质教育异彩纷呈

以立德树人为根本任务，着力推进全市德育课程一体化建设工作；强化全员育人，实施教育教学全过程育德，使社会主义核心价值观内化为广大中小学生的精神追求、外化为自觉行动，培好根、铸好魂。我们重视科技教育、体育及文化艺术教育，通过组织举办各种文化艺术节、运动会、科技节、艺术展演等师生喜闻乐见的活动，为全市师生搭建呈现办学特色和展示素质教育成果的平台。2021年5月，莱阳承办了烟台市"十三五"规划课题结题培训会现场，莱阳市文昌小学会场呈现的就是以"十三五"课题为依托，开发的部分劳动教育课程和综合实践活动的研究成果。我们还组织开展了"勤动手，百花放"中小学多彩实践节，被烟台教育网和中国教育新闻网报道，在烟台综合实践优质课评选中，莱阳也获得了3个一等奖、5个二等奖、2个三等奖的好成绩。

（二）重点落实，推进核心素养课堂改革

组织了基于学科核心素养的课堂教学改革专项课题申报论证会，举行了全市各学科课堂教学改革推进会议，为核心素养课堂教学改革提供了范式和引领。结合基于学科核心素养的课堂教学改革，进行课程资源评选及课堂教学大比武。莱阳承办了9个学科的烟台市级课堂教学大比武，获得一等奖27人、二等奖46人、三等奖32人。

（三）聚焦实效，实现区域联合教研

教科研中心出台了《莱阳市义务教育阶段区域联合教研实施方案》，从指导思想、工作目标、措施保证、区域划分及责任分工等方面都做了具体要求。通过区域联合教研，定期进行研讨交流，合作开展教学研究，做到资源共享、优势互补、集体攻关，从而实现共同提高。小学将全市各学校划分为五大片区，每个联谊片区由一名教研员组织协调，开展案例分析、课题研讨等多种方式的教研活动。初中落实教研员区域教研负责制及区域中心校负责制。每个区域安排2名教研员具体负责，指导、协调、参与区域联合教研活动。高中室分三组对一中、九中和四中进行无缝对接，重点推进"培优促尖工程"，配合学校做好优生培养工作。

（四）以点带面，提升教育科研品质

全市各学校牢固树立"重科研、强管理、创特色"的办学思路。在烟台市第二届教学成果评选中，府前中学、西关小学、万第中心初中等10余所学校的15项研究成果获奖；在山东省第一届教育科学研究优秀成果评选中，莱阳九中研究成果荣获二等奖，第二实验小学研究成果荣获三等奖；开发区中学参评的"初中'导师引领'个性化育人实践"成果先后荣获山东省2018年基础教育教学成果特等奖、国家级教学成果二等奖。在"科研名校"带动下，莱阳四中、实验二中、柏林庄中心初中、文昌小学、实验幼儿园等一批科研特色学校如春起之苗，日渐增长。

我们深知，这些成绩的取得，得益于烟台教育局、烟台教科院领导和专家的正确指导和大力支持，得益于兄弟区市的鼎力帮助，得益于全市广大教育科研工作者的共同努力。与兄弟县、市、区相比，我们的教科研工作还存在很大的差距，主要的问题有三点：一是科研和教研还存在"脱节"的现象，没有真正契合；二是教育科研发展极不均衡；三是没有把教育科研全面转化成促进教育质量提升的"生产力"。因为有问题有不足，所以我们才有提升和进步的空间，我们有信心、有决心、有勇气、有能力在今后的工作中积极谋划，认真解决。

烟台市第九届教育科研工作会议的召开，不仅为与会的教科研工作者搭建了一个相互交流的广阔平台，也为我们创造了一次难得的学习机会，对于推动我市教育事业发展具有十分重要的意义。我们将把全市第九届教育科研工作会议作为莱阳教科研工作发展的新起点，坚持教科研为教师专业成长服务、为基层教育教学服务的初心和使命，强基提质，扶犁深耕，探索教科研规律，提高教科研水平，推动莱阳教育事业的发展。

| 第八章　遵循研教相融 |

20210927　关于"十四五"差异教育课题研究方向的设想和建议

厚植深耕，强基提质

感谢教科院领导给我们这次机会，向在座的各位教科研大咖学习，交流我们的设想和建议，从而为再续烟台差异教育研究的第六个"精彩的五年"，贡献莱阳智慧，给出我们县域的一分力量。

在差异教育原理研究方面，我们已经做出来的初步成型的成果有：《差异教育的知识观》《差异教育的学生观》《差异教育视域下"教"与"学"的关系探析》《面向差异：对话教学的发展趋势研究》。按照"十三五"课题研究方案的要求，我们尚未完成的是：《差异教育的课程观》《差异教育的学校观》《差异教育的教师观》，这是"十四五"期间我们想继续坚持的研究方向。不过我是"课程论"方面的小白，现在正在补落下的课，所以也渴望得到教科院领导以及在座各位专家的点拨。

一提及学生的差异，我们往往会想到个体与个体间相较而言的差异，以及如何以这些差异为逻辑起点，促进学生的身心健康发展。不过，我们是不是可以把群体性的差异作为一个研究方向呢？例如，从思维方式上讲，小学一、二年级主要是形象思维，从三年级开始，抽象思维开始逐步发展，到了初三、初四，逻辑思维能力的培养就成了重点。如何利用学科知识的授受，如何通过各种活动的开展，以学段衔接、整体推进、分步开展的方式，促进学生在"关键期"的发展。我们认为，个体在生命纵轴线上不同阶段的发展，也可以成为差异发展的应有之义。

有关课程，大致可归纳为"学科+活动"。美国课程论专家多尔认为，课程不是已经修成的跑道，而是教师和学生"一起奔跑的过程"。这个问题，我在好长一段时间里都是稀里糊涂的。我想：开展活动课程、综合实践课程时，课程开发可以及时回应学生"我想""我愿意"等苗头性想法，这时课程就具有了生成性，课程建设的过程就成了师生生命成长意义上的"一起奔跑"的过程。可是，语、数、外、理、化、政等学科课程，已经具有了完成性，教师必须贯彻落实。在这种情况下，如何赋予具有完成性的学科课程以未完成性，如何让于教师而言已经具有完成性的课程知识变成学生对知识的"再生产"过程，或者说如何让学生在既定的课程跑道中跑出"属于自己的精彩"，就成了一个大问题。这不仅仅是同质、异质分组的问题，也不仅仅是课堂是否翻转的问题。在这个思想框架下，是否可以拓展出新的实践路径呢？

还有，我们先前的研究内容基本上是围绕"教学论""认知论"和"课程论"展开的。既然教育不等同于学校教育，个体成长不等同于学习，认知发展规律不等同于生命成长规律，课程跑道的预设性不能简化掉生命成长的复杂性，那么我们是不是可以把心理健康教育、家校协同育人一起纳入差异教育的研究范畴呢？

以上是我的一些不成熟的想法和看法，不当之处，恳请各位批评指正。

20220105 莱阳教科研中心申报山东省首批基础教育教研基地的论证报告

创新教研范式，提升科研品质

一、总体目标

莱阳教科研中心将围绕立德树人根本任务，以教研项目研究为引领，探索和解决中小学教育教学中的难点问题，推动育人方式深入改革。充分发挥基地在三级教研联动机制中的汇聚作用，建设若干高水平研究团队。促进教学理论创新和实践应用，培育和推广一批具有较大影响力的创新性研究成果。

二、发展规划

莱阳市教育科学研究中心全面贯彻党的教育方针，扎实推进基于学科核心素养的课堂教学改革，围绕优化教师教学方式和学生学习方式，积极开展"新时代教学方式变革与运用"的教改实验，切实提高我市基础教育教学质量。高度重视教师专业发展，在名师培育、骨干教师培养、新教师培训等方面积极作为，逐步构建起"教研+科研+培训"的"研训一体"培训体系，为莱阳教育高质量发展赋能。

（一）打造党建品牌，为干事创业稳方向添动力

创建"三合三心·先锋教研"的党建品牌，"三合"指的是"合心、合力、合规"，"三心"指的是"潜心研究、精心指导、诚心服务"。通过加强理论学习和实践应用，促进教研工作与党建工作相融合，创新教研思路，夯实党建基础，打造区域党建教研品牌，为教科研人员端正思想、干事创业把稳方向、增添动力。

（二）开展多元培训，为教师专业发展提供不竭动能

教科研中心组织的培训面向教育干部、骨干教师、新教师、全体教师、教研员等各级各类教师群体，做到不留一处空白。中心各科室根据不同职能，组织对应培训：教研员负责对本学科教师进行面对面全员培训，师训室负责对新教师进行岗前和岗位培训，干训室负责对教育干部和骨干教师进行培训，理论室负责对全体教师进行教科研方面的培训。各科室多元联动，为教师专业发展提供不竭动能。

（三）创新联盟教研范式，为教育教学质量提升夯实基础

充分发挥优质学校的教学改革优秀经验、先进模式、优质资源的带动辐射作用，采用"1+N"联盟教研模式，实行结对协作发展机制，形成"五横三纵"八大紧密的教研共同体，让优质教育资源共享，实现联盟内"骨干交流，教研共建，特色互补，文化渗透"的目标，让更多的优质资源得以盘活，校际教研差距逐步缩小。

（四）实施莱阳教育领军人才培养工程，为教师专业发展搭平台拓渠道

制定下发《莱阳教育领军人才培养工程实施方案》，进一步加强教师队伍建设，全面构建教师专业化成长培养机制，培育和打造一批精于教学、专于研究，能够引领市域基础教育改革发展的教育精英和领军人才。培养工程设教坛新秀、学科带头人、名师（名校长、名班主任）三个梯次。指导名师创建名师工作室，发挥名师示范引领作用。

三、重要举措

莱阳市教育科学研究中心充分发挥"研究·指导·服务·培训"职能，在"教研＋科研＋培训"的"研训一体"指导思想下，有效推进各项工作。

（一）深入推进教学改革，持续开展教育教学质量提升工程

1. 进一步加强基于学科核心素养的课堂教学改革

以烟台市"十四五"规划课堂建设专项课题为抓手，积极探索基于情境、问题导向的互动式、启发式、探究式、体验式等课堂教学模式。

2. 深入推进"新时代教学方式变革与运用"的教改实验

成立教改试验区，分层递进做好教改实验。一是专家引领，做好顶层设计，帮助教师树立先进的教育观念，理解掌握九种教学方式，构建县域教学理论体系；二是积极探索，理论实践相结合，提炼教学方式与实践的学校范式，深化教学方式的变革与运用，培养学生的创新精神和实践能力；三是总结提炼，县域整体推进，探索各学校各学科教学方式的契合点，提炼具有县域特色的教学范式及实践策略，在全市推广应用，为全市教育教学质量提升提供动力支持。

3. 完善"四位一体"能力提升工程 2.0 推进模式

进一步完善培训为手段、督导为抓手、课题为引领、教研为助力的"四位一体"的能力提升工程 2.0 推进模式。建设好市、校两级专家指导团队，做深、做细服务和指导功能。依托市、县两级专项课题研究，边研究、边总结、边推广，充分发挥教科研在理论创新、指导实践等方面的功能和价值，做好

两级课题结题工作。征集运用融合能力提升工程 2.0 案例，打造区域能力提升工程 2.0 融合课堂教学典型案例，全面提升师生信息素养。

4. 实现"思政课程"与"课程思政"的有效协同

借助课题研究、优质课评选、专题研讨会等途径，统筹推进思想政治理论课与各门课程同向同行，实现"思政课程"与"课程思政"的有效协同。本着"全科育人，全员育人"的指导思想，进一步深化"德融数理·知行合一"德育新模式教学研究，充分挖掘各学科及其实践活动所蕴含的德育因素，着力建构各学科横向融通、各学段纵向衔接、课内外深度融合的德育课程实施体系。

5. 继续开展语文、英语阅读与写作教学强化专项行动

出台义务教育阶段阅读指南，推进中小学语文单元拓展整合阅读工程，高质量推进全民阅读工程的落实落细，建设学习型校园，为教学质量的提升厚植根基。

6. 加强小初高学段衔接

遵循学生发展规律，重点抓好小一、初一、高一年级的入学适应性工作；做好小学、初中、高中三个学段课程教学的衔接，从学段知识衔接、学科知识关联、学科课程整合、学生学习思维差异等方面入手做好教学衔接总体规划。

7. 推进县域联盟共同体教研

完善县域联盟共同体教研制度，培育科学的教研运行机制，营造浓厚教研氛围。实施"精准教研"战略：根植一线，下移教研工作重心，针对不同区域的教育生态环境、教研文化背景、师资力量和学生群体，实施精准定位、精准扶弱、精准管理，切实解决基层学校的教育教学实际问题。聚焦问题解决抓落实：深度剖析教学中实际存在的问题，增强课堂的针对性，突出教研的协作性，提高问题解决的实效性，以问题为抓手，推动全市教学质量的提升。

8.加强中高考研究

细化中考、高考学科复习课、习题课和试卷讲评课的研究,确保课堂复习效率。定期举行复习研讨会,完善复习策略;组织好初四、高三各轮模拟考试及质量分析会,切实做好中考、高考试题分析和研讨工作。组织中、高考备考研讨会,准确把握中、高考命题特点与规律,提高中、高考复习的针对性和实效性;加强对职教高考政策、课程、教学的研究,组织职教高考模拟考试,巩固、提高本科过线率。做好初、高中毕业年级优生培养的顶层设计,探索优生培养的教学、管理、评价、保障机制,督查学校制定适合本学校的优生培养方案。做好奥赛学科教学的初高中衔接研究,探索奥赛辅导新机制;加强对高中新课标新课程、高考试题、高校录取等新高考改革的研究,加强对"强基计划"和综合评价招生的研究。

(二)提升教科研品质,推动教科研工作内涵式发展

按照《烟台市教育科学"十四五"规划课题指南》精神,结合我市实际,坚持目标导向与问题导向相结合,注重整体布局,抓好教改项目,做好各级各类课题申报和立项工作。规范过程管理,提升教科研品质。围绕"十四五"国家、省、地、市各级各类课题,从研究方案的撰写、研究过程的科学规范以及教科研成果提炼等方面加大培训和指导,推动教科研工作内涵式发展。遵循"研教相融"的路径,对"十三五""十四五"各级课题进行梳理、总结、提炼,教育教学成果进行培育、打磨、提升,提高课题研究的科学性和实效性,让科研引领、服务教研,教研促进、推动科研,实现"学教研"相长。抓好教科研典型引领,让科研引领教师成长;着力从课题申报、成果评选推广等方面打造县域教科研名校,让科研成就名校,以点带面,全面提升教科研水平。

(三)坚持项目化引领,充分发挥骨干教师的示范引领作用

一是强化学校对骨干教师培养的基础作用。学校是培养骨干教师的"主阵地",骨干教师的成长要基于学校、为了学校。督导学校制定相关考核政策,对优秀教师加以培养,引领教师制定三年发展规划,打造校级骨干教师团队。

支持学校现有骨干教师参加上级教育部门组织的上示范课、送教下乡等活动，发挥骨干教师示范引领作用，为其进一步成长提供支持。二是搭建骨干教师专业成长平台。积极鼓励名师成立"名师工作室"，组织名师工作室活动，通过专家讲座、课例研讨、教学展示、经验交流等活动发挥名师工作室的示范引领作用。以名师工作室为依托，探索建立区域教研联盟。

（四）实施精准对标发力，助推青年教师加快专业发展

科学规划青年教师专业发展架构，制定新入职三年内新教师"青蓝工程"培养计划，构建"教研员学科专业引领——名师课堂教学示范——学校师徒结对帮扶——校本研训场景体验"的新教师培训体系。选取市区优质校开展为期一年的新教师跟岗培训暨"墩苗"工程，通过组织常态化的师德教育、观议课教研、班级管理实训、教学基本功培训和校本教研活动，教研员、市级及以上名师为新教师进行课程标准、课程理念、教材教法等培训，新教师任职学校配备学科指导老师和班主任工作指导老师，带领新教师成长。

（五）强化家校协同育人，重视心理健康教育和劳动实践教育

1. 建构家校协同育人机制

进一步优化全市家庭教育兼职教研员队伍，组织参加各级学习、培训活动，为基层学校提供家庭教育方法和理论支持。完善家庭教育专家讲师团、家庭教育指导教师工作室以及专家支持团队，保证宣讲团成员全部持证上岗，每月组织一期宣讲团进校园活动，给家长带去先进的家庭教育理念。完善学校家委会、家长学校工作机制，充分发挥家委会的协调、协助作用，按照不同时间节点组织开展家校协同共育活动，指导学校组织家长开放日活动，开展家庭教育讲座活动。

2. 切实重视心理健康教育

加大专兼职心理健康教师培养，继续举行心理健康月、教师心理沙龙、心理健康校园行等活动，做好心理健康教育特色学校创建。强化心理研究，做好特殊群体师生的心理疏导与援助。一是"中小学新生入学适应"主题教育；

二是组织毕业班学生心理筛查和学生心理疏导工作；三是做好高危学生心理疏导工作；四是组织"初三学生心理特点及教育策略"调研工作。开展好"心理健康校园行"活动和心理活动月活动，充分发挥专兼职心理健康教师的专业引领作用，形成"领导牵头——专业教师引领——班主任为骨干——各科教师共同参与"的心理健康教育工作链条，营造人人关注、人人参与心理健康教育的良好氛围，及时录制、推送青春期心理健康专题讲座。为较大规模的初中学校配备心理健康检测软件，借助科技力量，推动心理健康教育工作的发展。

3. 加大推进劳动实践教育

创新学校、家庭、社会三位一体的劳动教育实施新模式，出台劳动教育指南，培育一批市级劳动教育实验学校，构建"学校为主体、社会场馆补充、示范基地提升"的"金字塔"式综合实践活动课程体系。继续开展劳动月活动，科学设计劳动月活动内容，形成课程、实践、文化相融的"劳育"模式。打造劳动教育示范校，落实"七个一"要求（一份总体规划、一次专题会议、一个校外基地、一节劳动必修课、一次劳动周、一份劳动清单、一次成果展评），促进中小学劳动教育落地生根，培养一批劳动教育示范校。

四、保障措施

（一）提高认识，积极推进

要充分认识到教研基地建设的深远意义和现实意义，切实增强提升教育教学质量的迫切感和使命担当，在教研活动组织、师资培训等方面加大对基地的支持力度。制定建设规划和方案，确定基地建设重点任务和教研主题方向，确保基地建设工作积极推进。

（二）明确任务，注重管理

建立明确的基地管理体制，在人、财、物等方面给予一定支持，保障基地专用办公场地及必要的办公设备，根据建设需要配套专项经费，为基地建设创造良好的条件和环境。

（三）加强督导，保障实效

以基地建设为依托，做好工作配档表，组织开展面向全市的教研活动；积极向市教科院汇报基地工作进展情况，充分发挥教研工作对保障基础教育质量的重要支撑作用，推进教研工作全面转型，推动基础教育课程改革不断深化。

第九章　致力五育协同

> **20210315　札记：教科研中心组织开展全市高中毕业年级学生心理健康调研活动**

切实增强高考生心理健康辅导的针对性和实效性

为进一步了解高中毕业班学生的心理状况以及学校心理工作开展情况，增强毕业班心理健康辅导的针对性和实效性，3月10日—11日，教科研中心负责心理健康的陈晓燕主任、张俊娥老师、烟台康复医院董桂霞主任走进一中、九中、四中、高职，就毕业班学生思想及心理健康开展调研，并为毕业生免费提供抑郁、焦虑两种心理状态的测评。各学校毕业班分管负责人、毕业班班主任、各级名班主任、专兼职心理教师、学生代表等近200人参加了调研活动。

调研会主要分为座谈和问卷调查两部分。座谈会上毕业班班主任老师们详细交流了毕业班学生当前的心理状态及常见心理问题。会上，烟台康复医院的董主任结合自己丰富的门诊经验，针对学生出现的问题，为班主任进行了面对面的专业指导，在场的老师们收获良多。随后，各学校分管领导分享了本校毕业生心理辅导情况及日后打算，各学校借助文体活动、主题班会、主题讲座、个别疏导、家校沟通等多途径、多渠道、多方式为高三毕业班学生的心理健康保驾护航。最后，组织学生进行了心理问卷调查，进一步了解毕业班学生的心理状态和需求，也为今后的心理健康疏导提供了一手资料。

此次调研活动，充分了解了高三毕业班学生的思想和心理状态，明晰了高三常出现的心理问题及主要原因，为我市毕业班心理健康工作指明了方向。

接下来，教科研中心将依据调研结果，结合各学校先进经验，通过多种形式，为全市毕业生及家长提供更有针对性、更优质便捷的心理健康服务，为高考助力。

20210414 在莱阳市小学"勤动手，百花放"多彩实践节上的主持词

勤动手，百花放

绿意盎然，春暖花开，在这个美好的季节，我们的"勤动手，百花放"多彩实践节拉开了帷幕，借此次烟台综合实践优质课在莱阳举行的契机，我们有幸邀请到烟台教科院的赵院长、刘主任莅临我们活动现场指导工作，真诚希望领导们对我们的工作提出宝贵意见。我也想借此机会，代表我们劳动和综合实践同仁对领导们平时给予我们莱阳工作的大力支持、帮助和关爱表示由衷的感谢！

2020年国家、省、市相继出台了大中小学劳动教育实施意见，为贯彻各级文件、会议精神，全面推动莱阳市劳动教育和综合实践课程的实施，我们也出台了《莱阳市中小学劳动教育实施意见》，各学校以学校、家庭、社会三位一体的劳动教育模式，积极开展丰富多彩的活动：一是以家务劳动为基础，培养学生家庭责任感，学会感恩父母；二是以传统节日为载体，元旦、春节、

雷锋活动月、清明节、端午节、中秋节、国庆节等，弘扬我国传统文化，进行爱国主义教育；三是以学校内外劳动基地为依托，根据季节有计划、有组织、有目的地开展相应的种植、养殖活动；四是以社会场馆为补充，开展多彩的研学旅行活动，白垩纪国家地质公园、北方植物园、酱香鲁花、光大环保、胶东第一县委等场馆都留下了梨乡学子的足迹。

为了给我市中小学生创设良好的成长发展平台和相互学习、交流、切磋的机会，今明两天我们举办莱阳市中小学"勤动手，百花放"多彩实践节活动。活动分三个展区进行：分别设在文昌小学、沐浴店中学、万第中学。希望通过此次活动的开展能让大家拓宽视野，创新思路，探索适应新时代的实践教育活动，推动我市劳动教育和综合实践快速发展。

校长们、老师们，举办此次多彩实践节活动，主要是想给大家提供一个互相学习交流的机会，希望各学校能以本次活动为契机，结合自己学校的特点，发挥地域优势和文化特点，认真思考：下一阶段劳动教育和综合实践课程如何开展，如何通过课程开设培养学生的综合素养，以新时代劳动教育的四维目标和三项内容为依托，不仅达到强健体魄、掌握技能的目的，更注重"铸魂"——"育未来之全人"的理念。充分发挥"以劳树德、以劳增智、以劳强体、以劳育美"的综合育人价值，引领学校将劳动育人的理念贯穿教育始终。

积极行动起来，制定具体、详细的规划。通过劳动教育培养学生认真负责、吃苦耐劳的品质，增强劳动最光荣、劳动最崇高、劳动最伟大、劳动最美丽的观念，感受劳动创造美好生活的乐趣，发扬勤俭、奋斗、创新、奉献的劳动精神，培养新时代德、智、体、美、劳全面发展的建设者和接班人，推动我市劳动教育和综合实践工作更上一个台阶。

| 如何引领教师专业发展——记录一段躬身深耕的教育时光 |

20210611　札记：莱阳教科研中心组织2021年心理健康活动月总结观摩活动暨心理名师工作室启动仪式

引领心路，放飞希望

6月11日，"莱阳市2021年心理健康活动月总结观摩活动——学习心理专题研讨暨心理名师工作室启动仪式"在莱阳市西关小学举行。理论室主任黄国浩及莱阳各学校班主任代表及心理健康负责人近140人参加了会议。

一、重视落实，提升素养

活动开始，黄国浩主任致开场词，引领大家解读了《关于加快推进全省大中小学心理健康教育体系建设的意见》，强调学校应该充分重视学生和教师的心理健康教育，切实将心理健康教育工作落到实处，努力探索研究，提升专业素养，为全市的心理健康教育贡献力量。

二、引领心路，助力成长

烟台名师、莱阳名师工作室主持人谭光霞做了《中小学生常见心理问题及应对策略》精彩讲座。她从具体事例入手，将中小学生常见的自我意识发展问题、人际交往问题、学习问题、情绪问题、问题行为心理进行了鞭辟入里的剖析。谭老师专业的理论素养和循循善诱的讲解，引起了在场老师的共鸣，为今后老师们对学生的心理健康指导和自身的成长起到了很好的示范引领作用。

三、经验交流，思路共享

西关小学校长隋晓光分享了本校的心理健康教育工作经验，详细地介绍了学校从"三心三合"心理健康品牌的创建,到具体的实施和取得的成效,为各学校心理健康教育工作的顺利开展提供了范本和思路,受到了与会者的一致好评。

四、团体活动,共同成长

西关小学的心理指导教师李洁别开生面的心理沙龙活动《合理归因助成长》将活动推向了高潮,指导老师们学会反思,改变能改变的,接纳不能改变的,合理归因,为今后工作的顺利开展奠定基础。

五、课堂展示,引领航向

纸上得来终觉浅,绝知此事要躬行。与会老师兵分三路走进西关小学的心理健康课堂,观摩"学习心理"活动课——《想象助力学习》《走进记忆王国》《和专心做朋友》。课堂成了心理健康教育的主阵地,有了心理因素的参与,课堂变得精彩纷呈,生动而有灵性。这几节课抛砖引玉,为今后课堂教学方式的改革引领航向。

六、观摩沟通,放飞希望

会后,老师们参观了学校的心理健康档案建设和心理手抄报展览,精心的设计,巧妙的构图,让与会者赞不绝口。带着孩子们用心制作的小礼物,带着对各学校心理健康教育的信心,大家收获满满。

此次活动充分发挥了心理特色学校及心理名师的示范、带动、辐射作用,从学校、教师、学生三个层面进行了交流、探讨,引领参会老师相互学习、开拓创新,推动了全市心理健康教育工作的深入发展。

| 如何引领教师专业发展——记录一段躬身深耕的教育时光 |

> 20210826　札记：莱阳教科研中心召开2021年新学期心理健康教育工作会议暨新生入学适应主题教育活动培训

绿薇高蔷鸣新蝉

　　为做好全市中小学新生入学适应工作，推进全市中小学心理健康教育的发展，教科研中心于8月26日上午组织召开"2021年新学期心理健康教育工作会议暨新生入学适应主题教育集中培训"。教科研中心理论室的心理团队、各中小学心理健康教育负责人、心理骨干教师90多人参加了会议。

　　会上，心理健康教研员陈晓燕老师首先带领参会人员学习了《烟台市教育局关于加强新时代全市中小学心理健康教育工作的意见》，并从心理健康教育的基本原则、工作目标、实施途径及保障措施等方面对新生入学适应主题教育活动及新学期学校心理健康教育工作提出了要求，要求各单位高度重视新生入学适应工作，依照全市下发的活动方案，发挥专兼职心理教师及班主任的主体作用，联手家长帮助新生顺利度过适应期，在新环境扬帆起航，健康成长。强调今后各学校心理健康教育工作要以《烟台市教育局关于加强新时代全市中小学心理健康教育工作的意见》为指导，立足实践，创新思路，脚踏实地，共同为梨乡学子的心理健康保驾护航。

　　随后，和平小学、第三实验学校、莱阳一中三所学校的心理负责人分享了本校新生入学适应主题教育活动的计划及安排。三所学校结合实际，详细介绍了本校新生入学适应的内容及策略，各具特色：和平小学紧绕"协同"这一主题，从"协助家长，陪同学生"两个层面设计了一系列寓教于乐的活动，让学生及家长在活动中感悟，在体验中学会适应；第三实验学校则以"互联网+"为抓手，通过推送心理网课、心理电影、线上家长会等形式帮助学生尽快适应初中生活；莱阳一中则通过印发"开学第一课"校本教材帮助学生认识初高中的不同，借助军训等常规训练培养学生自理自立，结合解读新高考政策引领学生合理定位、科学规划。三所学校的活动分别从环境适应、人际交往、学习衔接、压力缓解等方面引导学生形成正确认知，掌握相应技能，进而提高心理适应能力，减少各种适应不良问题的发生。

最后，心理名师工作室主持人、莱阳九中的专职心理教师谭光霞带领心理骨干教师进行了《启动"心"按钮，开启新生活》的集体研讨，研讨中老师们积极参与，反复斟酌，对入学适应主题教育有了更深的理解。

此次会议拉开了我市"新生入学适应主题教育活动"的序幕。在此后两个月的活动中，市教育科学研究中心的心理团队将通过"区域调研、集体观摩、集中培训、送课送教、随机督查"等形式，指导各学校开展好主题教育活动，帮助全市新生在新环境中快速适应、健康成长。

20210906　札记：莱阳教科研中心组织"高中新生入学适应"送课活动

启动"心"按钮，开启新生活

为帮助高一新生尽快适应高中的学习与生活节奏，开学第一周，我们按照统一下发的《莱阳市中小学新生入学适应主题教育活动方案》，组织30名心理骨干教师走进四所高中，给全市高一3972名新生进行了"入学适应"的心理疏导。

为增强送课的针对性和有效性，开学前一周，教科研中心心理团队走进全市四所高中，与班主任面对面座谈了解学生的适应问题。调研后，火速选拔心理骨干教师组建送课团队进行集体研讨培训，确定送课主题，有的放矢地为全市高一新生提供"菜单式"心理辅导。

开学后第一周，送课团队走进四所高中，给高一新生送去了《启动"心"按钮，开启新生活》的心灵盛宴，引导广大新生面对新环境进行积极的自我调适，以积极乐观的心态开启高中生活。

上课前，各位心理老师通过交流与问卷的形式与送课班级的班主任和学生进行了交流，根据学生特点及需求快速调整教案。课上，各位心理老师围绕"生活烦乱、学习困难、交往困惑"三个方面，通过心理游戏、案例分享、观看视频、情景剧表演等丰富多彩的形式，循循善诱地引领学生运用"ABC理论"调节情绪，调整状态；学会借助朋辈力量，挖掘潜能，正向思维。

最后，各位心理老师引领同学致信未来的自己，启动心能量，开启新生活。学生们纷纷表达了对高中生活的憧憬和超越自我、战胜自我的决心。

本次送课活动作为我市新生主题教育活动的一部分，既为高一新生注射了一剂适应高中生活的强心针，又提升了老师们对入学适应教育的专业性。在此后两个月的新生入学适应主题活动中，教科研中心将继续按计划组织相关活动，帮助各学段新生掌握"心"秘诀，适应新生活。

20210926 札记：莱阳教科研中心举办"高中心理危机识别与干预"专题培训

纸上得来终觉浅，绝知此事要躬行

为进一步完善全市高中学生心理危机干预机制，提高专兼职心理教师和班主任识别、应对学生心理危机的能力，促进学校心理健康教育的发展，9月23—24日，教科研中心邀请烟台市康复医院门诊部董主任分别在莱阳一中、莱阳九中为300名专兼职心理教师、班主任进行了"高中生心理危机干预与疏导"专题培训。

培训中，董主任首先从门诊接待的青少年日均就诊次数入手，介绍了当下青少年不容乐观的心理状况，阐明了学校开展心理危机识别和预防的重要性。然后，重点从心理危机的定义、种类、症状、原因、干预流程及预后疏导六个方面进行了专业讲解，并结合典型案例引导老师们学会从日常观察中识别学生的心理危机，做到"防患于未然"。

最后，参加培训的专兼职心理教师、班主任就学生存在的心理问题与董主任进行了面对面交流，董主任对提出的问题进行了详尽的解答。参加培训的人员纷纷表示董主任的讲座犹如一场及时雨，缓解了自己面对学生高危心理时的焦虑，弥补了自己面对学生心理困惑时的知识短板，丰富了自己对学生进行有效心理疏导的方法。本次培训，再次引起了广大高中教师尤其是班主任对学生心理健康的重视，提高了他们处理相关问题的专业能力，有利于培养高中学生审视自我、悦纳自我、成就自我的健康思维模式，进而为学生健康发展赋能。

开学以来，为了全面做好学生高危心理的疏导工作，建立健全各学校心理预警和危机干预制度，教科研中心先后组织全市四所高中的心理团队利用心理测评软件对全市学生进行了"心理体检"，确保心理危机干预的针对性；组织心理骨干教师编写《学校心理危机干预指导手册》，促进心理危机干预技巧的普及；指导各学校建立"一案一清"的危机处置制度，强化心理危机处置的专业性。今后，教科研中心将继续组织开展学生高危心理的相关工作，为学生的心理健康保驾护航。

回首过去，感恩相遇；展望未来，充满期许。希望老师们能够坚守初心，奋力前行，用自己的心理知识服务梨乡师生，让心灵之花开遍梨乡热土。

20220216　关于莱阳市"青少年思想道德教育研究"的调查报告

请系好人生的第一粒扣子

一、调研的背景及意义

青少年是国家的未来、民族的希望。以习近平同志为核心的党中央高度重视青少年思想政治教育。习近平总书记在众多场合，特别是通过2018年的全国教育大会和2019年的学校思想政治理论课教师座谈会，对加强青少年思想政治教育发表了系列重要讲话，其内容主要涵盖立德树人、社会主义核心价值观培育和践行、以文化人以文育人、教育合力构建、加强党的领导等诸多方面。[1] 这些重要论述充分体现了以习近平同志为核心的党中央对青少年成长成才的亲切关怀和殷切期待，立意高远，思想深邃，形成了内涵丰富的思想政治教育理论体系，为提升青少年思想政治教育科学化水平指明了方向、提供了遵循。

为切实搞好我市思想政治工作，打牢我市青少年的思想根基，我市教育和体育局多措并举，推动了全市思想政治工作的有序发展，为我市青少年思想道德教育的发展强基固本。

（一）强化思政队伍建设，筑牢思政课改的队伍根基

为保证思政课的高质量发展，我市首先从思政队伍的建设上着手：一方面配齐配优配强思政教师，小学段在专职教师不足的情况下，也提倡由领导干部、党员或班主任兼任思政课，以保证思政教师队伍的整体战斗力；另一方面，加强"三梯队"思政队伍建设，对校长、班主任和思政教师采用多种方式进行培训，以提高思政队伍的政治素养和学科素养。

（二）推进思政课堂改革，助推思政教学质量提升

我市首先围绕"谁来抓、抓什么、怎么抓"的问题，形成了党组织书记带头抓思政课的良好机制。然后又在全市范围内积极推进核心素养导向的思政教学改革，市教研室在暑假和开学后两次组织思政教师集中学习，带领学科老师研读新课标，对接核心素养；在明确素养内涵后，我市各校在教学实践中认真落实素养目标，将学科核心素养与教学各个环节无缝对接。在课改同时，我市各校还积极挖掘其他学科所蕴含的思政课教育资源，实现全员、全方位育人。

---

[1] 黄琳斌：《从健全"法制"向健全"法治"迈进》，《公民与法治》2018年第9期，第1页。

（三）优化思政课程体系，拓宽思政课改的活动空间

结合总书记提出的"八个统一"，我市还积极开发富有地方特色的思政教育内容和教育形式。通过开发思政校本课程、红色文化和红色人物进课堂、加强少先队班团队和社团建设、确立思政课实践教育基地等形式，有效地拓宽了学生思政课的活动内容和活动空间，并促进了我市思政课在课程开发方面结出累累硕果：开发区中心中学被授予全国"做一个有道德的人"青少年道德实践活动联系学校、全国"乡村少年宫"建设示范学校；盛隆小学的"豆面灯碗实践工作坊"代表山东省参加了全国第六届中小学艺术展演；万第中心初级中学被确定为山东省学校文化研究基地，山东省传统文化体验教育"红色基因传承"联盟主持学校；和平小学被定为烟台市少先队活动示范基地……

为进一步了解我市青少年的思想道德教育情况，为我市下一步的青少年教育工作提供依据，特做了此次关于加强青少年思想道德教育的调研。

二、调研的具体实施

关于加强青少年思想道德教育的课题是我市教育和体育局重点推进的年度调研课题。教育和体育局组织相关核心力量，通过广泛的听课、记录、访谈、问卷等形式，进行课堂观察、记录与分析。

（一）调研对象

本次调研为达到课题研究的普遍意义，调研对象涵盖了我市小、初、高所有学段，并在所有学段中，随机抽取了部分学生、家长和老师。

（二）调查方式

调查采用问卷调查为主，走访座谈、个案分析、资料分析为辅的方式，充分发挥了各学校的组织优势和广泛联系青少年的工作优势，使调查具有广泛的代表性和真实性。

（三）调查内容

本次调研思想道德的内容包含政治理想、价值取向、思想品德和道德行

为等方面。调查问卷的设计也是围绕这几个方面，主要的问题或指标涉及对理想信念、坚持有中国特色的社会主义、习近平新时代中国特色社会主义思想的看法、对个人成长发展的价值目标追求等。

三、调研的结果分析

（一）我市青少年思想道德主流情况

我市在前阶段《莱阳市中小学思政课一体化建设实施方案》的指导下，各校以及相关教育部门积极改革，创造条件，加强青少年思想道德建设，对广大青少年的思想道德发展起到了正面引领的作用。据调查结果，我市青少年思想道德呈现阳光健康、积极向上的主流状态。表现在：

1. 热爱祖国、热爱集体、拥护党的领导是青少年思想意识的主流

调查结果显示，广大青少年都能自觉拥护和坚持党的基本路线，对祖国的前途充满信心。

2. 勇于竞争、勤于学习，充满生机与活力是青少年思想道德的主要特征

调查结果显示，青少年崇尚知识、勇于竞争的观念普遍强化，学习新知识、新技能，提高自身素质的愿望比较强烈和迫切。

3. 成就自我、服务社会成为青少年的主流价值取向

调查结果表明，青少年学生都把"学业事业有成""受到社会尊重""奉献社会"作为自己人生的主要追求。

4. 遵守公德、热心公益在青少年中蔚为风尚

近年来，我市组织的青年志愿者行动、献爱心活动等，广大青少年积极参与，成为群众性精神文明创建活动的主力军。

（二）我市青少年思想道德存在的主要问题

在调研中，在肯定成绩的同时，我们也发现青少年在自身的成长过程中、青少年思想道德建设的实践过程中，存在着一定的问题，有待于今后进一步加强改进。

第九章 致力五育协同

1. 部分青少年缺乏对远大理想的追求，缺乏政治参与热情

某些青少年关心国家进步和发展，却对了解和参与政治活动缺乏热情，没有公民的政治参与意识，主人翁意识不强。

2. 部分青少年注重现实主义，缺乏责任意识和奉献精神

受到诸多社会因素和消极传统思想观念的影响，部分青少年功利思想严重，价值观取向物质化，缺乏对国家和社会的奉献精神。在实际生活中浮躁功利、贪图享乐、攀比吃穿，缺少勤奋踏实的精神。比较注重当前的利益，十分务实，特别注重自我价值的实现。

3. 青少年强调个性、独立，具有批判精神，但常常有点"自我中心主义"，缺少团队意识

现在的青少年许多是独生子女，学习条件很好，生活比较优越，认为父母师友的关爱理所当然，对社会和他人缺乏感恩和爱心，过生日互赠礼品甚至大摆酒席的现象也屡见不鲜，据调研结果统计，几乎80%以上的学生都有举办生日宴会或互赠礼物的现象。他们评判事物的标准也往往不同于成年人，常常紧紧追逐潮流，很愿意与众不同、引人注目。生活中部分青少年不守规则，不会合作，不懂谦让，常由一些小事引发矛盾，甚至大打出手。根据调研问卷，与同学发生矛盾后，能够站在对方立场上考虑问题的学生占比不到50%，这充分反映了我们青少年的自我中心意识。

4. 青少年的心理承受能力普遍较弱，并缺乏上进心

如今生活、学习、工作条件日益改善，尤其是城镇青少年很少遇到以前那样的困难、挫折，因此，吃苦耐劳、艰苦朴素的意识逐步弱化，承受挫折的能力也逐渐下降，稍稍碰到一点儿困难和挫折，便茫然失措、承受不了。有的因此消沉、怨愤甚至绝望，给自己、家庭和社会造成伤害。某些青少年不敢正视困难，容易受挫，做事三分钟热度，频繁改变目标。在对学生进行抗挫折能力的调研问卷中，能够正视挫折、正面面对困难的学生占比较少。

5. 青少年缺少劳动教育，缺乏实践能力

由于社会环境的变化和教育观念的改变，多数家长对孩子过于溺爱，家务基本代劳，事事亲力亲为，不让孩子沾手；多数学校也是唯分数为先，劳动课基本上被挤占，学生缺少劳动机会。这些现象导致很多孩子劳动观念淡薄，很少主动干家务、参加劳动，进而缺少艰苦奋斗、勤俭节约等精神。

6.在机制建设上，家庭、学校、社会还存在脱节现象

从我市的总体情况看，学校、家庭、社会在青少年道德教育中仍存在方法、目的上的差异，难以对青少年形成和谐统一的影响。特别是重智育轻德育现象普遍，大部分家长最关心的是学生的功课和升学。

（三）对青少年思想道德存在问题的原因分析

改革开放以来，我国经济飞速发展。经济发展的同时，带来文化市场的多元化。这势必会对广大青少年以及青少年的教育者——老师和家长带来多元的影响，从而导致广大青少年在思想道德方面存在一些不和谐现象。结合调研情况，原因分析如下：

1.家庭教育顾此失彼，方法不当，甚至教育缺失和扭曲的现象在一定范围内存在

我们经过走访摸底，了解到目前家庭教育存在以下几种对学生思想品德行为习惯的误导。

（1）育儿观念走偏，重智育轻德育

许多家长把对孩子的教育等同于对学习的关注与指导，更多地关注孩子的智力开发或学习成绩，而忽视了孩子的全面发展。

（2）教育方法不当，简单粗暴

有的家长认为，严师出高徒，棒棍下出成绩；有的家长恨铁不成钢，若孩子学习成绩达不到家长要求，或做错了事，动辄就打骂，致使孩子不愿与家长沟通。在对家长进行"慈母多败儿，棍棒底下出好人"这一错误教育观念的调研中，竟然有不少家长认同这一理念。这些不良现象的存在，长此以往，对孩子的性格与心理造成严重的负面影响，形成了他们自卑、封闭、孤独的性格和逆反心理。

（3）对孩子过于溺爱，凡事代劳

现在由于家庭条件的改善，加上多数孩子是独生子女，很多家长对孩子百依百顺，不舍得让孩子吃一点苦，这就容易让孩子滋生"以我为中心"、怕吃苦、好夸奖的习惯，缺乏一定的耐挫能力和自理能力。

（4）热衷错误的激励措施，重物质刺激

对孩子在成长道路上取得的成绩，家长在开心之余，便进行物质奖励，而忽视了对孩子言行的正确引导，致使一部分孩子形成了金钱至上、崇尚名利的思想，拜金主义表现突出。

（5）不能正确履行自身职责，一味推卸责任

有些家长漠视自身对孩子的教育责任，认为教育孩子就是学校和老师的事。在关于"孩子道德品质的培养主要靠什么"这一调查问题中，有众多名家长只选择了"学校教育"，占比较大。

（6）不和谐的家长关系，影响孩子心理发展

父母之间关系不和谐，甚至家庭破裂，父母离异，导致孩子性格的自卑和偏激。

2. 学校德育建设的水平有待进一步提高

主要体现为：

（1）学校教育重智轻德的局面难于扭转

社会过度关注学校的升学率和知名度，家长只关心子女的考分。为创"名校"，一些学校狠抓教学质量，把德育置于从属地位。

（2）德育工作队伍亟待进一步加强

部分学校德育课教师年纪大、专业不对口，责任心不强。中小学校的少先队辅导员、团委书记、班主任等德育工作的骨干力量，工作量与政治待遇、经济待遇还不是很对应，一定程度上影响了他们的稳定性和积极性。

（3）学校德育内容和手段有待创新

部分学校德育仍然停留在传统的作报告、开班会等表象形式，缺乏对当前德育新情况、新问题的研究。同时，受安全等因素的影响，学校很难给学

生进行亲身感悟和实践体验的机会，导致学生"知行脱节"，很多德育活动脱离学生实际，得不到学生的有效参与。

3. 社会教育薄弱无序，亟待完善

（1）社区教育网络组织头重脚轻

随着经济发展，各级领导对社区教育尤其是未成年人教育越来越重视，并逐级成立了相应的组织机构。但落实到基层，除学校还有比较完善的德育网络——家长学校外，其他相应的社区教育活动基本发挥不了什么作用。

（2）社会各种不良风气，侵蚀着学校教育的成果

一些老师反映："社会负面影响太大，学校教育苍白无力。"主要表现为：社会中的一些功利主义、享乐主义、拜金主义的负面影响很大，致使一些青少年极易迷失成长方向，出现种种问题；社会中的一些腐败、行贿、潜规则等，不仅危害社会，而且严重污染未成年人；一些不良文化通过影视、网络、手机等媒介传播，侵蚀着青少年的道德思想。有些网吧老板甚至为了挣钱，常常留置未成年人；一些新闻媒体，为吸引眼球，在一些安全问题和师德问题上负面炒作，片面指责学校，使部分学校怕上德育实践课，甚至连正常的体育器械课都不敢上。

四、关于进一步加强全市青少年思想道德建设的建议

进一步加强全市青少年思想道德建设，必须着眼和尊重青少年的成长规律，紧紧围绕家庭、学校、社会这三个环节，在全市范围内系统性推进。

（一）加强家庭教育指导，探索家校教育良好互动的新模式

首先要办好家长学校，提高家长素质：要倡导家长在家创建学习氛围，通过学习让家长和孩子一起成长；要选树一批家庭教育的好榜样，大张旗鼓进行宣传；要改变一些家长不正确的教育理念，逐步扭转"以分数论高低"的错误认识；要克服急功近利、强迫学习、层层加压、娇惯溺爱等不正确的教育方法，提升家庭教育水平；要强化家长责任，杜绝家长对孩子教育的放任自流。其次是成立家长委员会，定期召开会议，通报学校教育工作特别是

德育工作开展情况，让家长参与学校的教育教学管理。最后是建立家校互动机制，形成德育合力。要建立家访制、寄宿学生家长定期联系制、家校共评制等，并设立家长接待日，真正做到家校联教，共同育人。

（二）深化学校德育改革，夯实学校德育教育的主体责任

一方面要建立和完善学校德育体系，建立一支思想过硬、本领过强的学校德育队伍。同时，各级党委、政府要加大对学校德育建设的投入，以师德、师风建设为重点，完善竞争激励机制。另一方面各校要以课改为契机，深化学校德育渗透。要改革教学评价，将课程评价重点由知识向德育转变；要加强学科德育渗透，建设全员全学科德育体系。另外，各校还要发挥校共青团、少先队等组织的德育功能，充分发挥团队活动在青少年思想道德建设中的特殊作用。

（三）加强社会德育建设，形成全社会德育大格局

要强化组织领导，明确各级党委和政府对德育工作的领导责任，建立党委政府统一协调，宣传部门、文明办牵头，教育部门主导的符合学校实际的学校德育工作体系，在全市形成抓好德育工作的合力；要广泛树立、宣传青少年喜闻乐见的先进典型，创作和推介优秀文化产品，推动社会风气的根本好转，建设有利于青少年德育建设的思想环境；相关职能部门要相互协调，搞好综合治理，加强对网吧、KTV等娱乐场所的管理，加强青少年校外活动场所，特别是学校周边环境的净化，为青少年思想道德的发展建设良好的文化环境；推广文明社区、文明村庄建设，提高社区居民和村庄村民的文化素质，改善社区和村庄的文化环境，为青少年思想道德的发展建设良好的生活环境。

加强青少年思想道德教育是一项长期、复杂、艰巨的任务，是一项系统工程。我们既要充分发挥家庭、学校、社会各自的教育功能，又要三者紧密配合、协调发展，努力形成三位一体的协同育人机制，构建一个全方位的德育教育网络，切实提升青少年思想政治教育的科学化水平，才能真正使这项社会基础工程得到不断巩固和发展，为祖国培养出一批批合格的社会主义事业的建设者和接班人。

第十章　推进家校共育

20200927　在莱阳市家庭及心理教育现场会上的发言

教育无小事，枝叶总关情

一、家庭教育

各位校长、老师们，借此机会向大家传达山东省教育厅关于召开全省中小学线上教学视频会议精神。

（一）梳理总结疫情期间线上教学的成效与不足

线上教学条件保障能力有待加强，尤其是留守儿童、贫困学生的学习终端问题没有得到很好的解决；教师信息化素养有待加强，照搬照抄线下教学模式，直播中存在错误和传播不良信息，尤其是老教师要加强信息化培训；线上教育教学的研究基础薄弱，指导线上教学的能力有待加强。

（二）严阵以待，做好下一步线上教学的准备工作

9月23日，教育部发文疫情防控常态化，秋冬季是呼吸道疾病的多发时期，我们随时准备面临重启线上教学的考验。因此，要积极做好秋冬季关键时期的各项准备，各学校做好线上教学预案，整体筹划课程开发、资源建设、

渠道保障、线上教学形式、贫困家庭学生的摸底帮扶等，开发线上教研模式，加强规范管理，有针对性补齐农村信息化短板，深化教育教学改革，推广互联网＋教育，线上线下两线并行。关厅长强调：切实加强规范管理，要成立巡视组到各地市检查规范管理情况，尤其是教辅的问题。

（三）宣传引导，做好家校沟通

我省是教育部确定的家庭教育改革试验区，全市启动推动家庭教育的改革，通过信息技术开展家庭教育，如：网上家访、家长空间培训、家庭教育志愿者报告团、加强线上教学的解读，得到家长的理解，争取家长的配合。因此必须加紧推进家庭教育，尽快见到实效。

随着社会的快速发展，家庭教育越来越受重视，但由于家教工作的改革和发展滞后，重智轻德、重知轻能、重养轻教等问题突出，相当多家长的家庭观念和家教方法陈旧落后，严重违背家庭教育规律；还有一些单亲家庭和留守儿童，学校教育和家庭教育出现了断层，孩子容易形成孤僻、以自我为中心的性格特点，并沾染上许多不良习性。把这些责任都推给学校，对学校是不公正、不公平的，改进家庭教育方式已经迫在眉睫，我们开展家庭教育工作就是要努力寻找方法，有效破解家教和家风存在的问题，助力我们的教育教学。

目前，我市很多学校的三级家委会建设流于形式，家委会的工作职能没有有效发挥。通过群众满意度调查可以发现，很多家长并不了解学校的工作，导致投诉多，群众满意度测评分数不高。比如多年就没有"小升初升学考试"这一说法，但我们大多数家长还认为有升学考试，我们认为不可理解，其实正反映出家校沟通不畅，没给家长解释明白什么叫升学考试。网上民声、胶东在线更多反映的问题都是沟通不畅导致的误会和曲解，这些问题给学校的管理和日常教学正常开展增添了很多阻力。

请各位校长回去后认真研读《莱阳教研室关于加强家庭教育工作的指导意见》，该《意见》对我市家庭教育工作如何开展做了具体部署，都是可以拿来就用的具体方法。今年成立了家庭教育宣讲团，要充分发挥家庭教育宣讲团的作用，为全市家长传播先进的家教理念，提升广大家长队伍的家教素质。宣讲团采取统一命题宣讲和订单式宣讲相结合的方式入校工作。我们成立宣讲团仅仅是家庭教育工作的多种形式之一，目的是营造学校开展家庭教育工作的氛围，学校自己要开发多种形式的家庭教育活动和课程，有主题、有序列，科学化、可操作化、家庭教育常态化，渗透到我们日常的教育教学中。让家长走近学校，参与管理，一是可以近距离了解教师工作的不易；二是让家长真正感受到老师对孩子的爱和关心；三是身临其境，可以很好地解决沟通不畅的问题；四是科学选择素养高的家长委员，可以帮助我们解决日常的误解和困难；五是家长的参与管理，对我们的办学行为也是一种规范和保护；六是通过多种形式的活动开展进一步拉近了家校之间的距离，而不是仅仅为了某个任务临时家访，为了任务而完任务，让人感觉不真诚。如果我们家庭教育工作做在平时，跟家长打成一片，还有什么不好说的，抱着一颗真心去，必然换得的是真诚相待。下阶段的家庭教育工作将围绕《指导意见》开展，按照要求，必须加紧推进家庭教育，尽快见到实效。

二、心理健康教育

（一）家庭教育和心理健康教育是分不开的

我市中小学的心理健康教育工作，起步较晚，但发展较快，在烟台市位于前列。目前全市各学校共配备专兼职教师206人，已有54所中小学配备了咨询室。条件比较好的学校还设有宣泄室、心理活动室、心理图书室等，有些学校还配有测试软件，并为每一个学生建立心理档案，为师生的健康发展提供心理支持。

目前我市已打造出"三梯度专业队伍"：心理沙龙团队、心理咨询师团队、心理健康骨干团队。其中心理沙龙已成立8年，会员达300人。全市有162名教师取得国家二、三级咨询师资格。并精选30人成立心理健康骨干团队，其中11人加入烟台市心理健康专业骨干团队，5人被聘为"烟台市心理健康兼职教研员"、1人被评为"烟台市心理健康学科带头人""烟台市第三批名师"。当然很多学校还存在师资力量不足、专职教师缺乏、教师的专业素养不高等问题，部分学校存在对心理健康教育工作不重视、未开设心理健康课程、咨询室尚未建好等问题。下面提出几点要求：

（二）下阶段工作部署

1.认真学习《莱阳市教育和体育局2020—2021学年度心理健康教育工作实施方案》《中小学心理健康教育指导纲要》（2012年修订）等指导性文件，制定好各校心理健康教育计划，充分发挥专兼职心理教师、班主任的主体作用，有针对性地、创造性地开展好心理健康教育活动，为师生的身心健康保驾护航。

2.组建全市骨干班主任心理团队，举行班主任心理论坛，组织主题班会优质课评选、优秀班主任评选活动。开展班主任心理健康教育培训活动，提高班主任的心理健康素养，更有针对性地对学生加以引领和辅导。班主任层面的培训，是今年新的工作任务，教科室已经做好充分准备，下周开始启动班主任心理培训工作。

3.各校按照标准设置心理咨询室、团队活动室、宣泄室。开设心理咨询热线、开放心理咨询室，根据师生作息时间定期、适时向全体师生开放，留好记录。三所普通高中和职业中专必须配置心理测评软件。

4.做好特殊群体的心理疏导工作，特别是要做好留守学生、单亲家庭学生、孤儿、贫困生、学困生、毕业生、遭遇重大变故、存在心理障碍等特殊人群的筛查、干预及转介工作。各位校长一定要重视，现在存在心理障碍的学生不仅仅是在毕业年级，初中、小学甚至幼儿园都有，因此我们班主任必须要有这种意识，新生入校要筛查、要家访，只有进家才能发现学生的原生态家庭环境，发现问题及时报告学校，通知家长。

5.教科室带领各校做好开学前后、考试前后等特殊时期学生的心理教育。尤其是要做好幼小衔接、小初衔接、初高衔接年级学生的入学适应和心理疏导，做好初三、初四和高三学生考试前后的心理疏导工作。

三、基于学科核心素养的课堂教学改革

烟台教科院 2020 年的重点工作是全面推行基于学科核心素养的课堂教学改革，提升教师育人意识、课程意识和课标意识，培养学生自主学习能力、动手实践能力、创新思维能力，实现课堂教学面貌的根本改变。根据烟台市教科院《关于基于学科核心素养的课堂教学改革方案》精神，通过三到五年的理论研究和实践探索，从总体上实现三个目标：一是进一步提升、丰富学科育人价值，为学生创设从知识理解、价值判断走向思维运用、价值践行的完整生动的学科世界；二是探索课堂育人方略，优化课堂结构，丰富学科育人方法论，为教师从标准化教学走向个性化学习提供基本路径参照；三是探索形成区域课堂教学改革的推进机制，打造新时代课堂教学改革的区域样板。[1]

基于学科核心素养的课堂教学改革将分期推进，首期规划为 3 年，2020 年确立为全面启动年，2021 年确定为精准攻关年，2022 年确定为总结提升年。所有学科的改革要结合本学科研究方向，更要基于区域内亟待解决的基本而关键的主题，力求突破。

今年重点围绕"基于学科核心素养的课堂教学共识"这一主题推进改革。

一是基于学科核心素养、基于课标，各学校积极组织广泛性的理论学习和全员性大讨论活动，教研室已将烟台教科院有关文件、莱阳教研室制定的《方案》《推进项目》及《指导意见》下发到各学校，要把理论学习贯彻改革过程始终。

二是要在总结借鉴学校已有优秀课堂教学改革模式的基础上，制定各学段各学科改革方案，在这之前有过"和谐高效、思维对话""差异教学"等课堂教学改革，结合目前推行的基于学科核心素养的课堂教学改革，进一步明确各自重点的改革与研究方向，各学校要确立基于学科核心素养的课堂教

---

[1] 烟台市教育科学研究院：《基于学科核心素养的课堂教学改革方案》，2020 年 6 月 2 日。

学改革实验教师，确保项目到科、任务到人。大家可以关注9月24日校长学习群发布的《以"核心素养"为本的课堂教学5个特征》：层次化教学，满足学生差异化需求；整体化教学，实现知识的横向联系；主题化教学，实现知识的纵向联系；问题化教学，实现知识的横纵联系；情景化教学，实现由学习走向生活。[①] 很多学校在全市推行校长学习工作后，立即开启了学校领导干部和全体教师的学习，及时把我们校长学习群下发的学习资源推送到学校群，供大家学习。各学校要尽快制定基于学科核心素养的课堂教学改革实施方案和年度推进计划，探索基于学科核心素养的课堂教学改革新范式。

三是整体规划从理念提升到实践转化、从典型培植到深化推广、从学习交流到宣传引导、从行政支持到评价引领等各个方面的工作，力争年内建立起符合学科实际的课堂改革工作推进机制。落实核心素养必须以学习方式和教学模式的变革为保证。

各学校要注意发挥骨干实验教师的引领示范作用，指导他们借助信息技术手段创造出更为多元、更为深刻的学习资源，为学生思路、视野的拓宽和教师教学方式的分享与借鉴提供先决性的保障条件，并以此来促进学生个性化的学习与教师风格化的成长。

要为一线教师创设学习机会、搭建交流平台、建立激励制度。各学校要依据改革进程举办全员培训、主题论坛、教学研讨、课例观摩、成果展示等活动，要做到目标明确、主题明亮、节奏明快、效能明显。教研室本年度举行基于学科核心素养的课堂教学改革优质课评选，同时加大宣传报道力度，推广先进学校。

一切的改革都离不开常规，前段时间我们下发了《莱阳市中小学教育教学质量提升工程实施方案》《中小学教学管理基本规范》，只要能将这两个文件学透学好，学校的常规管理就基本没有问题。通过近段时间教研室进校

[①] 周秋华：《指向核心素养的"小学数学课程与教学论"课程资源开发》，《南昌教育学院学报》2018年第5期，第5页。

教学视导发现，我们好多校长在积极带领大家学习并制定学校的教学计划和教学常规等各项规章制度，参与学校的示范课、研讨课等教研活动，学校教研氛围浓厚。但还有的学校，仍然存在惯性思维，没有思想、没有行动，下发了的文件没有带领老师们认真学习，甚至老师都不知道本学期要开展书法、速算和英语口语大赛，比赛不是目的，关键是督促规范我们的日常教学。信息传达存在肠梗阻，会后没有汇报、没有传达，更谈不上落实，归根结底是我们学校的管理出现了问题，或者说是思想决定行动，思想上没有重视，学校教学管理粗放，常规管理不规范。今天，小学和初中室分别将近期的教学视导情况下发到各学校，望大家结合今天的会议精神认真梳理，及时整改，统筹安排，有条不紊地做好下阶段的工作，提前谋划疫情防控常态化的线上教学工作，提前做好预案。教研室还将陆续入校了解学校教学工作和基于学科核心素养的课堂教学改革情况，"基于学科核心素养的课堂教学改革"是烟台教科院推行的重点工程，望各学校高度重视，认真落实教学常规，进一步规范学校各种教学教研管理制度，加强教师教学常规的督查，向精细化管理要质量。

20211015　在莱阳市"家庭教育"培训活动中的讲话

家校共育，携手同行

　　家庭教育是一切教育的基础，家校协同共育才能为孩子创造更加美好的未来。近年来，莱阳市教育和体育局在烟台市教育局的领导和指导下，以立德树人为根本任务，以提升家校共育能力为主线，家校携手同行，逐步构建起组织管理、课题引领、点校培育、名师领航、协同共育"五位一体"的家校协同育人机制，有效推动了全市教育事业的高质量发展。为更好地指导我市学校做好家庭教育工作，结合我市教育系统工作实际，经研究，定于今天组织全市家校协同育人培训。参加培训的是全市中小学校长、分管领导、骨干班主任、家庭教育骨干团队成员，共 468 人。

今天我们荣幸地邀请到了烟台市教科院王松壮院长给我们作讲座。王院长是山东省首批正高级教师，曾获得山东省优秀教师、山东省教学能手等荣誉称号。编写出版了《儿童发展与家庭教育》丛书、《中小学家长会主题活动设计》等著作 7 部，在省级以上正式刊物上发表论文 30 余篇。多次荣获省级教学成果奖和市级社会科学优秀成果奖。近年来，主要从事家庭教育的研究与指导，并陆续为省内外中小学开设家庭教育讲座达 100 余场，受到了广大教师和学生家长的好评。

各位校长、分管领导、班主任、骨干团队成员，莱阳市现有中小学校 59 所，学生 6.6 万人，代表着有 6 万多个家庭，尤其是，莱阳市农村家庭占比大，对家庭教育知识的需求迫切，做好家校协同育人工作的意义和价值也就更大。因此，莱阳市教育和体育局高度重视家庭教育工作，将家庭教育摆在教育教学工作的重要位置，在烟台市教育局、教科院的指导和支持下，积极作为，取得了一定的成绩和经验，但是，我们也应该清醒地认识到，家校协同育人工作任重而道远，还有更广阔的领域需要我们不断探索和实践。刚才王院长从家校合作育人的重要性、家校合作育人的内涵与实施、家校合作育人的实践与思考三个方面给我们做了精彩的讲座，从顶层做出了引领和指导，从实践给出了方法和路径，让我们受益匪浅。下一步，莱阳市将从深化认识、做实培训、做强团队、做优服务质量等方面展开工作，加压奋进，不断进取，努力推动莱阳市家校协同育人工作再上新水平！

同志们，万物皆有裂痕，那是光之来处，我们将在家校协同育人这片希望的田野上，继续辛勤耕耘，共待山花烂漫。

> 20211029　在烟台市"家庭教育（家校协同育人）"现场会上的汇报交流

构建"五位一体"协同育人机制，汇聚全方位育人的强大合力

近年来，莱阳市教育和体育局带领全系统上下以立德树人为根本任务，以提升家校共育能力为主线，认真抓好《烟台市家庭教育工作五年行动计划（2016—2020）》的落实落地，积极探索家校合力育人的新思路、新办法，锐意进取，改革创新，逐步构建起组织管理、课题引领、点校培育、名师领航、协同共育"五位一体"的家校协同育人机制，有效推动了全市教育事业的高质量发展。

现将我市的做法和几点体会跟各位领导、同仁汇报交流，欢迎大家提出宝贵意见和建议。

一、家校协同育人的基本做法

（一）提高思想认识，建立组织管理机制

莱阳市现有中小学校59所，学生6.6万人。其中，农村家庭占比大，对家庭教育知识的需求迫切，做好家校协同育人工作具有十分重要的现实意义。[1]我市高度重视家庭教育工作，将家庭教育摆在教育教学工作的重要位置，经过反复调查研究，先后制定出台了《关于加强家庭教育工作的指导意见》《莱阳市中小学新生入学适应主题教育活动方案》《幼小、小初、初高学段科学衔接指导意见》等文件。为加强组织领导，成立了由局主要领导任组长，各学校校长为成员的家庭教育工作领导小组。各学校也成立了由校长任组长的专门领导小组，建立起市校两级领导机制。

---

[1] 朱洪秋、王志伟：《家校协同育人中的三大关系及其协同路径》，《基础教育研究》2021年。

（二）加强理论研究，建立课题引领机制

在推进家校共育工作中，我们积极发挥课题研究在理论创新、指导实践等方面的作用。组织培训和研讨活动，设立家庭教育专项课题，各学校积极开展相关课题研究，承担了教育部关工委课题、全国教育科学规划课题、烟台市规划课题等家校协同共育的课题，收到了显著成效。经过坚持不懈地努力，《学校、家庭、社区德育一体化模式研究》《农村初中家校合作育人策略的实践研究》《家庭教育对初中待优生学习动机影响的策略研究》等多项课题获得立项，并取得了初步研究成果。《家校联合开展综合实践活动》《双核驱动共创家校合作品牌》《构建学校、家庭、社会三位一体的育人格局》等多篇论文在《烟台教育》《山东教育报》《中国名优校长治校之道》等各级教育期刊发表。

（三）精准引领指导，建立点校培育机制

我们组织专门团队，通过观摩学习、专家指导等方式培育了盛隆小学、莱阳一中、古柳中心中学等示范点校，以点带面，分步实施，逐步在全市各学校形成以点带面、多点开花的良好态势。

盛隆小学由家长入校参与学校管理并指导学生传承山东省非物质文化遗产——莱阳豆面灯碗。成立"豆面灯碗实践工作坊"，工作坊获得全国优秀实践工作坊，12个小小传承人代表山东省赴苏州参加全国第六届中小学艺术展演，获得一等奖。盛隆小学校长参加了山东省家庭教育专家指导委员会暨教育学会家庭教育专业委员会成立大会，并代表烟台市在会上做了典型经验交流。

莱阳一中创新家庭教育方法，工作呈现出制度化、规范化、特色化的局面，形成了家庭、学校、社区携手共育的"3137"模式。"3"：建立学校、级部、班级三级家委会；"1"：建立一支业务过硬的教师队伍；"3"：开展"三访"活动；"7"：开展"七个一"活动：每学期至少召开一次家长座谈会、每学期至少举行一次家庭教育讲座、每位家长至少参加一次"家长开放日"活动、班主任每周至少向每位家长发送一份信息、实施联班联生制、开展"家长与子女同读一本书"活动、坚持"一封信"活动。

（四）注重队伍建设，建立名师领航机制

我们不断加强家庭教育教师队伍建设，建立名师领航机制，为推动家校协同育人提供专业人才支撑。我们组建了家庭教育宣讲团，局长亲自为宣讲团成员颁发聘书，出台《家庭教育宣讲团工作章程》，依托中小学、幼儿园和社区的教育资源，组织宣讲团成员开展讲座、沙龙等多种形式的家校共育活动。疫情期间，录制了50节空中课堂视频，推送给家长，帮助家长缓解亲子相处中产生的焦虑，获得社会广泛好评。到目前为止，宣讲团共开展现场讲座、个案咨询、亲子沙龙等活动30余次。组织班主任经验交流会、班主任论坛、心理健康沙龙等活动，持续提高班主任家校共育工作的能力和水平。2021年暑期，围绕家校共育工作，组织了由300多名骨干班主任参加的培训。每年都推荐骨干教师参加山东省和烟台市家庭教育指导师培训、家庭教育高端论坛等活动；先后邀请陶雪梅、吕冠志、宋广文等专家教授对骨干教师进行培训。超过百人次参加了山东省家长学校优质课程资源录制和家校共育主题班会优质课评选。

（五）坚持合力育人，建立协同共育机制

良好的家校社关系是家校共育工作的前提和基础，莱阳市调动学校、家庭、社会各方力量，实现资源共享，建立家校社协同育人工作机制。莱阳市妇联、"鲁花道德大讲堂"、智心馆、阳光心理工作室定期为家长开设讲座、公益沙龙。"鲁花道德大讲堂"是由鲁花集团创始人孙孟全本着"传承良好家道家风，建设幸福家庭，弘扬社会主义核心价值观，构建和谐社会"为宗旨创办的公益活动。大讲堂从全国范围内聘请优秀家教专家给广大家长讲授家教知识。自举办以来，先后聘请16位全国知名专家走进公益讲堂，开展讲座30余场，数万个家庭受益。各学校成立家长学校，通过开设系统化、序列化、主题性的专题讲座和活动，对家长进行文化道德、教育价值观等教育，充分发挥家庭第一课堂、家长第一任教师的重要作用，引导帮助家长注重言传身教，提升家庭教育素养。学校成立三级家长委员会，家长委员会中，倡导城区学校党员家委会成员占比不低于30%，农村学校不低于20%。在2021年的党史学习教育中，党员家长发挥了积极作用，和学校一起组织了唱红歌、参观革命传统教育基地等活动。自疫情发生以来，学校的疫情防控工作处处可以看到家长的身影。有的学校设置了专门的家委会办公室，家长轮流到学校办公，参与学校管理、组织活动等事务。家委会成员主动将百亩家庭农场免费提供给学校，作为孩子们的劳动基地，开展丰富多彩的劳动实践活动。

二、今后家校协同育人的工作打算

下一步，莱阳市将从做实培训、做强团队、多元联动协同推进等方面展开工作。

（一）做实家庭教育培训

积极参加上级教育部门组织的培训，培训后组织研讨、分享等活动，做好培训成果转化。本着"走出去请进来"的原则，组织主题性、序列性、全员性家庭教育培训，在这里我们竭诚欢迎烟台市教科院家教室的领导经常莅临莱阳，给予我们指导。

（二）做强家庭教育骨干团队

我市骨干团队的数量和专业性还需要进一步加强，我们将组织骨干团队参加各级培训和观摩学习，参与课题研究，根据时间节点，组织骨干团队入校为教师和家长讲座，为骨干团队搭建成长展示平台，引导骨干团队加快成长。

（三）多元联动协同推进

在推进家校协同育人工作中，莱阳市一直在积极探索多元联动协同推进工作机制。2013年盛隆小学《家校联合开展综合实践活动》发表于《烟台教育》；2014年在烟台市中小学综合实践课题研究培训会上做了《家校携手快乐联盟，让综合实践活动"活"起来》的报告。尤其是2021年初，莱阳市教育和体育局进行了机构改革，原莱阳教研室、教科室、培训中心、职教室进行了合并，成了莱阳市教育科学研究中心，整合后各科室的力量被统一调度，各科室相互配合，互为助力，构建起一体化的发展格局。在今后推进家校协同育人工作中，教科研中心将积极探索家校协同育人新模式，探寻协同育人融合点，与综合实践、劳动教育、少先队活动等相结合，各科室形成合力，提高家校协同育人的实效性和创新性。

尽管我们在家校协同育人方面做了一定的工作，但我们深知，这项工作任重而道远，还有更广阔的领域需要我们不断探索和实践。今后，我们将不断加强与兄弟区市的学习交流，取长补短，坚守教育者的初心，加压奋进，在家庭教育的沃野上辛勤耕耘，不断进取，努力推动莱阳教育事业再上新水平！

20220119 "家庭教育"最美志愿者申报材料

在希望的田野上

弹指一挥间，在莱阳教育这片沃土上我已经辛勤耕耘了近三十载。回首走过的岁月，无论教学还是教研，我发现自己一直对家庭教育工作情有独钟。

一、立足岗位，创新思路，不断发展家校共育

（一）懵懂地关注

从参加工作到2012年，我先后担任莱阳市城厢中心初中副校长和文峰学校副校长，虽然那时学校层面以提升教学成绩为重，但因为我自己已为人母，亲身体验到家庭教育对孩子身心健康所起的重要作用，以及家庭教育对学校教育的重要影响，因此，我利用业余时间研读家庭教育方面的专业书籍，带领一部分对家庭教育感兴趣的老师成立读书会，影响带动他们关注班上学生的家庭状况，注重与学生家长沟通合作。当得到越来越多家长的理解支持和尊重，这些老师的工作幸福感日益提升。

（二）清晰地开创

2012年至2020年，我到莱阳市盛隆小学担任校长，小学的重要任务是全面发展孩子的德、智、体、美、劳，更需要家长和学校同心协力，于是，我开创性地大力开展家校共育工作。

首先，我通过建立联动机制和建章立制明确家长委员会的责任职能，为合作育人奠定了坚实基础，引导家长全面参与学校管理，实现了家长对教育的知情权、监督权、参与权。

其次，开展丰富多彩的活动，为合作育人提供丰富载体。学校一直坚持每学期举行家长开放日活动，开学典礼、开学第一课、六一儿童节、入队仪式、校园读书节等活动，也邀请家长参加，使家长们对学校教育有更直观的了解。创建了校刊《三叶草》，开辟家校圆桌、心理健康、安全常识等栏目，每季度一期，免费发放给家长。

学校还邀请有专长的家长进行一系列校内综合实践活动。三百六十行的家长走上了讲台，把自己的专业知识带到课堂。家长们还入校指导学生传承山东省非物质文化遗产——莱阳豆面灯碗，"豆面灯碗实践工作坊"获得全国优秀实践工作坊，十二个小小传承人代表山东省赴苏州参加全国第六届中小学艺术展演，获得一等奖。我参加了山东省家庭教育专家指导委员会暨教育学会家庭教育专业委员会成立大会，并代表烟台市在会上做了典型经验交流。

（三）坚定地发展

2020年，我走上莱阳市教育科学研究中心副主任的岗位，对全市教育系统的家庭教育工作给予高度重视。2020年9月，我与家庭教育联络员一起筹划成立了莱阳市家庭教育宣讲团，并担任团长。宣讲团成员由学校和教科研中心严格选拔，莱阳市教育和体育局颁发聘书。制定了《莱阳市教育和体育局家庭教育宣讲团工作章程》，确保宣讲活动急学校、家长和学生健康成长所需，宣讲内容具有科学性、针对性和实效性。

虽然工作繁忙，但我几乎参与了宣讲团的所有活动。从定期的集体学习和研讨，精心打磨宣讲内容，到录制空中课堂视频课程，并多次进学校面对面为家长做讲座、答疑解惑……在我眼中，家庭教育始终是一片充满希望的田野，我乐于为之挥洒自己的智慧和辛劳。

二、加强研究，提升理论，持续推进实践成果

在实践工作中我越来越意识到，要想为家长提供真正有效的帮助和支持，家庭教育工作一定要向专业化发展，于是我十分注重课题研究和专家引领。

（一）课题引领指方向

我在担任盛隆小学校长期间，家校工作每个发展阶段都有针对性的引领课题，从2015年的《中小学家庭心理健康教育研究》，到2016年全国教育科学规划课题《应用网络学习空间开展家校互动的实践研究》，再到2018年的《构建学校、家庭、社会三位一体的育人格局》，形成了一条家校合作实践研究、家校共育模式研究、家校共育健康发展研究的主线。在教科研工作中，重视和支持一线教师进行家庭教育专项课题研究。

（二）专家指导强理念

在盛隆小学期间，为引导广大家长提升认识、转变理念，我先后邀请了多位国内著名专家到学校，给家长进行专题讲座；同时充分利用当地的教育资源，与"鲁花道德大讲堂"积极合作，不断提高家长的教育水平。在教科研中心，邀请烟台教科院原副院长王松壮为我市所有校长和家庭教育分管领导做专题培训。支持家庭教育联络员和骨干教师参加学习和培训，不断提升新理念，并运用到实践工作中。

（三）多元联动协同推进

在推进家校协同育人工作中，我一直积极探索多元联动协同推进工作机制。在盛隆小学任职期间，我十分注重家校联合开展综合实践活动，取得了良好的效果，曾在烟台市中小学综合实践培训会上做了《家校携手快乐联盟，让综合实践活动"活"起来》的报告。2021年初，莱阳市教育和体育局将原莱阳教研室、教科室、培训中心、职教室整合成立莱阳市教育科学研究中心，

构建了"教研+科研+培训"的综合体系。在今后推进家校协同育人工作中，我将积极探索家校协同育人新模式，探寻协同育人融合点。

采得百花酿成蜜，只为沃野更芬芳。在家庭教育这片希望的田野上，我愿做一只辛勤的蜜蜂，酿出更多营养丰富的蜜，让孩子更健康、家庭更幸福、社会更和谐，为中华民族伟大复兴贡献力量！

20220120　莱阳市"家庭教育"宣讲团优秀志愿服务队宣讲材料

又是春风浩荡时

莱阳市家庭教育宣讲团成立于 2020 年 9 月，共有成员 15 人，由莱阳市教育科学研究中心副主任担任团长，家庭教育联络员担任秘书长，成员有家庭教育指导师、心理咨询师和中小学优秀班主任。

宣讲团制定了《莱阳市教育和体育局家庭教育宣讲团工作章程》，明确主要任务是向广大家长宣传党和国家的教育方针、政策和法规；帮助和引导家长树立正确的家庭教育思想和观念，掌握家庭教育的科学知识和方法；向家长介绍未成年人生理、心理发展特点和营养保健常识，指导家长进行科学的家庭教育；配合学校为家长提供切实有效的指导与服务；帮助家长加强自身修养，营造良好的家庭环境，提高家庭教育水平，促进社会主义精神文明建设；协助教育部门指导、培训中小学家长学校教师。

宣讲团成员由教育科学研究中心与学校联合推荐并经考察产生，由莱阳市教育和体育局颁发聘书，聘期为 2 年。要求聘期内每位宣讲团成员每年至少提报 2 个家庭教育案例或 2 篇家庭教育方面的文章，录制 2 个家庭教育视音频课程。主要活动形式包括：应邀开展公益性课堂讲授、学术研究、课题实践与调研、举办培训班、义务支教、在网上家长学校为家长提供家庭教育指导和服务等。

宣讲团自成立以来，严格遵守工作章程，不断提升专业能力，为广大家庭提供各种志愿服务，获得了良好的社会反响。

一、通过专业成长推动家校协同育人工作发展

（一）通过家庭教育课题研究发挥理论指导实践的作用，促进家校共育

课题研究是理论和实践的高度融合，是知行合一的践行过程，宣讲团老师承担了教育部关工委课题、全国教育科学规划课题、烟台市规划课题等家校协同共育的课题，收到了显著成效。《学校、家庭、社区德育一体化模式研究》《农村初中家校合作育人策略的实践研究》等多项课题获得立项，并取得了初步研究成果。《家校联合开展综合实践活动》《双核驱动共创家校合作品牌》等多篇论文在《烟台教育》《山东教育报》《中国名优校长治校之道》等各级教育期刊发表。

（二）通过打造家庭教育优质课发挥辐射带动作用，助力家校共育

家庭教育优质课能够直观展示教师如何与家长沟通交流，如何帮助家长树立科学的教育理念、学习有效的教育方法。宣讲团组织老师们认真打磨家庭教育优质课，送到学校，为广大教师尤其是班主任提供示范，助力学校家校共育水平的提升。宣讲团成员执教的《面对孩子的叛逆，我们应该学着"断乳"》《我与青春子女巧沟通》被评为莱阳市级优质课；《与青春期和解——跨越沟通障碍这道坎》被评为烟台市优质课。

（三）不断提升专业能力，加强服务本领

宣讲团老师中，已经有5人获得家庭教育指导师资格证，有的老师取得了阿德勒亲子教练资格证、教育部家庭教育高级教练资格证等，有1人成为山东省家庭教育服务总队专家，4人成为志愿者。

二、开展丰富多彩的志愿服务活动

（一）开设家长成长公益沙龙

宣讲团老师每周开设家长成长沙龙，免费为父母和孩子答疑解惑、提供

咨询。迄今为止，已经开展沙龙30多场，帮助上百个家庭解决了亲子冲突、孩子厌学等问题。

（二）进学校开展家庭教育宣讲

宣讲团老师定期集体学习、研讨，根据学生、家长、学校的需要确立宣讲主题，精心打磨讲座内容，先后为第二实验小学、西关小学、府前中学、第二实验中学、照旺庄初中、沐浴店初中等学校的家长举办讲座。疫情时期，录制了50节空中课堂视频，推送到各个学校，由学校推送给家长观看。宣讲团成员发挥自身专业特长，对所在学校教师进行家校共育校本培训；积极参加教育和体育局组织的"入学适应"专项活动，深入学校，助力学生和家长缓解入学焦虑。

（三）走上社会，服务更多家庭

宣讲团与莱阳市妇联"幸福护航"志愿服务团队合作，宣讲团老师轮流到市民政局做离婚辅导工作；建党一百周年时，与莱阳"心理茶馆"志愿者服务队共同走进社区，组织百名学生和家长参加《走进党史的红河》主题活动，激发了爱党爱国热情。和莱阳市鼎丰、爱之源等爱心助学团一起，帮助贫困学生解决家庭教育的缺失和经济上的燃眉之急等困难。与"鲁花道德大讲堂"联合举办亲子公益讲堂，至今已开展讲座30余场，惠及梨乡成千上万家庭。2021年12月上旬，宣讲团与莱阳市妇联联合组织了以"提升母亲素质"为主题的家庭教育系列培训，邀请心理和家庭教育专家开展线上公益讲座，通过积极发动和组织，全市近10万人次的教师和家长参加了此次培训。

莱阳市家庭教育宣讲团像一轮太阳，为这个社会散发着光和热；每位宣讲团成员都是一盏明灯，为梨乡数万家庭带去温暖和希望。随着《家庭教育促进法》的颁布实施，莱阳市家庭教育宣讲团将不忘初心、牢记使命，为家庭幸福、社会和谐、民族复兴作出更大贡献！

参考文献

[1]曹楠，吴荔红.澄清与化解：基于家长视角对幼小衔接现实困惑的思考[J].教育探究，2021，16（6）：1.

[2]丁兆俊，高月峰.基于情境、问题导向的课堂教学实践探索[J].教育（周刊），2020（37）：10—11.

[3]都晓.党史教育的行动指南——深入学习习近平总书记关于党史学习教育的重要论述.[J]新西藏，2021（5）：39—42.

[4]郝志军.新时代五育融合的路径与方式[J].西北师大学报，2022，59（3）：61—69.

[5]黄琳斌.从健全"法制"向健全"法治"迈进[J].公民与法治，2018（9）：1.

[6]教育部解读《中国教育现代化2035》和《实施方案》[EB/OL].[20191020]. Https://www.sohu.com/ a /297329594_498657.

[7]李军政，綦建春."德融数理·知行合一"德育新模式的时间探索[J].现代教育，2021.

[8]李梅.新时代中小学校长的责任担当和价值取向[J].北京教育：普教版，2019（1）：2.

[9]李艳红.新时代中国特色社会主义"四个自信"与中国话语体系构建[J].中共乐山市委党校学报.2019（5）：78—83.

[10]李艳清.校长领导力提升与履职的路径探索[J].辽宁教育，2021（5）：75—77.

[11]林崇德，申继亮，辛涛.教师素质的构成及其培养途径[J].中国教育学刊，1996（6）：7.

[12]刘克东，张瑾.依托学科特点探索创新路径[N].中国社会科学报.2020-11-20.

[13]刘一柱."区域教研联盟2.0"的构建和实践[J].师道：教研，2019（10）：1.

[14]肖芳.为打造绿色生态教育谱写新篇章[J].甘肃教育，2019（9）：2.

[15]烟台市教育科学研究院.基于学科核心素养的课堂教学改革方案[Z].2020-06-02

[16]叶兵.在互联网+的课堂变革中实施教学做合一[J].第三届"立德树人铸魂育人"中青年教师报告会.

[17]张贤志.教育即服务——江苏省苏州青云实验中学陈荣华访谈[J].教育视界，2019（12）：70—72.

[18]赵永勤.习近平关于教师队伍建设的思想研究[J].现代教育科学，2019（8）：70—75.

[19]周秋华.指向核心素养的"小学数学课程与教学论"课程资源开发[J].南昌教育学院学报，2018（5）：5.

[20]朱洪秋，王志伟.家校协同育人中的三大关系及其协同路径[J].基础教育研究，2021.

后　记
——以《"巾帼红"建功先进个人事迹》代为后记

我自 2020 年 1 月主持莱阳教科研中心工作以来，以高度的责任感履行岗位职责，不断提高对自己的要求，兢兢业业、忘我工作，以研代管、研训结合，努力做到提前思考、尽早安排、狠抓落实；积极拓宽工作思路，改革工作机制，优化工作方法，创新教研模式，提升教研员素质，将全市课堂教学改革引入发展快车道，并着力提高教育教学质量。现将个人事迹做以下汇报。

一、加强自身建设，提高素养，引领教育科学发展

在过去的一年中，主动加强政治理论学习，提高了自己的政治敏锐性和鉴别能力，思想作风端正，工作作风踏实，识大体、顾大局，尊重领导、团结同事，严于律己、宽厚待人，坚持原则、秉公办事，做到摆正位置、有名不争、有功不居、有责不推、事事自省；不断提高自身的法律意识，规范自己的一言一行，牢固树立思想道德和党纪国法两道防线，廉洁从政，时时自警。针对基于学科核心素养的课堂教学改革，系统学习了大量的文件材料，并将理论知识创造性地运用到实践中，推动了全市教育、教学、教研工作的高效开展。

二、立足岗位，守土尽责，抓好疫情期间教学工作

面对严峻疫情，我们坚持停课不停学。作为网课组组长，从正月初三就开始投入紧张、高效、有序的工作中，安排制定疫情期间的线上教学计划。分层次组织60余名信息化应用技术骨干教师、全体班主任及任课教师进行线上教学技术及钉钉空间课堂应用培训工作。组织开发了小、初、高各学段包含文化类、艺体类、德育类、心理及家庭教育类在内的1800余节课程资源，充实到教学平台，为线上授课提供坚实保障，赢得了良好口碑和广泛社会赞誉。

三、履职担当，固本培元，强化三支队伍建设

经过深度调研、全面摸底，反馈出教研、管理、教学团队存在学习力低、管理不规范、专业素养有待提高等问题。针对问题，组织实施教研员、校长、教师三支队伍的综合素质提升工程，制定方案，重抓落实。

（一）出台《"1+1+1"教研员学习方案》

采取集体学习和个人学习结合的方式，最大限度地促进教研员在人格、智慧、知识等方面立体成长。邀请我市资深教研员进行专题培训，进一步提升教研员的专业素养和指导学科教学的能力。

（二）建立校长学习机制

出台《莱阳市教育和体育局关于校长学习机制的方案》。邀请专家对校长进行业务培训；组织校长到莱西一中、烟台开发区实验中学观摩学习。系列举措，提升了校长在教学研究方面的领导力，为实现教育家办学的愿景目标创造了可能。

（三）成立学科建设指导委员会

出台《学科建设指导委员会工作章程》，通过培养教学领军人，带动学科发展；8月和9月，组织全市各学段、学科5000余名教师进行了"面对面"

全员培训，强化了学科核心素养和教学基本功训练，提升了教师的业务能力。

四、统筹谋划，突出重点，聚焦教学质量整体提升

利用一年时间，分析中、高考及阶段性检测的数据，到校调研，了解中小学校的教学现状，发现学校工作亮点，剖析存在的问题，并组织精干团队制定相应的制度和方案，为学校教学和管理明确目标、指明方向。

（一）出台《莱阳市中小学教育教学质量提升工程实施方案》

通过实施"八大工程"，成功建构了莱阳市中小学教育教学质量提升的关键举措和配套措施。

（二）加强考试研究，重视质量分析

以各学段期中、期末阶段性检测、中高考等考试数据为依据，深入开展教学质量分析。要求各学段对照数据，查摆问题，出具质量分析报告，给学校出具教学建议。

五、关注心理健康，宣讲家庭教育，推进家校协同育人

根据国家、省、市的要求，学期初组织教研员加强对学生心理健康教育的研究和对家庭教育培训方式的探索，组建心理健康教育骨干教师团队和家庭教育宣讲团，并开展了大量卓有成效的工作。

（一）做好学生心理疏导工作

组织班主任和心理骨干教师对农村家庭困难的留守学生和学习上有困难的学生开展"一对一"精准辅导。录制心理健康等讲座视频，通过"空中三课堂"指导班主任、家长做好学生教育工作。

（二）深入开展家庭教育宣讲

每月组织一名家庭教育骨干教师录制一节家庭教育课程，在线上向全市学生家长推送。成立家庭教育宣讲团，宣讲团成员经过自主学习和省、市级家庭教育培训，从11月起走进校园，开展系列宣讲活动。

一年来，努力与耕耘同行，拼搏与奋进一路！莱阳教科研中心的整体工作快速向前推进，基于核心素养的课堂教学改革也有了初步的成果，教研团队茁壮成长，教学质量稳步提升，综合实践活动以及家校共育工作也彰显特色。烟台市教育系统先锋共产党员、烟台市五一劳动奖章、烟台市先进工作者等荣誉的取得，只能代表过去；山东省网上家长学校建设应用试点优秀组织单位的光荣称号以及参评山东省女职工建功立业标兵岗、烟台市女职工建功立业标兵，更是见证了我的辛勤付出和快速成长。

新的征程，我将继续以饱满的工作热情、严谨的工作方法、务实的工作作风，不忘初心，做一个努力奔跑的追梦人；牢记使命，做一个不负韶华的教育工作者，为梨乡教育事业的发展作出更大贡献！

2022 年 10 月